企业动态能力论

行动者的战略视角

焦　豪◎著

DYNAMIC
CAPABILITIES VIEW

THE STRATEGIC
PERSPECTIVE OF ACTORS

经济管理出版社
ECONOMY & MANAGEMENT PUBLISHING HOUSE

图书在版编目（CIP）数据

企业动态能力论：行动者的战略视角 / 焦豪著.
北京：经济管理出版社，2024. -- ISBN 978-7-5096
-9793-1

Ⅰ．F272

中国国家版本馆 CIP 数据核字第 2024VE0151 号

组稿编辑：申桂萍
责任编辑：魏晨红
责任印制：许　艳
责任校对：陈　颖

出版发行：经济管理出版社
　　　　　（北京市海淀区北蜂窝 8 号中雅大厦 A 座 11 层　100038）
网　　址：www.E-mp.com.cn
电　　话：（010）51915602
印　　刷：唐山玺诚印务有限公司
经　　销：新华书店
开　　本：720mm×1000mm/16
印　　张：18.5
字　　数：357 千字
版　　次：2024 年 8 月第 1 版　　2024 年 8 月第 1 次印刷
书　　号：ISBN 978-7-5096-9793-1
定　　价：98.00 元

前　言

在日益动荡复杂的环境中，企业普遍缺乏有助于战略变革的内部惯例和过程。动态能力的出现有利于企业有目的地创造、延伸和修正企业现有资源，持续重新组合资源，改变企业现有知识结构，最终获取持续竞争优势。在一定程度上，动态能力是企业整合与重构的能力，其核心内容是组织学习和知识管理，其目的是有效应对日益动荡、复杂的环境。

时光如梭，转眼间研究动态能力这个主题已经有 20 年的时间。代表性的研究成果主要有：

◆2008 年，从考察动态能力影响要素的视角出发，在《管理世界》发表了《企业动态能力构建路径分析：基于创业导向和组织学习的视角》一文，探究了创业导向和组织学习对动态能力的影响路径。

◆2011 年，从探究动态能力绩效机制的角度出发，在《管理世界》发表了《双元型组织竞争优势的构建路径：基于动态能力理论的实证研究》一文，探讨了动态能力影响绩效提升的过程机制。

◆2013 年，出版专著《企业动态能力论：企业家的创新视角》，荣获第七届"教育部高等学校科学研究优秀成果奖（人文社会科学）"三等奖和第六届"蒋一苇企业改革与发展学术基金优秀专著奖"等奖项。

◆2013 年，以新创企业为例，在创新管理领域著名期刊 *Journal of Engineering and Technology Management* 发表了 *When should Organizational Change be Implemented? The Moderating Effect of Environmental Dynamism between Dynamic Capabilities and New Venture Performance* 一文，荣获五年内高被引论文（Highly Cited Research）。

◆2014 年，以腾讯微信为研究案例，在《管理世界》发表了《动态能力、技术范式转变与创新战略——基于腾讯微信"整合"与"迭代"微创新的纵向案例分析》一文，被中国人民大学复印报刊资料《企业管理研究》于 2015 年第

1 期全文转载，被北京大学出版社等作为案例收录进教材。

◆2015 年，在创新管理领域著名期刊 *Journal of Product Innovation Management* 发表了 *Opening the Black Box of Upper Echelons in China：TMT Attributes and Strategic Flexibility* 一文，探讨了高管团队特征与动态能力重要组成要素战略柔性之间的关系。

◆2017 年，在《管理世界》发表了《政府质量、公司治理结构与投资决策：基于世界银行企业调查数据的经验研究》一文，荣获第八届"教育部高等学校科学研究优秀成果奖（人文社会科学）"二等奖和第十七届"北京市哲学社会科学优秀成果奖"一等奖。

◆2019 年，以高科技公司为研究样本，在知识管理领域著名期刊 *Journal of Knowledge Management* 发表了 *Commercial Partnerships and Collaborative Innovation in China：The Moderating Effect of Technological Uncertainty and Dynamic Capabilities* 一文，探讨了技术不确定性和动态能力在合作伙伴关系和协同创新间关系的调节效应。

◆2021 年，在《管理世界》发表了《动态能力研究述评及开展中国情境化研究的建议》一文，被中国人民大学复印报刊资料《企业管理研究》2021 年第 9 期以及《新华文摘》2022 年第 5 期网络版全文转载。

◆2021 年，在《中国工业经济》发表了《数据驱动的企业动态能力作用机制研究——基于数据全生命周期管理的数字化转型过程分析》一文，进一步拓展了数字经济情境下的动态能力理论。

◆2022 年，运用动态能力理论与企业战略变革的具体情境，在《管理科学学报》发表了《企业消极反馈对战略变革的影响机制研究——基于动态能力和冗余资源的调节效应》一文，被中国人民大学复印报刊资料《企业管理研究》2023 年第 2 期全文转载。

在以上研究成果的基础上，我逐渐萌发了一个想法：是否可以进一步把这些研究成果进行系统化的总结和结构化的提炼，出版一本体系化的学术专著？怀着忐忑的心情，把这个想法与同行专家以及合作者进行沟通后，得到了大家热情的鼓励和无私的支持。我采纳了朋友的建议将这本专著与 2013 年出版的专著《企业动态能力论：企业家的创新视角》作为姐妹篇，并将书名定为《企业动态能力论：行动者的战略视角》。以上就是这本著作的由来。

具体而言，本书从行动者的战略视角出发，基于对政府、上下游合作伙伴及企业自身行为的分析和讨论，对动态能力理论进行拓展研究，具体体现在以下三个方面：

第一，政府等宏观层面的制度创新对于动态能力的影响研究。企业面临的外部宏观环境包括法律环境、政府效率和政府质量以及企业内部的治理结构等，以上要素共同构成了企业动态能力的运行基础。企业创新以及投资活动往往能够体现企业的动态能力。良好的法律环境、政府效率和政府质量均对企业的产品创新、技术创新、流程创新和管理创新有着正面影响，同时能够促进企业的投资活动。首先，良好的法律环境对企业的产品创新、技术创新、流程创新和管理创新都有显著的正向影响。法律环境越好，企业越愿意进行产品创新、技术创新、流程创新和管理创新等活动。其次，政府质量对企业的投资活动有积极的影响，即地方政府质量越高，越会对企业的投资起促进作用；相反，地方政府质量越低，企业越不愿意进行新的投资活动。最后，微观层面的公司治理结构，以及其与政府质量的交互作用也会对企业的投资决策过程产生直接影响。在既定的政府质量水平下，当企业是外资控股或投行控股的治理结构时，企业更倾向于高水平的投资。然而，当企业是个人控股、总经理/董事长控股的治理结构时存在相反的情况。此外，随着企业国有股权比例的增大，在既定的政府质量水平下，企业越不愿意对管理制度和方法进行创新。

第二，基于动态能力视角的上下游合作伙伴等产业层面的创新活动研究。首先，动态能力能够带动整个产业的升级，为企业在动态复杂多变环境中建立持续竞争优势提供了理论指导和现实操作路径。本书在阐释动态能力内涵的基础上提出，在复杂环境下，企业往往面临着战略层面的创新或转型需求，而动态能力支撑了企业战略行为过程的每一阶段。除了推动企业自身战略行为的实施，产业内核心企业的动态能力对产业升级也会产生积极的推动作用。其次，具备动态能力的核心企业洞察机遇，所采取的双元性战略和行为能够吸引产业内其他企业的跟进和模仿，最终带来整个产业的升级与可持续发展。本书借助于社会学和管理学的相关理论，构建了一个从产业到核心企业双元性战略和行为，最终实现产业升级的浴缸模型。最后，动态能力影响不同商业伙伴关系对协同创新的作用机制。具备更强大动态能力的企业，如果与非业务伙伴开展创新可能带来更好的绩效。这有助于企业在不同的管理情境中区分商业伙伴和非商业伙伴之间的差异，从而更有效地利用动态能力开展创新活动。

第三，基于动态能力视角的企业技术和管理创新战略研究。动态能力促进企业创新战略的制定和战略转型的实施。首先，本书构建了一个基于动态能力、技术范式和创新战略行为之间交互影响的理论框架，一方面，技术范式的转变影响了企业创新战略的调整，动态能力支撑了技术范式转变时期企业的创新战略调整；另一方面，技术范式的转变具有正向调节作用，强化了动态能力对企业创新战略的支撑力度。其次，动态能力影响着企业家对转型方向的识别及时机把握，有助于推动企业内外部知识和资源的协调与整合，决定着企业转型战略的顺利形成，促进企业战略转型的推进与实施。再次，本书提出跨国公司动态能力、新兴市场认知、战略选择与绩效关系的模型框架，发现跨国公司动态能力既影响公司对新兴市场的认知，又影响公司的产品战略、营销战略以及渠道战略等，最终影响跨国公司的新兴市场绩效。最后，在数字经济时代，动态能力激发数据驱动效应推动企业数字化转型的作用机制包括：通过机会感知能力激活数据分析平台，实现数据的采集提取、智能分析和质量监控，感知数字商业机会；通过机会把控能力激活数据运营平台，实现数据的挖掘利用、流动互通和循环反馈，更新业务的模式和流程管理；通过变革重构能力激活数据赋能平台，实现数据的内化重构、开放共享和知识创新，重构上下游产业链和建立数字生态系统。

本书的出版得到了国家社会科学基金重大项目"高质量发展情境下中国企业的高端化战略变革理论研究"（21&ZD139）、国家自然科学基金优秀青年科学基金项目"动态能力和持续竞争优势"（72022005）、教育部哲学社会科学研究后期资助项目"动态能力的多层次过程机制研究"（20JHQ099）和中央高校基本科研业务费专项资金的资助。在出版过程中得到了经济管理出版社的大力支持，在此表示诚挚的谢意。

本书在写作过程中参考了许多专家学者的研究成果，受到很多新的启发，在此一并表示感谢。由于动态能力理论涉及的影响因素比较多，书中难免存在不足和缺憾，请大家批评指正，也期待这些研究结论能够对指导企业在动态复杂多变的环境中获取持续竞争优势有所裨益和帮助。

2024 年 6 月

目　录

第一篇　追本溯源：研究缘起和文献梳理

第三篇　产业共荣：动态能力视角的价值共创

第一篇

追本溯源：研究缘起和文献梳理

本篇主要对本书进行概览介绍，包括问题的提出、研究意义和拟解决的关键问题；同时，对动态能力的现有研究进行述评，并提出开展中国情境化研究的要点。

第一章　绪论

第一节　问题的提出

近年来，关于中国企业战略转型、产业升级的研究文献无论是在国内还是在国际期刊上，都呈明显的增长趋势。一方面，这与当前我国企业以及产业发展所面临的困难和瓶颈相关，即中国作为世界的制造工厂和人口大国，以廉价劳动成本、高能耗为主导的粗放发展模式已经不可持续，加之近年来世界各国对降低碳排放量的普遍关注，中国企业转型、产业结构升级和增长方式转变已经刻不容缓。另一方面，理论界对于中国企业战略转型、产业升级实现机制的研究又显得非常不足，未能提出一套较好的可为政策制定提供参考的理论框架和方案。当前企业面临着全球经济一体化、科技飞速发展及竞争日趋激烈的"超竞争"环境，企业的持续发展面临着日益严峻的挑战。企业经营环境的动态变化及日趋复杂使企业在发展过程中因战略制定与执行不一致而引起矛盾，出现战略转折点的可能性大大增加，这在给企业带来发展机会的同时也带来了较严重的生存危机。

为了回答企业如何获得以及保持竞争优势这个问题，关注外部环境的战略定位学派以及关注内部要素的资源学派和能力学派相继出现。但战略定位学派过分关注外部环境，相对忽略了内部要素。而资源学派是从静态角度展开研究的，能力学派的核心能力又存在"核心刚性"的问题。基于此，Teece 等（1997）提出了动态能力理论。自动态能力提出以来，有关这个概念的研究受到了学者的极大关注，如 Barreto（2010）。动态能力被定义为允许企业持续建立和更新资源与资产的组织能力，企业根据需要重新配置组织内外部资源以响应市场和商业环境中的变化，包括感知能力、利用能力以及转型能力（Teece，2007），其对于公司实现战略的变化和更新至关重要（Agerwal & Helfat，2009）。企业动态能力作为一种改变资源的能力，对企业战略转型、业务与产业升级具有重大影响。

目前，动态能力的相关研究对其概念、构成、作用边界，以及影响其构建机制的内外因素均有涉及。

首先，针对系统性研究动态能力理论的文献，Mamédio 等（2019）运用文献计量学的分析方法对动态能力理论的研究概况与相关研究主题进行了综述分析。但缺少将国内外代表性的研究文献进行讨论与对比的综述类研究，将国内外研究现状进行对照分析，本书为提高动态能力理论在中国的适应性，对我国动态能力研究提出了科学性和前瞻性的发展建议。因此，本书对动态能力理论领域的文献进行了系统梳理，对其驱动前因和作用效果等各管理要素之间的关系与内在规律进行了概括和分析，这对进一步了解和把握动态能力研究的演变、现状与趋势具有重要的意义。

其次，动态能力作为企业内在能力的重要表现形式，与企业外部环境协同共演有助于构建持续竞争优势。制度环境作为最重要的外部环境因素之一，对企业发展的重要性不言而喻。已有大量文献从不同侧面探究了制度因素对企业运营活动的影响，如政府管制的可信性、政府对产权的保护程度、政府的腐败程度等。我国作为新兴经济体，大部分企业的技术创新能力相对薄弱，需要突破组织边界来获取更丰富的外部知识，重塑自身的技术创造力以应对复杂多变的国际经济形势，这是我国经济向高质量发展阶段迈进的关键。因此，本书试图考察以政府质量和法律环境为重要组成要素的外部制度环境对企业经营活动的影响机理。

再次，现有研究进一步对动态能力的作用机制进行了探索。动态能力影响因素的外延被不断扩大，外生性因素和内生性因素已逐步构建完善。内生性因素是指与企业资源、能力等有关的影响因素，包括人力资本、管理层认知、组织学习等。外生性因素是指企业与外部环境和利益相关者有关的影响因素，包括制度环境动态性、社会资本等。特别是在当前互联网技术范式转变时期，企业创新战略和创新行为发生了相应演变，企业的动态能力如何支撑企业的创新战略存在明显的理论缺口，亟待构建一个全新的理论框架对这些问题进行分析。

最后，目前关于动态能力的研究正处于将动态能力理论与更多的研究领域、时代背景特征、不同组织类型和情境进行融合的阶段。现有动态能力的研究层次多集中于组织和个体层面，缺少对产业层面和更加宏观层面因素的分析。本书尝试运用动态能力理论，为产业升级提供建议。随着国际化进程的加快，跨国公司面对的国际市场需求环境日益呈现动态性和复杂性的特点，跨国公司全球快速反应机制是建立在动态、复杂的全球市场环境之上的一种经营机制，而这种机制的实施依赖于跨国公司的动态能力。本书尝试进一步分析跨国公司如何运用动态能力对新兴市场进行认知，以及构建分析新兴市场的战略选择和新兴市场绩效之间关系的模型。知识联盟作为战略联盟的一种方式大量出现，能否通过联盟合作学习到联盟中其他企业的先进技术和管理经验，共同创建新的知识和进行知识转移，已经成为一个关乎企业是否具有长期竞争力的重要问题。组织要不断对资源和能力进行整合、构建和重新配置，然而现有研究却未对比分析不同商业密集度的合作伙伴类型对协同创新的影响。因此，本书尝试分析商业伙伴和非商业伙伴关系如何影响协同创新，并探索二者不同的影响机制和效应的差异性。

总体来看，本书拟解决的关键问题如下：

一是政府等宏观层面的制度创新对于动态能力的影响研究。企业面临的外部环境，包括政治环境、经济环境、法律环境、文化环境、技术环境等，共同构成了企业动态能力作用发挥的运行基础。企业内部组织能力，包括经营管理水平、治理结构水平、资源与能力、组织结构与文化等，也是动态能力的重要支撑。本书选择从企业面临的政府、法律环境等外部环境以及企业治理结构水平等内部环境对动态能力运行基础展开研究。具体包括：面临的法律环境越好、政府效率越高，企业是否越愿意进行产品创新、技术创新、流程创新和管理创新等活动？地方政府质量越高，企业是否越愿意开展投资活动？企业投资决策是仅仅依赖于政府质量和公司治理结构各自的影响，还是依赖于政府质量与公司治理结构在企业投资决策过程中的互动影响？在既定的政府质量水平下，当企业治理结构不同时，是否会对投资活动产生不同的影响等。

二是基于动态能力视角的合作伙伴等产业层面的创新活动研究。动态能力理论发挥的作用具有一定的边界性，在不同管理情境中发挥着不同的作用。因此，对动态能力的应用情境进行区分，才能更好地发挥动态能力的作用。首先，产业升级是实现经济结构转变的重要方式，然而当前仍缺乏一套较好的可供政策制订参考的理论框架和方案。其次，产业链升级过程中的核心企业如何有效感知和利用机会，带动产业链上的配套企业协同实现转型发展，是必须解决的关键问题。最后，在商业合作伙伴关系情境中，不同的商业伙伴关系是否对协同创新有不同的影响？动态能力在这一商业情境中能否发挥作用？

三是基于动态能力视角的企业技术和管理创新战略研究。首先，在技术范式变化的情境下，本书构建了一个基于动态能力、技术范式和创新战略行为之间交互影响的理论框架，分析技术范式转变时期企业动态能力对其创新战略行为的支撑机制和作用机理。其次，战略转型作为企业对动态变化环境的一种适应途径，对企业可持续发展具有重要作用。而企业动态能力作为一种改变能力的能力，对企业战略转型具有重大影响。本书尝试从动态能力理论视角分析企业战略转型的过程传导机制，探究动态能力对企业战略转型的影响机制。再次，跨国公司如何在新兴市场进行战略选择已经成为近年来从事跨国公司理论和战略研究的学者关注的焦点问题之一。动态能力理论能够有效解释跨国公司如何了解新兴市场特性，以及制定相应战略。因此，本书尝试用动态能力理论分析跨国公司在新兴市场的战略选择和相应的绩效。最后，尽管大数据为企业发展提供了机遇，但如何释放大数据效能，将数据驱动效应转化为企业绩效仍是一项挑战。动态能力如何释放差异化的数据驱动效应，进而推动业务模式改进与流程创新以实现数字化转型，值得进一步深入研究。

第二节　研究意义

一、理论意义

第一，揭示基于能力机制的组织竞争优势来源，弥补了资源基础观的静态性以及能力视角刚性缺陷对组织竞争力的解释。企业为什么能够盈利以及怎么获得超过行业平均利润的经济租金是战略管理领域研究的基本问题。为了回答企业如何获得以及保持竞争优势，资源学派和能力学派关注于企业内部要素，但由于资源学派的静态研究视角和能力学派的核心能力刚性问题，以及随着企业所处市场和行业环境都趋向复杂、动态与不确定性变化，无论是从资源视角还是能力视角都不能为组织的竞争优势很好地做出解答。本书通过对动态能力理论进行深入研究，揭示了动态环境下组织竞争优势来源是企业构建了相适应的动态能力。动态能力在企业内部构建并不断超越不同生命周期的运营能力，使企业持续不断地获得暂时的竞争优势，从而获得持续的竞争优势，这弥补了能力视角在非稳态市场下的刚性缺陷。

第二，基于"研究视角—影响因素—作用过程—影响效应"的理论逻辑，针对动态能力理论在中国的本土化发展提出相应建议。现有的动态能力文献的研究视角主要聚焦于要素论、流程论和层次论三个方面，但其作用过程受到来自环境层面、组织层面、个体层面、环境与组织交互层面、组织与个体交互层面等多层次因素的影响。因此，本书整合和丰富了动态能力的运行基础和实现路径的现有理论。首先，基于宏观视角构建了动态能力的运行基础。具体而言，良好的外部宏观环境包括法律环境、政府效率和政府质量以及企业内部合理的治理结构等，这些要素共同构成了企业动态能力有效发挥作用的前提。其次，基于对动态能力不同层面的分析以及企业战略行为的过程机制，本书从理论层面研究了在复杂的外部环境下动态能力支撑企业实现战略行为的具体路径。同时探讨了在企业战略转型过程中，应用动态能力理论的方法分析和研究复杂动态环境下企业战略转型的过程机制，构建了企业动态能力、战略转型要素和转型成功之间关系的理论模型。

第三，丰富了动态能力在不同应用情境下的研究。在不同的管理情境下，动态能力在企业中发挥着不同的作用，因此本书基于动态能力视角，为企业管理中的诸多实践情境问题，如产业升级、跨国公司新兴市场战略选择、协同创新等提供了新的分析视角，为动态能力的有效利用提供了理论指导。例如，借助于社会学和管理学的相关理论研究动态能力如何促使核心企业推动产业升级，构建动态能力视角下的产业升级的微观机制，建立了一个从产业到核心企业双元性战略和行为，最终实现产业升级的浴缸模型，为产业的可持续发展研究提供新的切入点。此外，在跨国公司如何在新兴市场中进行战略选择的问题上，利用动态能力理论分析其战略选择和相应的绩效，构建了跨国公司如何运用动态能力对新兴市场进行认知，以及跨国公司在新兴市场中的战略选择和新兴市场绩效的关系模型。在企业进行协同创新发展伙伴关系方面，开发并测试了两种类型的商业伙伴关系及其与协同创新关联的概念框架，对外部技术不确定性的作用以及内部动态能力对框架的调节作用进行了建模和测试，为企业如何选择商业合作伙伴以增加协同创新绩效这一问题提供了理论指导。

二、现实价值

第一，有助于管理者提高对动态复杂环境的洞察力，推动企业实现竞争优势。数字经济时代，技术更迭日新月异，作为市场竞争主体的企业之间竞争更是异常激烈。企业现有竞争优势在非稳态环境下无法长久留存，许多企业昙花一现、转瞬即逝。因此，对于管理者来说，需要基于动态能力视角，在做出战略创新决策之前，仔细考虑组织信息环境的特点，抓住技术范式变化的战略机遇。通过有效组织学习和知识管理，以及强大的跨地域、跨行业、跨企业的整合能力，通过内外部搜索获得分散的、有价值的技术知识。本书为企业动态能力的构建、实现以及有效应用提供了详细的理论与实践指导，有利于企业在面临转型困境或需求时，更深层次地理解动态能力的内涵，摆脱发展困境，发现环境机遇，并据此整合和重整内外部资源，以构建全新的运营操作能力，从而适应动态的、复杂的环境，顺利实现转型升级，保持持续竞争优势，实现基业长青。

第二，构建动态能力有利于提高组织应对环境变化的能力，有助于加强组织在新经济背景下的适应性。随着数字经济时代的到来，企业如何涵盖技术、人才、资金、信息等各个发展要素，实现利益相关者间的协同效应，以及明晰不同主体承担的功能及其整合方式，利用内部跨职能团队进行快速决策，有效感知和利用数字技术，抓住机会以应对威胁进而实现转型升级，是企业必须面临的关键问题。把握人工智能、大数据、云技术等数字技术背景下组织学习模式的变化，构建动态能力是企业应对快速变化环境的重要手段，动态能力的构建和实现也要求企业有对应的战略措施和组织结构。本书通过对动态能力的运行基础、实现路径以及应用情境等进行分析，有助于企业内部各部门发展组织柔性以保持工作灵活性和动态性，从而保障工作模式能因时制宜、因人而异，加强组织在新经济背景下的适应性。同时，组织结构的自我更迭也会加速新型组织形式的衍化与成长，提升发展动力，避免组织僵化。特别是处于创业阶段的企业，组织规模小、层级关系简单，具有创新、超前和冒险等特征。因此，动态能力是新经济环境下企业转型的强有力的工具和实现手段。

第三，有助于为政策制订者提供一个可供参考的框架，激发不同层级创新系统的活力。我国当前处于转型期，外部环境的不确定性与复杂性不断增加。随着市场竞争程度不断加剧，企业也逐渐认识到技术研发对竞争优势的重要作用，加之我国对自主创新的强调，逐渐加大技术的投入力度，使技术生命周期明显变短。本书基于理论与实证研究，讨论了宏观环境如法律环境、政府效率以及政府治理环境的不同方面对企业创新与投资等活动的影响，深入分析动态能力的运行基础。针对企业动态能力的研究也可以帮助政府管理部门在新的形势下做出新的转变，利用动态能力有效地配置资源，提高现有资源的使用效率。对于产业层次的创新系统，动态能力能够覆盖创新、供应、生产和应用全流程，改变原有产业技术发展轨道，实现产业核心技术链和产业链重构，重构区域产业竞争优势。

第二章　动态能力研究述评及开展中国情境化研究的建议

本章导读→

　　企业所拥有的资源和能力如何与所处的环境动态匹配是战略管理领域研究的核心问题。动态能力理论拓展了资源基础学派的静态研究视角，以演化视角克服核心刚性缺陷，通过资源整合和重构进行战略革新以获取动态环境下的可持续竞争优势，因而越来越受到学术界和实务界的重视。本章通过系统梳理文献，从论文发表趋势、期刊发表平台、关键学者与节点文献分析、应用情境分析、研究热点演进等方面呈现动态能力研究概况。在此基础上，构建基于"研究视角—影响因素—作用过程—影响效应"的动态能力整合研究框架。最后，本章提出应采用二手数据分析、行为实验与仿真模拟等多种研究方法进行动态能力研究，构建动态能力的认知性与非认知性双重微观基础，探究动态能力影响绩效的作用机理和过程机制，揭示动态能力在构建创新系统中的角色定位和作用机制，探析数据驱动的新型企业动态能力的结构维度和发展机制，以及关注中国独特文化与制度情境的嵌入对动态能力研究的影响。

　　动态能力理论已经成为战略管理文献中最活跃的研究主题之一，其解释了企业如何提高与环境动态匹配的能力，从而快速应对外部技术和市场的变化（Helfat et al.，2007）。Teece（2007）将动态能力定义为允许公司建立和更新资源和资产的组织能力，企业根据需要重新配置和更新现有资源，以快速响应市场中的变化和技术机会。其中，包括企业塑造其所占据的生态系统、开发新产品和流程、设计和实施可行的商业模式的能力。作为一种独特的能力，企业可以借助其发起竞争行为，了解复杂的动态市场，在新的条件下有动力地做出反应，有利于企业与环境的动态匹配，这种动态匹配性为企业在动荡复杂环境下形成可持续竞争优势奠定了基础

（Chen et al.，2010）。因此，动态能力有助于企业实现战略更新和迅速整合和配置资源，以获得动态环境下的可持续竞争优势（Eisenhardt & Martin，2000）。

目前，关于动态能力的研究已经涵盖其概念、构成和作用边界，以及影响其构建机制的内外因素。同时，动态能力基于不同组织类型和情境的应用研究也逐步深入，逐渐与更多的研究领域交叉融合、推理演绎。已有的关于动态能力的代表性文献综述主要集中在以下两个方面：第一，基于文献计量学的分析方法对动态能力研究进行综述，主要考察不同时期的共被引分析情况，同时总结出每个阶段的研究热点（Vogel & Güttel，2013）；第二，对动态能力和其他研究主题的关系进行研究综述，如动态能力和创业（Zahra et al.，2006）、动态能力和战略联盟（Mamédio et al.，2019）等。本章除根据文献计量学对企业动态能力领域的研究现状进行了系统梳理外，还对国内外代表性文献进行了深入的分析和讨论，对其驱动因素和作用效果等各管理要素之间的关系与内在规律进行了概括和分析，提出了动态能力研究领域值得关注的六大趋势，这对进一步了解和把握动态能力研究的现状、演变与趋势具有重要的意义。

第一节　研究方法

与专著和研究报告等文献相比，期刊发表的学术论文对某一领域的前沿和热点的把握更为敏锐。因此，本章对国内外动态能力的相关文献进行了对比分析，梳理了发展演进趋势及研究框架，提出了中国情境化研究的建议。

首先，为了从整体了解动态能力研究的发展脉络，综观应用动态能力理论的相关研究。确定第三部分的研究对象为 Web of Science 核心合集已发表的动态能力学术论文。对于文献的收集和遴选按以下步骤展开：第一，定位文献数据库的来源为 Web of Science 核心合集。第二，选择 1997~2019 年作为文献选择的时间跨度。原因在于 Teece 等（1997）将动态能力定义为企业整合、构建、重新配置内外部资源以应对复杂快速变化环境的能力。第三，基于 Web of Science 核心合集，对"标题"中包含"dynamic capabilit＊"的文献进行检索，得到了 1622 篇文献（检索时间：2020 年 6 月 26 日）。第四，从两个方面对数据进行处理、转换、清洗、精炼：①基于 Web of Science 的分类主题，剔除非经济、非管理领域的相关文献，选择 Business、Business finance、Economics、Management、Operations Research management science 等类别，剩余 920 篇文献。②基于文献类型，剔除会议论文（Proceedings Paper）和书评（Book Review）等文献，只保留期刊论文（Article）和综述（Review），共剩下 698 篇文献。此外，笔者分别对 698 篇文献的标题、摘要和正文进行人工核对，剔除不相关文献后，得到 666 篇文献作为第三部分的分析对象。在进行 Citespace 可视化分析时，本章遵循以下研究步骤：①在将数据导入 CiteSpace 软件前对其进行除重处理。②进行阈值选择、时区选择。在对数据进行时间分段处理时，如无特殊说明，可视化分析时均设置时间间隔（Year Per Slice）的值为 1，阈值选择 Top10，按照时间发展顺序，对 1997~2019 年的文献进行逐年分析。③针对不同的研究目的进行研究分析功能的选择，依次进行期刊平台共现分析和共被引分析，并进行可视化研究输出。④对图谱中介中心性、频率、网络结构等结果进行解读。

其次，本章进一步聚焦 666 篇文献中发表于 UTD24 和 FT50 收录期刊的 84 篇动态能力文献，作为第四部分动态能力整合研究框架的样本来源。样本来源于以下 17 个期刊：*Academy of Management Journal*、*Academy of Management Review*、*Human Relations*、*Information Systems Research*、*Journal of Business Ethics*、*Journal of Business Venturing*、*Journal of International Business Studies*、*Journal of Management*、*Journal of Management Information Systems*、*Journal of Management Studies*、*Journal of Operations Management*、*Journal of the Academy of Marketing Science*、*Management Science*、*Organization Science*、*Organization Studies*、*Research Policy* 和 *Strategic Management Journal*。

最后，为了更好地提出开展中国情境化研究的建议，本章以 1997~2019 年为检索周期，以题目中包含"动态能力"的代表性文献为研究对象，对国内动态能力研究现状进行梳理，对开展中国情境下动态能力领域的未来研究方向和趋势提出建议，以期促进相关学科的进一步系统化和前瞻化。

第二节　研究概况

本节将从论文发表趋势、发表平台、关键学者与节点文献分析、应用情境分析研究热点演进分析等方面，可视化地呈现动态能力研究概况，着力描绘动态能力研究领域的热点演进和前沿趋势。

一、论文发表趋势

对某一研究领域年度文献的发表数量进行分析，可以了解该领域研究被关注的程度，有助于整体判断动态能力研究的总体发展情况和趋势。如图 2-1 所示，Web of Science 核心数据库中 1997~2019 年发表的文章数量共有 666 篇。可以看出，动态能力领域发文量呈指数增长趋势（拟合曲线为：$y = 1.23 \times 0.199^x$，$R^2 = 0.913$）。其中，2007 年以前每年发表篇数都是个位数；2007 年以后，动态能力研究热度逐步提升，学科基础知识逐步积累，研究热度呈持续上升趋势。

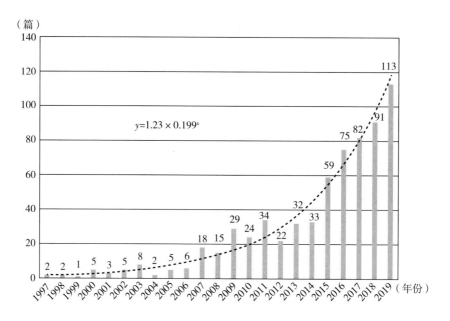

图 2-1　1997~2019 年动态能力发文量趋势

二、期刊发表平台分析

表 2-1 显示了国外研究动态能力的高影响力期刊，这些期刊比较青睐动态能力主题的研究。首先，从引用率来看，被引频次从高到低的前五名期刊分别是 *Strategic Management Journal*、*Organization Science*、*Academy of Management Review*、*Journal of Management* 和 *Academy of Management Journal*，由此可以看出国际顶级期刊对动态能力领域的影响。其次，从中介中心性来看，中介中心性从高到低的前五名期刊分别是 *Administrative Science Quarterly*、*Academy of Management Review*、

Organization Science、*Management Science* 和 *Journal of Management*。近年来，动态能力相关研究与战略管理的主流学术期刊结合得更为紧密，进行动态能力研究的学者可以持续关注相关期刊，了解领域内最前沿的研究成果，通过这些期刊与动态能力相关的节点文献把握研究网络。最后，从发文量来看，*Strategic Management Journal*、*Journal of Business Research*、*Management Decision*、*Industrial Marketing Management* 和 *Industrial and Corporate Change* 排名前五位。

表 2-1 基于被引次数/发文量/中介中心性的期刊排名（Top 10）

排名	期刊	被引次数	期刊	发文量	期刊	中介中心性
1	Strategic Management Journal	661	Strategic Management Journal	27	Administrative Science Quarterly	0.45
2	Organization Science	537	Journal of Business Research	26	Academy of Management Review	0.27
3	Academy of Management Review	526	Management Decision	20	Organization Science	0.19
4	Journal of Management	513	Industrial Marketing Management	19	Management Science	0.15
5	Academy of Management Journal	465	Industrial and Corporate Change	18	Journal of Management	0.12
6	Journal of Management Studies	423	British Journal of Management	15	Academy of Management Journal	0.09
7	Administrative Science Quarterly	277	Long Range Planning	11	American Economic Review	0.09
8	Journal of Business Research	236	Journal of Management Studies	10	Strategic Management Journal	0.08
			International Business Review			
9	Industrial and Corporate Change	216	Baltic Journal of Management	9	California Management Review	0.06
			International Journal of Operations & Production Management			
			Organization Science			
			Rae-Revista De Administracao De Empresas			

续表

排名	期刊	被引次数	期刊	发文量	期刊	中介中心性
10	*Management Science*	215	*California Management Review* *International Journal of Technology Management* *Journal of Knowledge Management* *Journal of World Business* *Technology Analysis & Strategic Management*	8	*Research Policy*	0.05

三、关键学者与节点文献分析

1. 关键学者分析

表2-2显示了国外研究动态能力的高影响力学者。首先，从被引率来看，动态能力领域被引频次从高到低的前五名学者分别是 David J. Teece、Kathleen M. Eisenhardt、Constance E. Helfat、Sidney G. Winter 和 Maurizio Zollo。其次，从中介中心性来看，从高到低的前五名学者分别是 Kathleen M. Eisenhardt、David J. Teece、Wesley M. Cohen、Jay Barney 和 Bruce Kogut。结合两者可以得出，以 Teece 和 Eisenhardt 为代表的学者对动态能力进行了深入研究。因此，可以持续关注这些代表性学者的研究成果，与学科知识领袖展开学术对话。

表2-2 基于被引率/中介中心性的学者排名（Top 10）

排名	学者姓名	所属机构	被引率	学者姓名	所属机构	中介中心性
1	David J. Teece	Haas School of Business, University of California, Berkeley	635	Kathleen M. Eisenhardt	School of Engineering, Stanford University	0.59
2	Kathleen M. Eisenhardt	School of Engineering, Stanford University	542	David J. Teece	Haas School of Business, University of California, Berkeley	0.44
3	Constance E. Helfat	Tuck School of Business at Dartmouth	433	Wesley M. Cohen	Fuqua School of business, Duke University	0.22
4	Sidney G. Winter	Wharton School, University of Pennsylvania	326	Jay Barney	David Eccles School of Business, University of Utah	0.15

续表

排名	学者姓名	所属机构	被引率	学者姓名	所属机构	中介中心性
5	Maurizio Zollo	Business School, Imperial College London	325	Bruce Kogut	Columbia Business School, Columbia University	0.13
6	Jay Barney	David Eccles School of Business, University of Utah	297	Ingemar Dierickx	INSEAD, Boulevard de Constance	0.08
7	Shaker A. Zahra	Carlson School of Management, University of Minnesota	281	Richard R. Nelson	Earth Institute, Columbia University	0.07
8	Veronique Ambrosini	Business School, Monash University	154	Edith T. Penrose	Johns Hopkins University	0.06
9	Ilídio Barreto	Department of Management, Monash University	123	Rebecca Henderson	Sloan School, the Massachusetts Institute of Technology	0.04
10	Catherine L. Wang	Brunel Business School, Brunel University London	115	Linda Argote	Tepper School of Business, Carnegie Mellon University	0.04

2. 关键节点文献分析

文献共被引分析（Co-citation Analysis）是挖掘参考文献之间关系的一种文献计量学方法。通过共被引分析，可以定位出研究领域重要的知识基础，即关键节点文献。表2-3记录了被引率排名前十五的关键节点文献。这些文献有的探讨了动态能力的本质和适用条件，认为动态能力是企业整合、建立和重新配置内部与外部资源的能力（Teece et al.，1997），是一系列具体可识别的组织过程（Eisenhardt & Martin，2000），在与经验积累、知识表达和知识演化的过程中产生（Zollo & Winter，2002），是一种可以重复的惯例或创业行动（Winter，2003）。随后，生命周期的思想被引入动态能力的研究，Helfat 和 Peteraf（2003）提出了能力生命周期（Capability Lifecycle）的概念，认为动态能力可以在能力生命周期中萌芽和成长，这不仅为基于动态资源的理论研究提供了一种更全面的方法，进一步解释了组织能力中的异质性来源，还讨论了技能、程序、组织结构、决策规则等动态能力的微观基础。Pavlou 和 El Sawy（2011）将动态能力概念化、操作化，构建了可测量模型和结构模型，其中动态能力通过在新产品开发的背景下重新配置现有的运营能力来影响绩效。无论是大企业还是小企业，都需要企业管理来建立和维持卓越的财务业绩，这种企业管理不仅包括对现有惯例的实践和改进，甚至包括创造新的惯例（Teece，2012）。进一步地，学者对动态能力的内涵和外延进行了界定，区分了动态能力与运营能力（Helfat & Winter，2011）。同样地，Drnevich 和 Kriauciunas（2011）研究发现，环境动态性对普通能力和企业绩效的关系有负面影响，对动态能力和企业绩效的关系有正向影响。

表 2-3　基于共被引分析的动态能力研究领域关键节点文献

作者及年份	文献题目	发表期刊
Teece（2007）	Explicating Dynamic Capabilities：The Nature and Micro-foundations of（Sustainable）Enterprise Performance	*Strategic Management Journal*
Barreto（2010）	Dynamic Capabilities：A Review of Past Research and an Agenda for the Future	*Journal of Management*
Helfat 和 Winter（2011）	Untangling Dynamic and Operational Capabilities：Strategy for the（N）ever-Changing World	*Strategic Management Journal*
Teece（2012）	Dynamic Capabilities：Routines versus Entrepreneurial Action	*Journal of Management Studies*
Ambrosini 和 Bowman（2009）	What are Dynamic Capabilities and are They a Useful Construct in Strategic Management	*International Journal of Management Review*
Winter（2003）	Understanding Dynamic Capabilities	*Strategic Management Journal*
Peteraf 等（2013）	The Elephant in the Room of Dynamic Capabilities：Bringing Two Diverging Conversations Together	*Strategic Management Journal*
Zahra 等（2006）	Entrepreneurship and Dynamic Capabilities：A Review，Model and Research Agenda	*Journal of Management Studies*
Teece（2014a）	A Dynamic Capabilities-based Entrepreneurial Theory of the Multinational Enterprise	*Journal of International Business Studies*
Zollo 和 Winter（2002）	Deliberate Learning and the Evolution of Dynamic Capabilities	*Organization Science*
Pavlou 和 El Sawy（2011）	Understanding the Elusive Black Box of Dynamic Capabilities	*Decision Sciences*
Helfat 和 Peteraf（2015）	Managerial Cognitive Capabilities and the Microfoundations of Dynamic Capabilities	*Strategic Management Journal*
Eisenhardt 和 Martin（2000）	Dynamic Capabilities：What are They	*Strategic Management Journal*
Wang 和 Ahmed（2007）	Dynamic Capabilities：A Review and Research Agenda	*International Journal of Management Reviews*
Drnevich 和 Kriauciunas（2011）	Clarifying the Conditions and Limits of The Contributions of Ordinary and Dynamic Capabilities to Relative Firm Performance	*Strategic Management Journal*

　　随着研究的逐步成熟，部分学者开始对动态能力进行综述研究（Zahra et al.，2006；Barreto，2010）。随后，也有学者试图解决 Eisenhardt 和 Martin

（2000），以及 Teece 等（1997）有关动态能力的不同研究视角，因为动态能力这一领域正在由两类不同的作者群体同时进行建构，每个人都有自己的世界观。Peteraf 等（2013）提供了一种基于权变方法来整合两种不同的动态能力框架，通过区分适度动态的环境和高速动态的环境，这些相互排斥、看似不可调和的立场是可以在不违背可持续竞争优势的观点或 VRIN（有价值的、稀缺的、独特的和不可替代的）条件的基本假设下实现的。

为了进一步开展国际化战略，Teece（2014a）提出了一种基于动态能力的跨国企业理论，在这个一体化的框架中，动态能力与良好的战略被视为在快速变化的全球环境中维持卓越企业绩效的必要条件，解释了战略和动态能力如何共同决定企业在全球环境中的持续竞争优势。后来，"管理认知能力"的概念被引入动态能力的研究中，Helfat 和 Peteraf（2015）认为特定类型的认知能力可以支撑感知、利用和重构的动态管理能力，能够进一步对组织战略变革产生影响，这些认知能力的异质性会导致高层管理者动态管理能力的异质性，最终导致组织在变革条件下的绩效差异。通过对关键节点文献的分析可以发现，动态能力领域的高被引、高中心度的文献主要集中在 21 世纪初，大多成为本领域的关键文献，为后续进一步丰富动态能力相关研究打下了坚实的理论基础和方法论基础。

表 2-4　动态能力国内外研究现状总结及中国情境下研究建议

研究分类	研究主题	国外研究现状	国内研究现状	中国情境下的研究建议
研究视角	研究视角	主要基于要素论、流程论和层次论	主要基于要素论（由环境洞察、变革更新、技术柔性与组织柔性组成）和流程论（基于捕捉、适应和引导消费者变化的企业与消费者协同演化）	在要素论和流程论对动态能力解构的基础上，进一步拓宽动态能力的研究视角
影响机制	组织资源	包括多种类型的内部组织资源（财务资源、技术资源、组织经验等）、外部资源（互补性资源、创业资源、异质性资源等）等系列研究	主要从基于商业、技术和制度的企业家社会资本和资源整合角度开展研究	关注更多类型的组织资源在动态能力发展机制中的影响，尤其是在中国情境下拥有控制和分配各类资源的政府和关系资源
	组织文化	包括多种类型的组织文化，如信任或自治的组织文化、可持续文化和多元文化、社会嵌入性文化、国际化的多元组织文化等系列研究	建立动态组织文化是组织动态能力的基础	关注在中国特色制度环境、社会文化和思维方式、哲学思想等塑造的组织文化与动态能力的作用机制

续表

研究分类	研究主题	国外研究现状	国内研究现状	中国情境下的研究建议
影响机制	组织结构	包括多种类型组织结构，如组织结构、地方自治型结构、多样化组织结构等系列研究	与动态能力相匹配的组织结构变革是促进新产品、服务和流程开发的基础	关注通过组织结构设计实现组织柔性等问题，以及家族企业、公有制为主体、多种所有制经济共同发展下的组织结构差异，无边界组织、平台化组织等新兴组织结构与形态
	市场导向	包括利用市场信息进行内部资源重组和组织结构重构来构建动态能力	市场导向文化是企业获得持续竞争优势的基础，影响动态能力的构建	关注中国特殊制度和政策影响下的顾客需求和满足方式的差异性
	组织学习	主要解构组织学习的不同流程，区分不同类型的企业学习能力	主要结合知识管理和组织学习两个维度，基于组织个体层、群体层与组织层的存量学习和前馈层与反馈层的流量学习开展研究	关注突发危机下的组织学习，生态系统观下的跨组织学习行为，人工智能、大数据、云技术等数字背景下组织学习模式的变化，以及转型经济下的组织学习
	信息技术	包括对常规信息系统使用和创新信息系统的使用，以及对 IT 资源的整合部署研究	信息技术通过影响成员间的协调、整合和柔性间接影响绩效	关注基于数字技术（大数据/物联网/信息化/云计算/人工智能）的企业动态能力构建与发展研究
	管理者认知与情绪	包括解构管理认知的结构维度，管理认知的活动过程，管理者情绪调节的差异性，企业管理者的国际化视野	管理者认知通过影响新环境下技术相关的搜索行动，进而影响能力演变轨迹，最终促进组织适应性发展	研究中国管理者独特的思维文化、成长背景、教育方式下的认知、情绪与动态能力关系，以及数字化时代管理者的认知变化
	领导风格	包括交易型领导、变革型领导、创业型领导、数字型领导等系列研究	考察伦理型领导、交易型领导等的影响	关注中国企业管理者对人情、关系和差序格局重视的行为，国家文化中强调权威观念的深刻影响下的本土领导特征
	员工创造力	包括以企业家为代表的高层管理团队及项目经理个体层次的创造力	考察员工经验、团队行为整合对动态能力的影响	关注中国管理者命令式管理模式，员工创造力、风险承受力、执行力、认知能力、敏捷性行为与动态能力的相关关系，以及数字化时代下的员工特征改变

续表

研究分类	研究主题	国外研究现状	国内研究现状	中国情境下的研究建议
中介机制	绿色创造力	重点研究绿色动态能力与绿色创造力的关系，进一步影响绿色产品开发绩效	考察绿色动态能力对绩效的影响	关注通过动态能力实现生产、运营和销售等企业运行的各个环节可持续发展的目标
	创新	包括技术创新、服务创新、流程创新和市场创新，以及创新知识配置	考察动态能力通过双元创新（利用式创新和探索式创新）来构建双元型组织，提高组织创新绩效	考察除双元创新外，动态能力和其他创新方式的关系
	数字化平台能力	包括利用数字化平台管理顾客和商业合作伙伴，从数字化产品数量和收入响应绩效	考察动态能力对企业数字化转型影响的过程机制	关注数字化转型背景下的数字化平台建设之路，数字化平台与组织流程动态嵌入过程，平台间交互功能与生态演化问题
	运营能力	包括营销能力和技术能力	动态能力通过运营能力影响绩效	关注中国特色的外部经济制度环境和内部的组织学习下的运营能力构建
调节机制	环境因素	包括环境动态性、环境动荡性、经济发展水平、政府政策	包括环境动态性、环境动荡性、环境规制等	关注数字时代消费升级，国家顶层战略调整和国际竞争格局下环境及产业特征变化的影响
	组织因素	包括能力异质性、创业导向、企业年龄	包括管理自主权、组织学习、智力资本等	关注中国独特文化下各个组织要素的影响
	环境层面与组织层面交互	包括环境动态性、环境丰裕度和战略导向	主要从环境维度单一进行研究	关注环境层面和组织层面因素的双重作用
影响效应	短期财务绩效	包括短期实现企业生存，提升财务绩效、产品绩效、供应链绩效	包括提升财务绩效、产品绩效，基于利益相关者管理视角的利益相关者反应压力	注重数字经济背景下企业的数字化转型绩效等
	长期竞争优势	包括提升组织成长绩效，增强组织灵活性，提升创新绩效	包括社会责任与品牌管理、创新绩效	关注贸易壁垒下和全球价值链转型背景下的创新追赶机制与路径，以及超越组织边界的创新生态系统的构建和演化
研究方法	研究方法	主要以文献型研究、二手数据研究为主，以案例研究和概念型研究为辅，还有少量文献采用行为实验与仿真模拟研究方法	以问卷研究和案例研究为主	增加对于二手数据的使用，通过使用国内或国际通用数据库，扩大样本量；基于文献型、二手数据、仿真模拟研究和实验研究进一步总结中国情境化的规律以推动中国企业构建快速适应环境的动态能力

四、应用情境分析

动态能力理论持续在管理学领域内应用逐渐成为一种趋势，促进了管理学理论的发展和对商业实践的指导。接下来，将从战略管理领域、国际商务管理领域和营销管理领域对动态能力理论的应用进行归纳总结。

1. 战略管理领域

在动荡的环境中，企业在变革过程中普遍缺乏面对竞争性市场的资源和能力，以及有助于变革的内部惯例和过程。面对外部环境的变革，企业如何在动荡的市场经济中发展竞争所需的动态能力引起了学者的关注。Oliver 和 Holzinger（2008）认为，动态能力的出现有利于企业有目的地创造、延伸和修正现有的资源，通过不断重新组合资源，改变企业现有的知识结构，最终顺利实现变革。学术界从以下三个方面推进了动态能力理论在战略管理领域的发展：第一，组织变革视角。通过有效领导、适应性文化、有弹性的员工和有利于变革的组织基础设施，企业能够通过动态能力实施组织变革以重新获得或保持竞争优势。Dixon 等（2010）研究了转型经济背景下动态能力在组织变革各个阶段的作用机制，认为在组织变革的前期，变革型领导风格会促进组织意识到外界环境的变化，利用动态能力不断搜寻新的创新手段，进行相应的变革；在组织变革的后期，交易型领导风格会促进组织不断地进行内部学习，对新形成的惯例进行详细的修改与完善，重新部署组织内部的资源，最终形成适合新环境的能力组合。第二，并购战略视角。Dixon 等（2010）认为，在并购中，并购方必须将两个企业的资源和能力结合起来，以使并购的结果产生价值。Chatterji 和 Patro（2014）认为，基于沟通、编码、共享和内部化的企业并购学习推动企业形成并购动态能力，促进企业识别何时收购是获取新资源的最佳战略举措，进而发现并与最合适的目标企业进行谈判，最终在目标公司和收购公司内部重塑资源，进而促成更高的并购绩效。第三，社会责任战略视角。Henisz（2016）认为，企业动态能力能够影响其社会认知水平和组织价值观的形成，进而对提升该企业的社会责任感起到积极的作用。

2. 国际商务管理领域

动态能力能够帮助企业应对国际商业环境的快速变化，因此，被认为是国际商业环境中最重要的能力。企业在进行国际市场活动时往往更多地依赖社会资本，同时需要克服法律制度和金融体系失灵、市场扭曲和资源获取不公平等障碍，需要构建相应的动态能力发展机制。同时，动态能力视角为国际化研究增添了新维度，对现有的国际化理论进行了有益补充。Teece（2014a）从以下两个方面推进了动态能力理论在国际商务管理领域的应用：第一，形成过程研究。国际市场的自由化、信息化，通信及运输技术的进步，合作伙伴的吸引力、资源和服务的流动性等均有助于确定和塑造与国际化有关的动态能力。参与全球竞争的公司通过早期直接进入国际市场，表现出与路径依赖学习理论不同的行为。因此，企业动态能力建设过程可以部分依赖于原有路径，也可以一步一步地进行战略规划。第二，构成维度研究。Mudalige 等（2019）将动态能力分为个体层和企业层，通过实证发现，二者对国际化都有正向影响，企业层动态能力在个体层动态能力和国际化之间起中介效应。其中，个体层动态能力主要来源于企业所有者，由企业家的人力资本、社会资本和创业导向构成；企业层动态能力主要依托于组织流程，具体分为感知、整合、学习、重构和转型等。Luo（2000）将国际化企业的动态能力划分为能力占有、能力部署和能力升级三个维度，其中能力占有是组织的一种独特的资源，是组织获得竞争优势的主要来源；能力部署是当组织发现环境中存在机会时，会立刻调整本身资源，重新架构组织机构，从而提供新的产品与服务，抢得先机的一种能力；能力升级是组织动态学习的结果，可以为组织创造新的优势资源组合。

3. 营销管理领域

在不断变化的市场中，营销动态能力能够帮助企业识别重要的市场信号，评估新的流程或服务，设计和执行对市场变化的有效响应，直接影响公司的产品开发、创新的服务设计和长期的客户关系。学者从以下三个方面推进了动态能力理论在营销管理领域的应用：第一，知识管理视角。Bruni 和 Verona（2009）以医药产业为例，将动态能力理论应用于市场营销职能的分析，阐述了动态能力在知识密集型企业营销策略中的作用。营销动态能力的构建需要企业整合市场知识和资源，这类功能性知识包括产品、品牌和销售渠道等。第二，顾客关系管理视角。企业需要了解顾客关系和利益相关者的偏好和需求，动态能力嵌入于跨部门的流程中对于直接或间接传递顾客价值十分重要，体现在产品研发管理、顾客关系管理和供应链管理流程中。第三，资源管理视角。Fang 和 Zou（2009）发现，跨国合资企业的资源数量和资源互补特性对营销动态能力有显著的正向影响；组织结构正式化的程度越高，跨国合资企业拥有的资源数量对其营销动态能力的影响越强；组织结构部门化的程度越高，跨国合资企业所拥有的资源互补特性对其营销动态能力的影响越弱；与跨国合资企业母公司战略目标的一致性程度越高，跨国合资企业拥有的资源数量对其营销动态能力的影响越强；跨国合资企业内部学习的氛围越浓厚，跨国合资企业拥有的资源数量对其营销动态能力的影响越强；跨国合资企业的营销动态能力会对其财务绩效和竞争优势产生显著的正向影响，其所处市场环境的动态性越高，这种效果就会越明显。

五、研究热点演进分析

关键词作为学科规范的系统用语，可高度提炼、概括文献内容，也是研究者之间进行学术交流的一个基本语言单位。为了进一步探测学科知识领域的研究热点演进情况，更好地展现动态能力的相关研究主题在时间序列的分布及相互关系，本章通过 CiteSpace 进行可视化分析，分析对象选择为关键词，并进行相似关键词的合并。为了便于清晰获得研究主题的变化动态，本章选择使用"Time Zone"时区网络视图，基于纵向时间序列，得到各阶段的高频关键词，总结该领域发展过程中各个阶段关注的焦点，具体分为以下三个阶段：

1. 理论探索阶段（1997~2003 年）

在理论探索阶段，学者主要探究动态能力理论的脉络演进和概念内涵。为了应对复杂变化的动态环境，以 Teece 和 Eisenhardt 等为代表的学者提出的动态能力观逐步发展起来。Teece 等（1997）将动态能力定义为企业整合、构建和重新配置内外部资源的能力。Eisenhardt 和 Martin（2000）认为动态能力是由一些具体的战略流程组成的，如产品开发流程、战略决策制定过程和联盟等。企业通过与联盟成员互动、知识转移、知识吸收、组织合作等流程，取得适应复杂变化环境所必要的知识、技术、信息和资本要素，从而构建持续竞争优势。Winter（2003）区分了运营操作能力和动态能力，并认为运营操作能力是帮助企业实现生存的能力，而动态能力是修正运营操作能力以适应动态环境变化的能力，是一种更高层次的能力。同时，学者逐渐达成共识，动态能力有助于企业提高企业财务绩效（Zott，2003）、创新绩效（Helfat，1997）及长期竞争优势。企业需要建立基于动态能力的管理系统来帮助企业解决不确定性，通过感知能力、整合能力和吸收能力的协同作用，利用信任关系嵌入的社会资本帮助企业发现和捕捉在外部环境中的新兴市场机会，整合创新所需的内外部资源以内化和吸收新技术与知识。

2. 理论融合阶段（2004~2012 年）

在理论融合阶段，学者更加注重动态能力与创业管理、知识管理、战略管理、组织学习、社会责任等其他学科的融合。首先，进一步强调动态能力的根本作用在于创造并维持企业的竞争优势，动态能力对企业获得卓越绩效的重要性不断被深入研究（Lin & Wu，2014）。其次，拓展了动态能力理论应用的组织情境，将动态能力理论作为一个新视角与更多的研究领域进行融合。组织可以通过持续学习获得新知识，将这些知识用于新产品发展、改善流程和组织决策来改变组织惯例。通过扫描环境感知和识别机会、发现市场新机遇，在组织内部构建自治、支持和信任的组织学习文化和智力资本有助于持续开发企业动态能力（Hsu & Wang，2012）。再次，动态能力理论为研究创业管理提供新的视角。Lee 和 Slater（2007）以三星集团为例研究发现，动态能力通过积极影响具有侵略性和冒险性的公司创业行为，构建了独特的发展路径。Wu（2007）认为，动态能力能够帮助企业最大化利用创业资源，进而提升新创企业绩效。Zahra 等（2006）认为，动态能力可以通过帮助企业家、创业团队或公司管理层改变对现有惯例或资源配置的看法，帮助企业解决争端和分歧，使管理者的变革意愿达成一致，确保战略方向的一致性，以新方式有效部署资源、捕捉机会。Woldesenbet 等（2012）认为，从内在来看，创业能力和动态能力可以通过相互作用进行开发和使用。最后，随着世界各国企业对企业社会责任关注度不断提高，动态能力理论与企业社会责任管理也进行了融合。Ramachandran（2011）建议企业采用感知与反应能力、执行能力这两种维度的动态能力来实施社会责任战略。

3. 理论深化阶段（2013～2019 年）

在理论深化阶段，学者多角度和多维度构建了动态能力的研究框架，对动态能力的构成维度、微观基础、影响因素、基于中介和调节的过程机制、应用情境等进行探索，将动态能力理论与更多的时代背景进行结合，研究企业管理中的众多"黑箱"问题。首先，动态能力的具体表现形式是一直是研究热点，关键词有"创新能力""吸收能力""适应能力""动态管理能力""动态营销能力"等。其次，动态能力的影响因素和作用机制也是研究的重点。在组织层面，关键词有"组织双元性""合作""创业导向""市场导向""组织学习""商业模式""战略联盟"等。关于微观层面的动态能力相关研究也逐渐成熟，关键词有"管理认知""微观基础"等（Helfat & Peteraf，2015）。再次，越来越多的企业通过动态能力打破区域边界，由国内经营向国际化经营转变，进入国外市场来扩大企业的生存空间，关键词有"国际化战略""国际创业""服务创新""开放式创新"等。最后，对"数字经济""新技术"情境下的动态能力研究，也是这个阶段的研究热点，关键词有"数字化战略""大数据""敏捷性""组织变革""组织更新""环境动态性""可持续发展"等。企业通过构建改变流程、扩展价值观或调整公司现有资源而产生的动态能力，有助于企业进行数字化转型（Warner

& Wager，2019）。动态能力作为一种高层次的组织能力，在"数字经济""新技术"下的管理与创新过程中十分关键，它孕育了技术创新的必要环境，实现了创新资产的有效整合。在数字化背景下，企业的巨量信息需要处理，动态能力成为帮助企业在有效时间内管理、处理并整理信息以帮助企业经营决策的最重要的工具。在数字经济时代，动态能力可以通过大数据管理进行变革为组织创造业务价值（Rialti et al.，2019）。

第三节　整合研究框架构建

本节构建了基于"研究视角—影响因素—作用过程—影响效应"的动态能力整合研究框架，如图 2-2 所示。具体而言，现有动态能力文献的研究视角主要聚焦于要素论、流程论和层次论三个方面；影响因素包括组织层面的因素和个体层面的因素。其中，组织层面的因素主要有组织资源、组织文化、组织结构、市场导向、组织学习和信息技术等。个体层面的因素主要有管理者认知与情绪，领导风格，员工创造力，管理者任期，管理者的知识、经验及技能以及管理者的国际视野等；动态能力通过绿色创造力、创新、数字化平台能力、运营能力等中介机制影响企业的短期财务绩效或长期竞争优势，整个作用过程还受到环境因素、组织因素、环境与组织等层面交互因素的调节。

一、研究视角

动态能力是指组织感知并抓住新机遇，重新配置和保护知识资产、能力和互补资产，以实现持续竞争优势的能力（Augier & Teece，2009；Teece，2014b）。通过识别和捕捉新的战略机遇，协调必要的组织资源，发明新的商业模式和组织形式，转换业务流程及重组资源以适应新环境（Augier & Teece，2008）。即使企业在资源和能力禀赋方面相似，动态能力也会因是否有效利用资源、是否提高协调效率、是否依赖更适当的行动顺序、是否在行动中周全考虑以及是否组织路径依赖而形成企业绩效的差异（Wollersheim & Heimeriks，2016）。

关于动态能力的研究主要有以下三种观点：第一，要素论。以下学者认为动态能力是一个多维聚合的结构（Barreto，2010），如协调能力，学习能力，重构能力（Teece et al.，1997），占有、部署和升级能力（Luo，2000），感知能力，

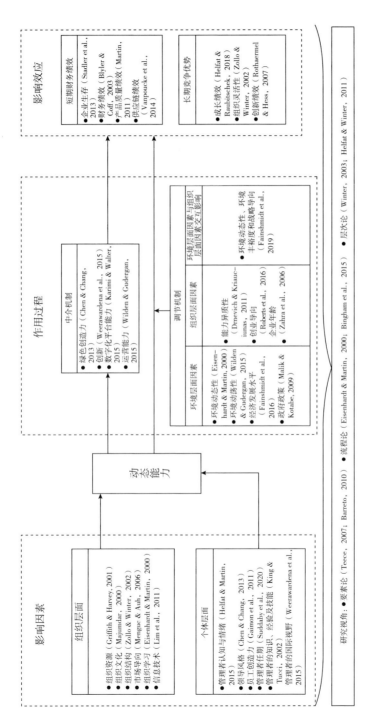

图 2-2 基于国外代表性文献的动态能力整合研究框架

利用能力，转型能力，改变运营流程的能力（Zollo & Winter, 2002），组织变革能力（Helfat & Winter, 2011），资源编排能力（Sirmon & Hitt, 2009），基于惯例的能力和基于即兴的能力，以及联盟能力（Anand et al., 2010）等。第二，流程论。以下学者将动态能力视为指导企业资源配置演化的一组程序，或者动态能力嵌套在一定流程中，如新产品开发流程（Eisenhardt & Martin, 2000），并购流程（Bingham et al., 2015），组织学习、逆向工程和制造柔性（Malik & Kotabe, 2009），经济机会与技术匹配流程（Wheeler, 2002），信息技术部署（Lim et al., 2011），以及企业社会责任捐赠流程（Cantrell et al., 2015）等。第三，层次论。这种观点认为动态能力是一种高阶能力（Helfat & Winter, 2011）。普通能力或"零阶"能力是企业在短期内"谋生"的能力，而动态能力是通过扩展、修改或创造普通能力，帮助企业进行变革。Schreyoegg 和 Kliesch-Eberl（2007）通过建立一个单独的功能——"能力监控"，对动态能力进行了定义，在保留组织能力原有优点的同时，又解决了能力刚性问题，形成了一个层次化的解决方案。

二、影响因素

本章从组织层面和个体层面探索动态能力的影响因素。组织层面因素包括组织资源、组织文化、组织结构、市场导向、组织学习、信息技术；个体层面因素包括管理者认知与情绪、领导风格、员工创造力、管理者任期、管理者的知识、经验和技能、管理者国际视野等。下面对部分因素进行阐述。

1. 组织层面因素

（1）组织资源（Organizational Resources）。Griffith 和 Harvey（2001）认为，资源丰富的组织往往有更大的能力来规划、执行和维持战略变革，企业难以交易的知识资产和补充性资产的组合会塑造企业的竞争优势，而资源匮乏会直接抑制组织资源和能力的价值（Tashman & Marano, 2009）。影响动态能力的资源类型有财务资源、技术资源、闲置资源、创业资源、无形资源、人力资本、组织经验、互补性资源、异质性资源和初始禀赋等（Coen & Maritan, 2011）。以跨领域伙伴关系为例，如果企业有与其他合作伙伴交往的经验，可以有效与利益相关者互相学习，有助于感知利益相关者的需求，并根据利益相关者的需求做出内部资源和流程的改变（Dentoni et al., 2016）。社会资本有助于企业通过有效地建立社会网络，通过社会资本优先创造和获取各种资源和机会。因此，风险投资支持的企业在产品和管理开发方面表现出了更大的动态能力，但在法律和政府监管威胁方面没有表现出更大的动态能力（Arthurs & Busenitz，2006）。如果新创企业拥有高绩效管理团队，便能够应对技术商业化的挑战，并在动荡的行业中发展动态能力，引领变革的潮流（Townsend & Busenitz，2015）。与资源相关的决策也是影响动态能力的重要组成部分。Sirmon 和 Hitt（2009）关注了资产决策的两个重要维度：资源投资和资源部署，资源投资决策决定了公司如何投资以获取和开发被组织控制的有形资产和无形资产，资源配置决策则决定了这些投资的具体市场。当资源投资和部署决策达到一致性时，即当管理者的部署决策支持投资决策时，管理者的动态能力会更有效率，企业业绩会持续增长。

（2）组织文化（Organizational Culture）。成功的公司通常专注于文化的多元组合，通过文化为组织提供灵活的驱动力。Majumdar（2000）认为，具有文化优势的企业能够随着时间的推移而转变能力。目前，关于组织文化对动态能力影响机制的研究主要从组织文化的不同类型出发，不同类型的组织文化对动态能力的驱动作用具有异质性，现有的研究类型包括信任或自治的组织文化、可持续文化和多元文化、社会嵌入性文化、国际化的多元组织文化等。具体来说，这些类型的组织文化可以帮助企业在活动配置中关注多个相互支持的参与者、活动和结构，通过分析组织的认知、情感和愿望如何随着时间的推移进行联合，以确定组织管理活动的最终组织资产，从而保证了一个更加动态的过程（Arikan et al.，2022）。管理者能够充分运用领导技能在组织内部构建信任从而开发动态能力，帮助企业发展维持竞争优势的能力。

（3）组织结构（Organizational Structure）。现有关于组织结构对动态能力影响机制的研究主要从以下两个方面展开：首先，基于组织结构的作用机制。组织结构惯性会导致企业能力刚性，进而引发管理困境（Schreyoegg & Kliesch-Eberl，2007）。一家企业会因为过去的惯例和结构产生惰性，从而削弱公司的变革能力，但组织结构多样化的公司却更可能通过多样化的学习增加自身获益的可能性（Fang & Zou，2009）。因此，管理者可以通过设计和构建组织结构，以提高资源的生产率（Makadok，2001）。其次，基于组织结构的特点。Rindova 和 Kotha（2001）认为，组织的分散型结构和地方自治型结构会支持动态能力的开发和使用。多样化组织结构促进了组织感知和抓住机遇以及企业运营能力的重新配置，组织结构复杂的多元化跨国公司在培育动态能力方面更具有知识优势（Makadok，2001）。

（4）市场导向（Market Orientation）。Menguc 和 Auh（2006）在控制市场动荡、技术动荡、竞争强度等外部环境因素后，发现由顾客导向、竞争者导向和跨职能协调组成的市场导向显著影响企业绩效。通过实施市场导向的战略定位对组织内部资源重组产生影响，市场导向较强的企业通常会在第一时间利用这些市场信息进行内部资源重组和组织结构重构来构建动态能力。当市场导向与创新等内部互补资源共同作用时，市场导向对企业绩效的影响显著增强。此外，创新在企业社会网络结构中的嵌入程度越高，其作为补充资源的价值越大。

（5）组织学习（Organizational Learning）。学习机制引导着动态能力的进化，影响动态能力的主要学习机制包括以下三个方面：首先，从经验积累角度来看，通过重复练习、吸取错误教训可以帮助企业形成吸收能力。即使企业间的初始差异很小，随着时间的推移也会产生显著的行业内差异，特别是当时间、成本和学习交互影响时（Zott，2003）。其次，Argote 和 Ren（2012）认为，集体编码、存储和检索知识的系统，可以促进组织知识资产的组合集成和更新。最后，Zahra等（2006）增加了试错、即兴创作和模仿，以区分成熟企业和新创企业不同的学习能力，从经验中学习对成熟企业更为重要，但试错和即兴创作过程对新创企业来说更有用。

（6）信息技术（Information Technology）。组织可以通过部署信息技术，将信息技术与组织结构和业务流程的改进相结合来开发动态能力，从而在市场上实现差异化，为组织创造价值。由于信息技术的动态性和竞争环境的复杂多变，组织的信息技术中心也需要不断发展，以便与动态的全球市场保持一致。Lim 等（2011）将动态信息技术管理能力定义为企业整合、构建并重新配置信息资源，使之与管理流程保持一致性，以适应快速变化的竞争环境。信息技术中心的发展，将有助于组织学习强度的提高，具有较高学习强度的公司可以利用经验反馈周期来建立或重新配置更高的动态信息技术能力等。Wheeler（2002）发现，将选择新的信息技术、匹配经济机会与技术、进行业务创新和评估客户价值作为一个循环的流程，可以为客户创造价值。Roberts 等（2016）侧重于研究管理者对常规信息系统和创新信息系统两套不同信息系统的使用。日常信息系统支持商业智能、分析和模拟，可以帮助管理者拓宽思路，抓住有价值的机会，而创新信息系统可以帮助管理者创造性地组合各种数据集，以确定开发的时机，确定组织创新的领域。尽管日常信息系统和创新信息系统构成了使用信息系统的不同方式，但这两种使用方式都可以帮助管理者完成其分配的工作，更好地感知市场机会。因此，信息技术的内部使用、交流和合作有助于动态能力发挥积极的作用。

2. 个体层面因素

（1）管理者认知与情绪（Managerial Cognition and Emotion）。管理者认知的

差异将导致不同的战略决策和结果（Kor & Mesko，2013）。其对动态能力的影响机制主要从以下四个方面展开：首先，基于管理认知的结构维度。如矛盾性认知、推理思维和解决问题的逻辑（Adner & Helfat，2003）。其次，基于管理认知活动过程。管理者可以通过三种具体的认知解释活动：历史作为客观事实、历史作为解释性修辞和历史作为想象未来思维，调动不同的历史观去感知、把握和了解技术的无形脉络，并围绕所提供的机会进行资源重新配置。Hodgkinson 和 Healey（2011）利用认知神经科学和神经经济学的方法，说明了感知能力和利用能力是产生于个人/群体的认知和情感能力。在一定程度上，管理者的注意力和预见性会影响企业资源配置的多样性，进而持续调整运营能力以适应外部环境的变化。再次，基于管理认知的差异性。认知能力的异质性使高层管理者产生动态管理能力的异质性，最终导致组织在变革条件下产生绩效差异。最后，管理者情绪调节的差异也会影响他们调动资源以追求市场机会的程度。自我效能感可以通过创新精神来调动人力资本，而他人效能感通过促进合法性判断来调动社会资本。管理者不仅要管理自己的情绪，以应对发生的挑战性情况，也必须关注其他利益相关者的情绪，以持续获得利益相关者的支持，从而为有效解决和克服困难创造条件（Laamanen & Wallin，2009）。

（2）领导风格（Leadership Style）。在充满模糊性、动态性、复杂性的环境中，企业需要独特的领导力才能保持灵活性和盈利能力，最终具备强大的动态能力。无论是大企业还是小企业，都需要企业家创造卓越绩效。管理者可以对其部门的资源行使控制权，因此他们通过制定业务部门的战略战术，合理处理企业级战略和部门战略之间的关系，通过集体感知、抓住和重新配置资源，从而抓住市场机会，调整组织方向（Martin，2011）。Chen 和 Chang（2013）、Karimi 和 Walter（2015）、Lopez-Cabrales 等（2017）讨论了交易型领导、变革型领导、创业式领导、数字型领导等不同类型的领导对动态能力的影响。不同类型的领导可以帮助企业塑造不同规范、创造不同知识和分享不同技能。例如，创业型领导不仅可以执行现有的惯例，甚至可以制定新的惯例。跨国公司受益于具有创业技能的东道国管理人员，因为他们能够快速找到跨国公司和东道国资源的最佳组合（Distel et al.，2022）。一个高科技企业的领导需要了解新产品的开发过程并具有相关经验，但又与科学研究团队的领导不同。此外，通过有效领导、构建适应性文化和有利于变革的组织基础设施，企业能够通过动态能力实施组织变革以重新获得或保持竞争优势。Dixon 等（2010）研究了转型经济背景下动态能力在组织变革各个阶段的作用机制，认为在组织变革前期，变革型领导风格会促进组织意识到外界环境的变化，利用动态能力不断搜寻新的创新手段，进行相应的变革。在组织变革后期，交易型领导风格会促进组织不断地进行内部学习，对形成的新惯例进行详细的修改与完善，重新部署组织内部的资源，最终形成适合新环境的能力组合。

（3）员工创造力（Employee Creativity）。有效利用员工创造力可以快速地提升组织动态能力。Gaimon 等（2011）以企业家为代表的高层管理团队及项目经理个体层次的创造力具有个人属性特征，而个人属性特征使创造成果可持续且难转移，是企业最重要的资源，它可以帮助企业利用新颖性思维创造价值。Salvato 和 Vassolo（2018）认为，员工在执行任务时创造性地行动、思考和感受也为改善公司运作方式提供了机会，增强了企业战略的适应性。因此，管理者可以通过促进员工个人创造力的发展来提高公司的变革能力。

除此之外，还有一些管理者的特征也会影响动态能力的构建和发展，包括管理者任期（Suddaby et al.，2020），管理者的知识、经验和技能（King & Tucci，2002），以及管理者的国际视野（Weerawardena et al.，2015）。这些因素均会影响企业感知机遇和威胁、及时做出市场决策，以及改变企业现有资源基础以开发新产品的能力。

三、中介机制

（1）绿色创造力（Green Creativity）。Chen 和 Chang（2013）通过研究发现，绿色动态能力与产品绿色开发绩效之间的正向关系是由绿色创造力作为部分中介形成的。绿色动态能力是公司利用其现有资源和知识，更新和发展其绿色组织能力以应对变化的外部环境的能力。成功的绿色产品开发不仅可以通过满足环境需求来制定差异化战略，还可以重塑市场营销规则，帮助企业和经济走向环境可持续性。绿色动态能力与绿色创造力正相关，因为动态能力使公司能够通过开发资源更新和组织能力实现可持续竞争优势，从而对不断变化的市场做出反应。绿色创造力与绿色产品开发绩效正相关，因为产品开发团队的创造力对产品开发绩效有积极的影响。因此，绿色动态能力不仅可以直接正向影响绿色产品的开发绩效，还可以通过绿色创造力间接正向影响绿色产品的开发绩效。

（2）创新（Innovation）。Weerawardena 等（2015）认为，动态能力由基于市场角度和社会技术角度的双重子系统构成，前者分为聚焦客户的学习能力和营销能力，后者分为网络学习能力和内部学习能力，研究发现企业创始人的国际化视野对动态能力有积极的正向影响，进而动态能力推动新知识的产生，促进技术创新、服务创新、流程创新和市场创新等，最终影响企业的国际化。动态能力能够将市场产生的知识转化为满足客户需求的资源、技能和活动，通过利用现有资源、创造新资源、获取外部资源和释放资源来改变其现有资源，配置多种创新形式所需的新知识，支持公司开发产品和市场等创新活动，从而促进企业的国际化。

（3）数字化平台能力（Digital Platform Capabilities）。Karimi 和 Walter（2015）探讨了数字化平台能力在动态能力和企业响应绩效间的中介效应。其中，动态能力从资源、流程和价值观三个方面进行测量，响应绩效根据数字化产品的数量和收入来衡量。企业通过数字化产品响应顾客需求，通过改变动态能力、适应和拓展现有资源、建立流程和价值观来提高数字化平台能力。

（4）运营能力（Operational Capabilities）。Wilden 和 Gudergan（2015）检验了以感知和重构能力为组成要素的动态能力如何通过影响由营销和技术能力组成的企业运营能力，进而影响企业绩效的理论模型。经常运用感知能力的公司可以加深对服务不足的细分市场和现有客户群的了解，进而构建营销能力来提升公司的整体业绩。此外，通过频繁的感知，企业也可以更早地发现新技术。通过加强技术能力，企业可以发展更有效的业务或改进例行程序，利用新技术，更有效地将投入转化为产出。因此，动态能力通过影响技术能力和营销能力而改进绩效。企业的持续竞争优势不仅依赖于动态能力本身，更依赖于动态能力所创造的资源配置，依赖于比竞争对手更快、更敏锐、更持续地使用动态能力。

四、调节机制

1. 环境层面因素

现有研究关于环境层面对动态能力作用效应的影响因素包括以下几个方面：

（1）环境动态性（Environmental Dynamism）。Eisenhardt 和 Martin（2000）认为，动态能力能帮助企业获得竞争优势，但这种影响取决于企业外部环境动态性水平，环境动态性调节了动态能力和企业绩效之间的关系。现有研究对于不同动态水平下的外部环境对动态能力作用机制的影响存在不同的观点：Drnevich 和 Kriauciunas（2011）认为，外部环境动态程度越高，对一般能力的负面影响越大，但对动态能力发挥作用的促进效果越强，即市场和竞争环境的变化越快，企业就越有可能依靠不断变化的能力来重新获得竞争优势；Schilke（2014）认为，这种效应呈非线性的倒"U"形关系，即在中等动态水平下，动态能力与竞争优势的关系最强，而在低动态水平或高动态水平下，动态能力与竞争优势的关系较弱。Girod 和 Whittington（2017）认为，组织结构调整（Restructuring）和经营业务变更（Reconfiguration）是动态能力的两种表现形式。环境动态性减弱了组织结构调整与绩效间的积极效应，却增强了经营业务变更与绩效间的积极效应。此外，Vanpoucke 等（2014）对环境动态性进行了维度划分，包括市场动态性、技术动态性等，进一步研究了市场动态性和技术动态性在供应链动态能力与流程柔性和成本效率之间关系的调节效应。

（2）环境动荡性（Environmental Turbulence）。Wilden 和 Gudergan（2015）考察了由市场、竞争对手和技术动荡组成的环境动荡性对动态能力和企业运营能力关系间的调节作用。首先，竞争、市场或技术环境的变化产生了一系列新的价值创造方法；其次，为了应对能力缺口，公司会进行机会感知和资源重新配置，以确定能力的价值最大化，为其营销和技术能力的实施提供基础。因此，在动荡环境中，感知能力与营销和技术能力具有更强的积极关系。此外，Townsend 和 Busenitz（2015）发现，需求不确定性减弱了企业动态能力与早期筹资额之间的积极关系。

（3）经济发展水平（Economic Context）。经济发展水平调节了企业从动态能力中获得的价值。与欠发达经济体相比，动态能力给发达经济体带来的绩效收益更大。因为欠发达经济体相对缺乏发展动态能力和有目的地改变创新方式的意愿，但在发达经济体中这种意愿会较强烈。此外，虽然动态能力在两种经济条件下都很重要，但它们的边际价值是不同的，在欠发达经济体中，由于动态能力的稀缺性和较慢的扩散速度，动态能力的边际效益可能更高。因此，在欠发达经济体中进行动态能力投资的公司将获得更大的绩效收益（Fainshmidt et al.，2016）。

（4）政府政策（Government Policies）。Malik 和 Kotabe（2009）研究发现，新兴市场制造企业的组织学习、逆向工程和制造柔性三类动态能力发展机制对组织绩效有显著的正向影响。同时，政府技术支持政策对组织学习与组织绩效间的积极关系有显著的正向调节效应。

2. 组织层面因素

现有研究关于组织层面对动态能力作用效应的影响因素包括以下几个方面：

（1）能力异质性（Heterogeneity of Capability）。Drnevich 和 Kriauciunas（2011）认为，尽管动态能力异质性使该能力更难使用和管理，但考虑到动态能力异质性会带来更高的贡献潜力、独特性和模仿成本，企业会更希望其动态能力不同于竞争对手。因此，企业宁愿自己的动态能力和竞争对手有所不同，从而拥有更高的生存概率和实现更高水平的企业绩效。在一定程度上，动态能力异质性程度越高，其对企业绩效的贡献就越高。

（2）创业导向（Entrepreneurial Orientation）。Roberts 等（2016）讨论了基于自主性、创新性和风险承担三个维度的创业导向对信息系统使用和管理者感知能力关系的影响机制。自主性是指组织在多大程度上鼓励个人独立地提出一个想法或愿景，并将其贯彻到底。组织自主性越高，管理者在使用信息系统时受到来自他人的干扰越少，可以考虑更多替代方案和选择，信息系统使用与管理者感知能力间的积极联系就越强。创新性是指一个组织支持新想法、新颖性、实验性和创造性的程度。如果组织支持创新，管理者会更可能使用信息系统来产生更多不寻常的、有用的想法，帮助组织识别机会和塑造竞争优势，加强信息系统使用与管理者感知能力间的积极联系。风险承担是指一个组织愿意将资源投入到结果具有高度不确定性的项目、活动和解决方案中的程度。风险导向型的组织容忍不确定性，推动管理者使用信息系统识别风险机会，信息系统使用与管理者感知能力间的积极联系也会更强。

（3）企业年龄（Firm Age）。Zahra 等（2006）讨论了企业年龄在即兴创作、试错学习和实验三种形式与动态能力开发和使用间关系的调节效应。即兴创作是指实时的、计划外的体验；试错学习包括采取计划内或计划外的行动，并不断尝试；实验是指有意识、有系统地利用各种条件来学习因果关系。年轻的公司没有足够的时间或资源来充分计划，也缺乏足够的经验，往往被迫即兴制定解决方案。随着企业年龄的增长，即兴创作越来越不可能成为动态能力开发和使用的一种选择。为了进行试错学习，公司必须建立一个可利用的能力储备，并且必须有时间预先计划、执行和使用这些信息，以便日后做出重大决策。在公司早期发展时试错学习是一种重要模式，但随着公司流程和知识结构化程度的不断提高，这种学习模式的使用会逐渐趋于平稳或减少。随着企业年龄的增长，试错学习成为开发和使用动态能力的选择概率会先增多后减少。成熟公司在思考、开发和重新配置能力时可能会更加谨慎，高管通常会将更多的资源用于系统地探索，但年轻公司受限于资源和时间，很少有实验的倾向或能力来发展自己的能力。随着企业年龄的增长，实验越来越可能成为开发和使用动态能力的一种选择。

3. 环境层面因素和组织层面因素交互影响

现有研究关于环境层面和组织层面对动态能力交互影响的因素主要是环境动态性、环境丰裕度和战略导向（Environmental Dynamism, Environmental Munificence, and Strategic Orientation）。Fainshmidt 等（2019）从何时动态能力能够构建竞争优势的角度出发，研究了动态能力与环境动态性、环境丰裕度和战略导向的不同匹配状态对竞争优势的影响机制。其中，环境动态性是指企业所处外界环境的变化程度。环境丰裕度是指一个行业内关键资源的丰富程度，它可能更广泛地反映出一个行业中的公司在多大程度上能够获得提升能力、实验和发展企业所需的有形资源和无形资源。随着环境丰裕度的提高，企业可以有更多的选择去实验和探索。战略导向分为差异化战略导向和成本领先战略导向两种。研究发现，动态能力通过与差异化战略和成本领先战略进行有效匹配，为企业在动态、丰裕的环境中构建竞争优势。在动态、资源丰裕的环境中，动态能力和差异化战略导向进行有效匹配能够构建竞争优势。在稳定、资源丰裕的环境中，无论是否具备动态能力，企业都可以通过成本领先或者差异化战略导向获得竞争优势。在稳定、资源稀缺的环境中，动态能力和成本领先战略导向进行有效匹配能够构建竞争优势。在动态、资源稀缺的环境中，动态能力和两种类型的战略导向都不能构建竞争优势。因此，动态能力与竞争优势的关系取决于与战略导向和环境动态性、环境丰裕度等因素之间的契合度。

五、影响效应

1. 短期财务绩效

动态能力的目的之一是帮助企业赚取利润和实现生存，实现组织短期适应性（Short-term Adaptation）。首先，实现企业生存。动态能力支持企业查找资源和进一步开发资源的活动，以使资源具有商业用途（Stadler et al., 2013）。Winter（2003）验证了动态能力与卓越绩效和生存能力之间存在直接联系，在不断变化的环境下，一个没有动态能力的组织，其竞争优势和生存能力都将是短暂的。其次，提升财务绩效。动态能力是为企业创造经济租金或经济利润的一种因果机制，帮助企业实现短期内优质财务绩效。无论是大企业还是小企业，都需要通过落实和改进现有的惯例，甚至创造新的惯例，来建立和维持卓越的财务业绩。再次，提高产品质量绩效。通过感知、抓住和重新配置资源，动态能力帮助企业抓住市场机会（Martin, 2011）。最后，提升供应链绩效。动态能力能够提高供应链的信息共享、协调能力和绩效（Vanpoucke et al., 2014）。

2. 长期竞争优势

Fainshmidt 等（2019）认为，动态能力能持续影响长期竞争优势，推动组织实现长期适应性。首先，提升组织成长绩效。动态能力框架帮助解释了随着时间推移，企业可持续成长优势的来源。对于平台领导者而言，创新能力、环境扫描能力和感知能力共同组成了生态系统协调的整合能力，这种整合能力在企业获取未来成长价值方面发挥着关键作用（Helfat & Raubitschek，2018）。其次，增强组织灵活性。Zollo 和 Winter（2002）指出，构建动态能力的目的在于提高效率和灵活性，以应对快速变化的环境。最后，提升创新绩效。动态能力推动企业在内部进行变革，研发新的产品和工艺，并对不断变化的市场环境做出反应（Rothaermel & Hess，2007）。同时，拥有新兴技术能力的企业更有可能进入新的技术领域，也更有可能利用内部发展来实现这一目标。Mitchell 和 Skrzypacz（2015）通过模拟动态能力对现有企业（从这种资源基础中获益的企业）和进入企业（努力获得资源基础的企业）的影响，发现动态能力能够促进企业创新，特别是在新的子市场中进行开拓性创新。

第四节　开展中国情境化研究的要点

为了更好地提出开展中国情境化研究的建议，本章首先对国内动态能力研究现状进行了梳理，从而更好地提出开展中国情境化研究的建议。从研究内容来看，国内研究主要从动态能力的构成维度、影响因素、作用路径、应用领域展开，具体体现在以下四个方面：

（1）动态能力构成维度研究。如市场潜力、组织柔性、战略隔绝、组织学习与组织变革（贺小刚等，2006），环境洞察能力、变革更新能力、技术柔性能力与组织柔性能力（焦豪等，2008），组织意会能力、柔性决策能力及动态执行能力（李大元等，2009），感知能力、获取能力和转换能力（李彬等，2013），基于捕捉、适应和引导消费者变化的企业与消费者协同演化动态能力（肖静华等，2014），以及基于并购企业的初始技术能力、关键技术缺口、有价值的创造性资产、技术融合和技术追赶的跨国并购能力（吴先明和苏志文，2014）。

（2）关于动态能力的影响因素。主要从创业导向、组织学习、企业家社会资本、资源整合、战略学习、知识管理等角度展开。如企业可在创新性与超前行动性氛围下通过组织个体层、群体层与组织层的存量学习和前馈层与反馈层的流量学习构筑并提升企业动态能力（焦豪等，2008），基于企业家社会资本构建组织的市场和技术动态能力（耿新和张体勤，2010），从资源整合的角度对外部资源进行获取和配置提升动态能力（董保宝等，2011），围绕知识链网络的知识团队结构体系模型塑造知识型团队的动态能力，以及基于组织学习（明晰的目标和愿景、开放性与试验、领导承诺与授权）和知识管理（知识获取、知识共享、知识应用）的角度探究二者对动态能力的影响机制（卢启程等，2018）。此外，一些学者从演化角度进行了研究，如董俊武等（2004）基于知识管理的视角研究发现，动态能力的演化主要围绕知识变异、内部选择、传播和保持等阶段循环进行。朱晓红等（2019）发现，平台型企业迭代创新模式的演化过程和动态能力形成的动态过程是相互促进、相互融合的，动态能力"位势—过程—路径"的三维分析框架可以有效解析迭代创新模式的"开发—测量—认知"的动态循环过程。

（3）动态能力作用路径的研究主要从中介机制入手。如曹红军和赵剑波（2008）认为，动态能力通过利用式创新和探索式创新影响短期财务绩效和长期竞争优势，以及通过由制定、执行、监控和调整组成的战略过程影响企业的财务绩效、员工成长与学习、内部流程和顾客满意度。宣烨等（2011）、罗仲伟等（2014）考察了技术范式转变时期动态能力对创新战略行为支撑机制和作用机理，并探讨了本土配套企业升级过程中动态能力对其升级模式和行动特征的影响。

（4）动态能力作为调节变量研究社会责任和品牌管理。卫武等（2013）基于利益相关者管理视角，考察了动态能力在企业可见性与利益相关者压力反应、企业紧迫性认知与利益相关者压力反应、企业可管理性认知与利益相关者压力反应等关系间的正向调节效应。肖颿等（2019）发现，动态能力对创业精神与品牌资产的关系起负向调节作用；动态能力对专有知识与品牌资产的关系起正向调节作用；对于动态能力强的企业而言，品牌资产对创业精神影响持续竞争优势的中介作用更弱；对于动态能力弱的企业而言，品牌资产对专有知识影响持续竞争优势的中介作用更强。

基于以上分析，国内学者已经深入关注动态能力领域并开展探索。在表 2-4 中，通过对比国内外研究现状，提出了未来研究的建议。为了进一步拓展基于中国情境下的动态能力研究，本章提出应从拓展研究方法、挖掘研究内容和嵌入研究情境等方面入手，如图 2-3 所示。在研究方法层面，可以增加二手数据分析、行为实验与仿真模拟等多种研究方法的运用，并着重开展基于二手数据的大样本实证统计研究，提高研究结论的信效度与科学性。在研究内容层面，可以建构动态能力基于认知性和非认知性角度的双重微观基础，探究动态能力影响绩效的作用机理和过程机制，揭示动态能力在创新系统构建过程中的角色定位和作用机制。在研究情境层面，应重点关注技术层面情境下数据驱动的新型企业动态能力，以及中国独特文化和制度层面的嵌入对动态能力的影响机制研究。

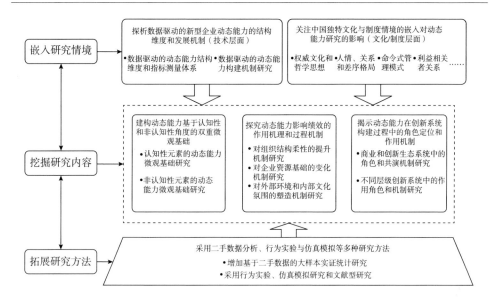

图 2-3　在中国开展动态能力情境化研究的理论框架

一、采用二手数据分析、行为实验与仿真模拟等研究方法进行动态能力研究

借鉴许德音和周长辉（2004）的做法，本章把论文分为文献型研究（对文献的回顾、总结、评论与延伸）、概念型研究（试图论述变量或概念之间的关系，但不加以实证分析）、问卷研究、二手数据研究、案例研究、行为实验研究、仿真模拟研究等类型。国外学者主要以文献型研究和二手数据研究为主，以案例研究和概念型研究为辅，还有少量文献采用了行为实验与仿真模拟研究的方法。例如，Girod 和 Whittington（2017）以 1985~2004 年美国大企业的二手面板数据为例，从组织结构调整（Restructuring）和经营业务变更（Reconfiguration）两个方面来衡量动态能力。而国内学者主要以问卷研究为主，以案例研究为辅，还有少量的概念型研究。对比国外的研究方法，国内的实证研究多采用问卷调查的方法，以横截面数据或者从时间轴的纵向维度来看存续时间较短的数据样本，并且样本量还不足够大，也缺少对上市公司数据、工业企业普查数据、世界银行企业调查数据、专利数据和档案数据（Archival Data）等二手数据的挖掘与利用。由于管理科学自身的特性，大多数命题的提出需要进行实证研究来增强结论的可靠性和说服力。在管理科学研究中，最典型的实证研究是大样本统计分析，在未来的研究趋势中，国内研究需要增加对于二手数据的使用，使用代理变量（Proxy

Variables）对动态能力进行测量，通过使用国内或国际通用数据库，提高研究结论的信度和效度。

此外，国内的研究方法相对单一，使用行为实验与仿真模拟研究的学者还比较少，也缺少梳理现有动态能力的发展概况。本章也是基于这个契机展开，通过综述现有文献对国内外的动态能力研究的概况和框架进行梳理。国外学者使用行为实验与仿真模拟研究方法对动态能力的研究，也值得国内学者借鉴。如 Wollersheim 和 Heimeriks（2016）通过使用一个扩展版的纸牌游戏，在实验室里进行了关于动态能力的实验，发现动态能力的特征包括更有效地利用资源、提高组织协调效率、变更适当的行动顺序、审慎决策。Chi 和 Seth（2009）通过仿真模拟来检验吸收能力、知识学习和资产市场这些因素是如何相互作用的，从而影响组织模式的选择。Coen 和 Maritan（2011）利用计算机模拟了企业在要素市场上竞争的过程，在仿真结果的基础上研究发现，禀赋和搜索能力都很重要，而且在很多情况下，拥有一个优越禀赋的效果支配着优越搜索能力的效果。因此，可以基于文献型研究、二手数据研究、仿真模拟研究和实验研究等多个方法对动态能力的概念界定、特征维度、构成要素、微观机制、测量体系和边界条件进行深入研究，进一步总结中国情境化的规律以推动中国企业构建快速适应市场的动态能力。

二、建构动态能力的认知性与非认知性双重微观基础

Helfat 和 Perteraf（2009）认为，动态能力的微观基础包括嵌入在企业内的独特性技能、决策、原则和流程等，因此未来的研究可从以下两方面入手：

（1）聚焦于认知性元素的动态能力微观基础研究。管理认知能力是管理者进行一项或多项构成认知的心理活动的能力，涉及两个过程：一是通过自动的、天生的自动化加工过程；二是通过分析的、理性的信息控制加工过程。首先，企业需要感知能力来扫描外部环境中可能影响组织的趋势。管理者在注意力上的差异会影响其能否准确地感知新的机会和威胁。知觉差异会进一步影响管理者能否正确识别外部环境中的模式，并正确解释外部环境传达的信息。场景构建会影响管理者感知新的技术、客户和基于竞争对手的趋势。其次，企业需要利用能力将其资源重新部署，抓住机遇，进行实验。问题解决导向思维会帮助管理者以解决特定问题为目的，迅速聚焦到要解决的问题。推理能力的差异影响管理者能否评估信息、论据以得出结论。快速构建产品原型的能力能够帮助企业实时收集市场反馈，并利用这些反馈来应对以客户为中心的新趋势，加速企业动态能力发展和

提高运用效率。战略敏捷性则避免路径依赖，进行动态能力的不断改进。最后，企业需要转化能力，进行内部、外部协同建设，实现快速创新和响应。社会认知推动企业感知、关注、思考和理解利益相关者，有助于促进合作。语言能力的异质性会影响企业高管在通过沟通促进战略变革、诱导合作和减少变革阻力方面的能力上的差异。

（2）聚焦于非认知性元素的动态能力微观基础研究。"非认知"是指不受有意识思维、信息处理和抽象分析的行为。企业对其环境的反应不仅取决于即刻感知到的东西，而且取决于对先前环境刺激的累积经验，过去的遭遇使企业在未来的活动中具有特殊的倾向。企业先前为应对动态复杂环境而进行的一系列有效实践使一家公司具有倾向性，而这种倾向性是无意的、非认知的。这种不是基于认知规则的行为是现场技能、适应性行动的综合效应，为动态能力提供了坚实的基础，协助企业在快速变化的环境中进行信息处理、理性分析和决策。非认知元素包括企业的经验敏感性、企业内部习惯、企业适应性行为等。

三、探究动态能力影响绩效的作用机理和过程机制

未来研究应在重视企业动态能力与企业绩效或竞争优势的直接关系的基础上，探索动态能力与中介变量的关系，以及中介变量与绩效的关系，在一项研究中同时对这两个研究目标进行探索是动态能力研究的重要机会。具体而言：

（1）不同类型的组织利用动态能力提升组织结构柔性的机制研究。例如，对于企业组织结构变革新模式的无边界组织，强调的是如何利用动态能力实现组织结构的扁平、弹性、高速、整合和信息快速扩散。"差序格局"下的家族企业为了实现成长，需要有针对性地关注"家文化"和在"关系运作"方式下，动态能力与企业家社会网络、控制权配置和家族企业成长绩效的关系。对于颠覆了传统的层级结构特征的平台化组织，可以利用动态能力对组织结构要素特征进行重构和柔性提升。此外，动态能力也能够通过构建双元组织，帮助企业实现短期利益与长期战略目标的平衡。

（2）动态能力对企业资源基础变化机制的研究。动态能力可以通过对资源的类型（有形资源和无形资源）、资源的丰富度和深度、资源的整合度等的影响，进而作用到企业各流程中的基础性工作，从而影响企业绩效。

（3）动态能力对外部环境和内部文化氛围的营造机制研究。动态能力能够改变企业外部环境特征进而影响企业绩效，如改变市场环境中的技术和行业标准、合作伙伴的特征等。动态能力通过提高员工对工作环境的感知能力，构建授

权型组织结构让员工感受到更多的创新支持，能够营造一个能够让员工产生创新行为的组织创新文化氛围，提升组织创新绩效。现有研究缺乏对上述研究主题的实证探究，未来可以继续探索上述研究问题的内在机制。

四、揭示动态能力在创新系统构建中的角色定位和作用机制

已有研究侧重研究在组织内部通过动态能力的应用来提升组织短期绩效或长期绩效，未来研究需要延伸动态能力的作用边界，从组织内部出发，向外延伸至双边合作关系，进一步到产业链的竞合治理机制，最终到与优化资源配置、促进跨界融通的创新系统间的相互作用。

（1）动态能力在商业和创新生态系统中的角色和共演机制需要进一步研究。根据商业生态系统的动态演化特征，企业需要利用动态能力实现资源整合和自我更迭，达到动态平衡。以平台型商业生态系统为例，作为中国"互联网+"战略的载体之一，平台可以被视为要素组，而如何通过动态能力实现平台型生态系统各要素的联动管理，具有很强的应用价值。此外，创新活动正在不断超越组织边界，创新生态系统正在成为创新理论研究范式的新方向。动态能力如何在创新生态系统中帮助各创新利益相关者实现相互连接、相互影响，通过整合人力、资金、信息、技术等发展要素，形成一个协调发展的复杂系统引起了学术界的关注。基于动态能力视角下的生态系统运行机制、影响因素以及如何构建生态优势，生态系统下企业动态能力的来源、构建与发展要素，生态系统中不同成员的参与行为与能力发展等值得进一步研究。

（2）动态能力在产业创新系统、区域创新系统、国家创新系统等不同层级的创新系统中的作用角色和机制也值得进一步研究。对于产业创新系统而言，动态能力如何覆盖创新、供应、生产和应用全流程，改变原有产业技术的发展轨道，实现产业核心技术链和产业链重构，重构区域产业竞争优势等问题值得研究。对于国家创新系统而言，动态能力如何解决由于系统复杂性而面临的战略实施工作分割、孤岛化情况严重的问题，构建有中国特色的国家创新系统，实现各创新主体的协同作用具有很强的研究价值。动态能力视角下的突破式创新的政策体系、基于多重制度逻辑下的创新系统与动态能力作用演进机制、聚焦创新系统演化下的动态能力生命周期、创新系统中的领先企业动态能力特征等都值得进一步研究。

五、探析数据驱动的新型企业动态能力的结构维度和发展机制

随着以数字化与智能化为特征的人工智能、大数据、云计算、区块链和工业

互联网等数字技术在中国的快速发展，传统经济正快速转向数字经济和智能经济，数字化转型已成为企业经营议程的一项战略要务（戚聿东和肖旭，2020）。动态能力是企业整合、建立以及重构企业内外资源以便适应快速变化环境的能力，为技术范式转变时期企业如何在数字经济中整合数字化技术和业务流程进行组织转型，实现增强客户体验、简化运营或创建新的商业模式等重大业务改进活动提供了借鉴思路。数据驱动的企业动态能力构建是经济全球化背景下企业有效参与竞争、构筑竞争优势的重要途径。在研究热点演进分析中，学者也在理论深化阶段深入聚焦"数字经济""新技术"情境下的动态能力研究。因此，数字经济时代动态能力的构成要素和发展机制值得进一步的思考和研究。未来研究可以从以下两个方面入手：

（1）数据驱动的企业动态能力结构维度和指标测量体系研究。Kump 等（2019）研究发现，学者探索使用代理变量来测量动态能力，然而每一项研究的指标测量体系都不统一，有关动态能力的实证研究还缺乏标准和统一的测量尺度，限制了定量研究结果的可比性以及使用元分析提高概念的清晰度，导致各个研究发现仍然是支离破碎的。接下来，可以从数据驱动的动态能力结构维度统一化开始，达成相对统一的动态能力的指标测量体系，从而为变量间关系的研究打下坚实的基础。

（2）数据驱动的企业动态能力的发展机制研究。已有的关于企业动态能力发展机制的研究，往往忽略了动态能力发展机制的适用情境与环境变化，对数据驱动的企业动态能力发展机制涉及较少。伴随数字经济时代的到来，企业如何涵盖技术、人才、资金、信息等各个发展要素，实现各个利益相关者的协同效应，以及不同主体承担的功能及其整合方式，利用内部跨职能团队进行快速决策，有效感知和利用数字技术，抓住机会以应对威胁进而实现转型发展，是企业必须面临的关键问题。把握在人工智能、大数据、云技术等数字技术背景下组织学习模式的变化，构建数据驱动的动态能力是企业应对快速变化环境的重要手段。如周翔等（2023）以小米科技为研究案例，分析了知识获取、解码、筛选、编码、开发和探索等数智化知识编排如何促进组织动态能力演化的过程机制，从人工智能的角度为动态能力的形成机制提供了全新的微观基础视角。吴瑶等（2022）以索菲亚和经销商的关系为背景，探究了不同组织间借助数字化技术发展协同创新能力和协同变革能力，实现从跨组织异质性资源到跨组织"和而不同"动态能力的构建。

六、关注中国独特文化与制度情境的嵌入对动态能力研究的影响

我国企业面对的制度环境、社会文化和思维方式具有独特性，将中国独特性情境嵌入动态能力研究十分重要。

（1）我国大多数企业的高管与员工之间存在命令式管理模式，这种管理模式源于国家文化中强调权威观念的深刻影响，同时管理者的认知往往会受中国特色的制度环境、社会文化、思维方式和哲学思想的塑造，使中国本土企业的成功往往依赖于管理者强有力领导以及宏大愿景的支撑。

（2）中国企业管理者对人情、关系和差序格局重视的行为和中国情境下关系型资源的复杂性使企业较为依赖领导者个人，而这种关系难以进行制度性继承，因而深刻地影响到企业动态能力的长期构建。具体可以探索中国企业管理者主动或冒险的企业家精神、风险承受力、认知能力以及信任或自治的管理文化如何参与动态能力发展等方面的研究。

（3）中国企业员工在命令式管理模式中倾向于服从与尊重，在这种模式下，员工的创造力、风险承受力、执行力、认知能力、敏捷性行为等对动态能力的影响也是进一步研究的方向。

（4）中国企业更需要平衡与政府、产学研机构、供应链企业、竞合企业等外部利益相关者的关系。一方面，政企关系密切的企业容易受到政府行政体制影响而对企业产生负面影响；另一方面，政府在关键领域的政策和金融支持也会使企业受益，因此将中国特色的制度环境和政企关系纳入企业动态能力研究框架中也是未来研究的重点。

第五节　研究结论和展望

在动荡复杂的环境中，企业普遍缺乏面对高度竞争市场的资源和能力，以及有助于变革的内部惯例和过程。动态能力的出现有利于企业有目的地创造、延伸和修正企业的现有资源，以及持续重新组合资源，从而改变企业现有知识结构，最终获取持续竞争优势。本章得出以下结论：

首先，可视化呈现动态能力研究概况，描绘动态能力研究领域的热点演进和前沿趋势，发现动态能力研究热度逐步提升，发表平台主要聚焦在 *Strategic Man-*

agement Journal、Journal of Business Research、Management Decision、Industrial Marketing Management 和 *Industrial and Corporate Change*，关键学者主要有 David J. Teece、Kathleen M. Eisenhardt、Constance E. Helfat、Sidney G. Winter 和 Maurizio Zollo，研究热点除了和创业管理、知识管理、战略管理、组织学习、社会责任等其他学科领域进行融合，更加注重在"数字经济"和"新技术"情境下进行动态能力的相关研究。

其次，构建了基于"研究视角—影响因素—作用过程—影响效应"的动态能力整合研究框架。研究视角主要聚焦于要素论、流程论和层次论三个方面，影响因素主要有组织资源、组织文化、组织结构、市场导向、组织学习和信息技术等组织层面，以及管理者认知与情绪、领导风格、员工创造力、管理者任期、管理者知识及国际视野等个体层面的因素，动态能力通过绿色创造力、创新、数字化平台能力、运营能力等中介机制影响企业的短期财务绩效或长期竞争优势，整个作用过程还受到来自环境层面、组织层面、环境与组织交互层面因素的调节作用。

最后，提出了开展中国情境化研究的六条建议：应拓展研究方法，增加二手数据分析、行为实验与仿真模拟等多种研究方法的运用；深入挖掘研究内容，基于认知性和非认知性角度的双重微观基础构建动态能力，探究动态能力影响绩效的作用机理和过程机制，揭示动态能力在创新系统构建中的角色定位和作用机制；嵌入研究情境，关注数字经济情境下数据驱动的新型企业动态能力，以及中国独特文化和制度层面的嵌入对动态能力研究的影响机制研究。

总之，近年来动态能力理论已经逐步完善成为一套解释复杂管理决策的理论体系，但未来研究需要进一步加大动态能力理论在管理实践情境中的嵌入程度，践行理论和实践融合的研究，通过理论指导管理者分析复杂管理决策问题，整合中西方管理智慧对动态能力核心思想和逻辑进一步深化解构。基于目前中国蓬勃发展的数字经济，以及中国特色文化和制度演进下复杂的管理问题，应发展具有中国特色的动态能力理论，推动理论创新，借助学术话语与西方管理学者进行对话，促进理论的进一步成熟与发展。

第二篇

制度启航：宏观层面的制度创新

本篇主要探讨政府和法律环境等宏观层面的制度创新对动态能力的影响研究，如第三章研究了法律环境、政府效率对企业创新活动的影响，第四章探讨了政府质量和公司治理结构对企业投资决策的影响，第五章探讨了政府研发资助政策、知识存量与企业创新之间的关系。

第三章 法律环境、政府效率和企业创新

本章导读→

    本章使用世界银行对我国 18 个城市企业的调查数据，研究了法律环境、政府效率对企业创新活动的影响。文章分别用产品创新、技术创新、流程创新和管理创新等几个创新产出指标，在控制了一系列影响创新的因素之后，得出了以下的主要结论：第一，法律环境对企业的产品创新、技术创新、流程创新和管理创新都有显著的正向影响。其中，法律环境对流程创新的影响最大。此外，国有股份比例变量和法律环境的乘积项对技术创新有显著的正向影响，而对管理创新有显著的负向影响。第二，政府效率对企业的产品创新、技术创新、流程创新和管理创新都有显著的正向影响。其中，政府效率对技术创新和管理创新的影响比较大。此外，国有股份比例变量和法律环境的乘积项、国有股份比例变量和政府效率的乘积项对管理创新有显著的负向影响。即随着国有股份比例的提高，法律环境和政府效率对企业创新活动的正向影响将会减弱。

    现代经济增长理论表明，技术进步和创新是推动经济增长的重要因素（Romer，1990），作为经济最基本单元的企业创新活动显得尤为重要。Hekkert 和 Negro（2009）考虑将创新系统的许多功能视为一个综合框架，通过经济活动的结构性调整来理解可持续的技术变革、技术转型以及对可持续性产业的追求。培养创新能力已经引起了学者的关注。一般而言，处于初创期和成长期的企业更有可能进行市场创新和产品创新，但处于成熟期和衰退期的企业更注重企业的管理创新。俞湘珍和陈劲（2017）指出了设计创新能力的重要性，对设计创新能力的构成和培养展开了研究。张庆垒等（2018）探讨了企业的双元技术创新

能力，检验了技术多元化对双元技术创新能力的影响。然而，这些研究没有考虑法律环境和政府效率对不同类型企业创新活动的影响，也没有进行定量分析。

本章的研究目的是对法律环境、政府效率对企业创新活动的影响展开研究。根据 Damanour（1991）的研究，创新可以是新的产品或服务、新的生产工艺技术、新的结构或管理系统、新的计划或与组织成员有关的计划。因此，本章将企业创新分为产品创新、技术创新、工艺创新和管理创新。并探讨了法律环境和政府效率对不同类型创新的有效性。此外，本章还研究了国有股权比例在这些关系中是否具有调节作用。本章使用世界银行 2003 年对我国 18 个城市 2248 家企业的调查数据，检验了法律环境、政府效率对企业创新的影响。该调查数据涉及企业年龄、企业所有制形式、企业是否为行业协会会员、企业科技化程度、企业融资便利程度、企业产品在各个市场销售的比例、企业研发创新等方面的详细信息。研究发现，法律环境和政府效率会显著促进企业进行创新活动的开展。

本章的贡献在于：①样本数据覆盖了我国的绝大部分城市和行业，能够真实地反映我国法律环境、政府效率对企业创新活动的影响。如果城市和行业覆盖面的狭窄可能使结论不具有可推广性，也可能带来潜在的计量问题，本章避免了这一问题。②根据 Damanpour 和 Gopalakrishnan（1991）的研究，本章把企业创新活动分为产品创新、技术创新、管理创新和流程创新，更加详细地研究了以法律环境和政府效率为主要构成要素的宏观环境对各种类型创新活动的影响。③通过对以往文献的梳理发现，宏观环境中法律环境和政府效率对企业创新活动的影响还没有被进行实证检验，本章将进一步尝试丰富企业创新活动的影响机制。④本章将企业国有股份比例作为调节变量，检验其对法律环境、政府效率和企业创新活动间关系的影响，发现企业的国有股份比例越高，越会降低法律环境和政府效率对企业创新活动的促进作用。

本章的结构如下：第一节回顾了相关的文献并提出本章的研究假设；第二节是数据来源、样本选择、描述性统计、实证分析中所需变量的定义和实证检验所采用的模型和方法；第三节是实证结果与解释；第四节给出本章的结论和政策建议。

第一节 文献综述和假设提出

一、企业创新活动的影响因素

很多因素会影响企业开展创新活动，如国家的开放度、社会文化价值观念、国家对研究与开发工作的支持、行业协会的协调等宏观因素，同时也涉及企业自身的股权结构和治理结构、战略规划方向和能力的配置，更重要的是企业高层管理人员也会影响创新活动的开展。以往的相关研究主要集中在以下三个方面：

第一，宏观环境对企业创新的影响。主要有：①国际贸易环境。如范承泽等（2008）研究了外商直接投资对创新的影响，发现一个公司在研发方面的投入随其引进的外商投资数量的增多而减少。王华等（2010）发现，国际贸易和国际许可对中国企业技术创新活动起到了正向的积极作用。毛其淋（2019）发现，外资进入自由化有助于促进创新活动，既有利于提高创新程度，也有利于延长本土企业的创新持续时间。②市场经营环境。郝项超等（2018）发现，融券能够促进我国上市公司创新数量与质量的同步增加，融资却不利于上市公司创新数量与质量的同步增加。夏后学等（2019）发现，在市场机制尚未健全的转型经济中，寻租在一定程度上会对市场创新产生扭曲的正面影响，而优化营商环境会影响二者之间的关系，能够消除寻租影响、促进创新。③政府政策与制度。安同良等（2009）发现，政府的R&D补贴可以作为激励企业进行自主创新的关键政策手段；毛其淋和许家云（2015）指出，一定范围内的政府补贴对创新具有激励效应，研究发现只有适度的补贴才能够显著激励企业新产品创新，高额度补贴不利于企业新产品创新。张杰等（2015）发现，知识产权保护制度的完善程度会对中国情境下政府创新补贴政策对企业私人研发的作用效应产生影响，完善程度越弱，这种促进作用效应越强。王珺和岳芳敏（2009）发现，作为中介机构的技术服务组织可以通过双重性的组织设计、专用性进入路径与适应性职能转换促进集群企业的创新活动。江轩宇（2016）研究表明，政府放权有助于提高企业的创新能力。余明桂等（2016）发现，产业政策能够促进企业技术创新，并且主要是通过信贷、税收、政府补贴和市场竞争机制促进重点鼓励行业中企业的技术创新，尤其是民营企业的技术创新。与认为经济政策不确定性往往不利于投资的研究不同，顾夏铭等（2018）研究表明，经济政策不确定性对上市公司 R&D 投入和专利申请量有显著的正向影响。

第二，企业战略和内部能力会影响创新活动。①企业战略相关研究。安同良（2003）研究了中国企业技术选择与技术创新、R&D 战略的影响因素，发现在影响企业技术选择的各种变量中，企业发展战略的重要因素——"企业抱负"占据着重要地位，一个有着宏伟技术抱负和发展愿景的企业更有动力进行具有原创意义的 R&D 活动。田轩和孟清扬（2018）发现，股权激励计划能够显著地促进企业创新投入和产出，但不同激励方式产生的激励作用不同。周冬华等（2019）发现，员工持股计划能够降低代理成本、提高企业风险承担能力，进而促进企业创新。②企业内部能力相关研究。谢洪明等（2007）认为，组织的学习导向会促进技术创新和管理创新。钱锡红等（2010）发现，位于协同创新网络中心并占有丰富结构洞的企业能够通过知识获取、消化、转换和应用能力有效推动企业创新绩效的提升。张婧和段艳玲（2010）发现，市场导向均衡（Ambidexterity of Market Orientation）对制造型企业的产品创新绩效有正向影响。刘学元等（2016）发现，创新网络关系强度和企业吸收能力有助于提高企业创新绩效。李梅和余天骄（2020）研究表明，研发国际化对我国跨国企业的创新有显著的提升作用。

第三，企业高层管理人员会影响创新活动。主要有：①高管薪酬相关研究。Lin 等（2009）发现，对经理人的激励机制能促进我国民营企业的创新活动。李春涛和宋敏（2010）在 Lin 等（2009）的基础上，研究了不同所有制结构下经理人薪酬激励对企业创新投入和产出两个方面的影响，发现国有企业在创新的投入和产出方面都更具有创新性、对 CEO 的薪酬激励能促进企业进行创新、国有产权降低了激励对创新的促进作用。②高管团队相关研究。杨俊等（2010）发现，团队冲突类型会影响创业团队产业经验异质性优势诱发现实的产品/服务创新性的可能性与潜力大小。如合作式冲突会强化创业团队产业经验异质性对产品/服务创新性的正向作用关系，而在对抗式与让步式冲突的情境下，创业团队产业经验异质性优势则得不到充分发挥，甚至难以转变为创新性的产品/服务设计。张兆国等（2018）对高管团队稳定性与企业技术创新绩效之间的关系展开研究，发现二者之间呈正相关关系。卫旭华等（2015）发现，高管团队权力不平等会通过任务型断层强度对企业创新强度产生间接促进作用。③高管自身经历与能力相关研究。易靖韬等（2015）发现，高管过度自信有助于促进企业创新。虞义华等（2018）发现，发明家高管对企业研发投入、创新产出以及创新效率都具有显著的正向作用。何瑛等（2019）发现，高管职业经历越丰富，企业创新水平越高。

但是，以上的研究从法律环境及政府效率对企业创新活动的影响方面还不是特别充分，本章尝试从这一方面入手。

二、法律环境对企业创新活动的影响

Lu 和 Lazonick（2001）研究表明，创新过程需要战略和学习的整合，不仅在单个企业层面上，而且在国家和地区法律体系层面上也是如此，这可以整合企业和政府的生产活动。温军（2011）以上市公司为例研究发现，有关中小投资者法律保护的良好立法与有效实施能够推进企业的技术创新。立法水平的提升，不仅可以增加上市公司的 R&D 投入，而且能够提高上市公司的技术创新效率，即专利申请的数量。此外，加强执法主要有助于增加企业的专利申请数量。吴超鹏和唐菂（2016）发现，政府加强知识产权保护执法力度，有助于企业创新能力的提升，具体表现在企业专利产出以及研发投资的增加。高洁等（2015）发现，知识产权保护有助于促进企业创新，这说明法律保护能够激励企业的创新活动。因此，良好的法律将给企业创新提供保障，有利于企业进行创新活动。因此，本章提出以下研究假设：

H3.1：法律环境对企业创新活动有显著的正向影响。

三、政府效率对企业创新活动的影响

Gander（1985）通过将政府引入参与创新过程构建了创新时间—成本权衡模型，发现不同形式的政府参与对创新时机有正向影响。王锋正（2018）等对绿色创新展开研究发现，地方政府质量对企业绿色产品创新和绿色工艺创新具有积极的正向影响，并且地方政府质量能够正向调节环境规制对企业绿色产品创新和绿色工艺创新积极的影响。郭玥（2018）在研究中进一步表明了政府的作用，发现在政府技术审查能力及项目监管能力满足一定条件时，创新补助能够更好地发挥对企业研发投入的直接补充和对外部投资的间接带动作用。因此，由于创新活动的高度不确定性，高效率的政府运作能够及时有效出台相关政策，能够给予企业创新稳定的运作环境，给创新活动提供保障，有利于引导和激励企业进行创新活动。因此，本章提出以下研究假设：

H3.2：政府效率对企业创新活动有显著的正向影响。

四、国有股份的调节效应

国有股份比例的大小也会影响企业创新活动。由于官僚主义和缺乏激励，国有股份比例可能会对公司的创新活动产生负面影响。Megginson 等（1994）实证研究表明，国有企业的效率要低于私营公司。根据 Thomsen 和 Pedersen（1997）的说法，政府的所有企业由官僚或政客进行管理，他们拥有极其集中的控制权，但缺乏现金流量，因为这些公司产生的所有利润都被输送到了政府国库，为国家预算提供资金。刘小玄（2000）发现，私营企业的效率最高，而国有企业的效率最低。姚洋和章奇（2001）发现，非国有企业比国有企业的技术效率更高。安同良等（2009）发现，相对于不断增长的政府研发资助和补贴，我国企业具有重大突破意义的独立研发活动并不活跃，国有企业和集体所有制公司的研发强度最低，仅为 1.53%，而私有企业和股份有限责任公司的研发强度为 2.81%。杨洋等（2015）发现，与国有企业相比，政府补贴对民营企业创新绩效的促进作用更大。李文贵和余明桂（2015）发现，非国有股权比例与民营化企业的创新活动呈正相关关系。张玉娟和汤湘希（2018）发现，从研发创新活动的角度来看，民营企业的创新远多于国有企业。任曙明等（2019）发现，民营参股有助于促进国有企业创新。

国家统计局和科学技术部（2007）数据显示，2006 年国有企业的发明专利数量为 1488 件，占专利总数的比重仅为 5.79%，而私营企业和三资企业的发明专利数量分别为 1885 件和 12443 件，分别占专利总数的 7.34% 和 48.4%。进一步地，根据《中国统计年鉴》，2018 年国有企业新产品开发项目数为 2466 件，占新产品开发项目数总量的比重仅为 0.44%，而私营企业为 253782 件，占总量的比重高达 45.5%。因此，本章提出以下研究假设：

H3.3：随着企业国有股份比例的增多，法律环境对企业创新活动的正向影响将会减弱。

H3.4：随着企业国有股份比例的增多，政府效率对企业创新活动的正向影响将会减弱。

第二节　模型、数据与方法

一、数据来源与描述性统计

本章所使用的数据来源于世界银行在中国进行的"世界银行投资环境调查"

（World Bank Investment Climate Survey）的数据。调查涉及大连、本溪、长春、哈尔滨、杭州、温州、南昌、郑州、武汉、长沙、深圳、江门、南宁、重庆、贵阳、昆明、西安、兰州18个城市的企业，企业所从事的行业包括皮革生产、电子设备、电子部件组装、食品加工、家庭电器、汽车或汽车组件、冶金产品、信息技术、会计和非银行金融服务、广告与市场、商业服务、交通运输装备、生化产品和医药、生物技术与中医等。由于该调查数据的地点涵盖了中国大江南北的各个代表性城市，所调查的行业也基本上能够覆盖工业、服务业领域中的主要行业，因此，这一数据集可以避免单个城市或单个行业调研数据所带来的各种问题，为分析企业开展创新活动提供了很好的素材。本章意图利用这一数据对研究假设进行验证。描述性统计如表3-1所示。

表3-1　描述性统计

变量	观测值	均值	标准差	最小值	最大值
Innov1	2380	0.4033613	0.4906752	0	1
Innov2	2375	0.2395789	0.4269164	0	1
Innov3	2376	0.3337542	0.4716524	0	1
Innov4	2375	0.5402105	0.4984854	0	1
Law	2225	34.33098	31.38302	0	100
Govefficiency	2232	50.89647	30.99585	0	100
Stateshare	2399	21.90013	0.8210479	0	100
Foreignpartner	2390	0.1322176	0.338798	0	1
Age	2400	14.98625	14.39018	2	52
Guild	2379	0.5834384	0.4930925	0	1
Govshare	2347	1.894759	0.3069288	1	2
Technical	2367	33.33005	34.55893	0	100
Loan	2355	2.815287	2.417074	0	40

二、变量测量

本章最关心的被解释变量是企业是否创新。尽管创新程度难以度量，但在创新程度方面本章所采用的数据集报告了五个度量指标。在该调查问卷中，企业被问及这样一个问题："您的工厂从 1999 年以来进行了什么样的创新？"针对这一问题，问卷提供了四个备选答案：①产品创新：引进新产品（服务）；②技术创新：引进新的生产线；③流程创新：新的程序改进（Process Improvements）；④管理创新：新的管理技术。每个问题的答案选项都设置"是"或者"否"。如果回答者答案显示为"是"，赋值为 1；如果答案显示为"否"，赋值为 0。

根据上文的研究假设，本章所关心的核心解释变量是法律环境。在该数据集中，企业家被问及这样一个问题："在公司的运行和增长过程中法律和规则影响的可预见性有多大？"每个企业家报告了他所认为的可能性的百分比。本章认为，这个变量能够很好地刻画一个地区的法律环境。因为，尽管法律的实施需要法条的颁布，但是法律的实施必须内化为行为人的信念才能够真正起到作用。在企业的创新过程中，企业的创新决策事实上依赖于"企业家"脑海中法律环境的完善程度，因为企业家是根据其所认为的法律环境的完善程度来做出创新决策的。正如德姆塞茨所指出的那样，法律和产权的作用在于稳定人们的预期，当法律和规则透明度和可预见性越高时，企业做出创新的可能性越大。

第二个解释变量是政府效率。在该数据集中，企业家被要求回答这样一个问题："政府官员能够提供有效服务的比例有多大（如公共设施、公共交通、安全、教育和健康）？"这个问题的答案以百分比的形式出现。当一个地方政府官员能够提供有效服务的比例越大时，说明这个地方的政府效率越高。

第三个解释变量是国有股份比例。在该数据集中，企业家被要求回答这样一个问题："国有股份在企业中所占的比例是多少？"同样，这个问题的答案以百分比的形式出现。比例越大，说明国有股份占比越多。

在控制变量中，本章选择了一系列变量。①企业是否有国外合作伙伴（Foreignpartner）。由于企业创新可能是通过模仿和引进的方式进行的，而是否有国外合作伙伴可能会影响企业的创新能力。如果企业有国外合作伙伴，那么企业能够更便利地引进新的产品线、借鉴国外企业创新经验等。因此，本章控制了企业是否有国外合作伙伴。②企业年龄（Age）。一个企业创建的时间长短也会影响企业的创新程度。因此，本章根据该数据集计算了各企业的年龄，即用调查年份

2002 年减去企业创办年份得到。③企业是否为行业协会成员（Guild）。随着现代经济的发展，行业协会在企业创新和发展的过程中扮演着重要角色。行业协会能够起到提供信息、协调企业关系的作用。因此，本章控制了企业是否为行业协会成员这一变量，当企业为行业协会成员时，赋值为 1；当企业不是行业协会成员时，赋值为 0。④企业产品销售给政府的比例（Govshare）。⑤企业科技化程度（Technical）。企业创新还可能取决于企业的科技化程度，当一家企业的科技化程度越高时，有理由相信其越有可能创新。本章用企业电脑的使用率来度量企业科技化程度。⑥企业融资便利程度（Loan）。根据 Aghion 等（1999）的认识，在企业创新的过程中，良好的金融支持不可或缺，在该数据集中，本章采用与金融机构打交道的企业数量来度量企业融资的便利性。研究变量定义如表 3-2 所示，变量间的相关关系如表 3-3 所示。

表 3-2　研究变量定义

变量性质	变量英文名	变量中文名	变量含义
被解释变量	Innov1	产品创新	是否引进新产品或服务
	Innov2	技术创新	是否引进新的生产线
	Innov3	流程创新	是否有新的程序改进
	Innov4	管理创新	是否采用新的管理技术
核心解释变量	Law	法律环境	在商业纠纷中法律保护契约和产权的可能性
	Govefficiency	政府效率	政府官员能够提供有效服务的比例
	Stateshare	国有股份比例	企业国有股份的比例
控制变量	Foreignpartner	国外合作伙伴	企业是否有国外合作伙伴
	Age	企业年龄	企业创建时间的长短
	Guild	行业协会	企业是否为行业协会成员
	Govshare	政府销售比例	企业产品销售给政府的比例
	Technical	企业科技化程度	企业中电脑使用率
	Loan	融资便利程度	世界银行与金融机构打交道的企业数量

资料来源：世界银行在中国进行的"世界银行投资环境调查"。

表3-3　变量相关系数

Constructs	1	2	3	4	5	6	7	8	9	10	11	12
1. Prodinno	1											
2. Techinno	0.568***	1										
3. Procinno	0.528***	0.441***	1									
4. Manainno	0.369***	0.302***	0.426***	1								
5. law	0.095***	0.061***	0.060***	0.079***	1							
6. goveff	0.075***	0.058***	0.086***	0.068***	0.257***	1						
7. share	-0.02	-0.002	-0.032	-0.003	0.051**	0.01	1					
8. forpar	0.158***	0.089***	0.122***	0.093***	0.026	0.054**	-0.114***	1				
9. age	-0.033	-0.018	-0.022	-0.053**	0.005	-0.033	0.429***	-0.105***	1			
10. guild	0.206***	0.166***	0.145***	0.186***	0.086***	0.041*	0.063***	0.043**	0.110***	1		
11. sales	-0.164***	-0.136***	-0.172***	-0.147***	-0.071***	-0.091***	-0.023	-0.095***	-0.043***	-0.154***	1	
12. technical	0.101***	0.142***	-0.039*	0.129***	0.072***	0.029	-0.144***	0.059***	-0.307***	0.105***	-0.039*	1
13. loan	0.181***	0.149***	0.137***	0.152***	0.094***	0.027	0.078***	0.176***	0.071***	0.172***	-0.153***	0.094***

注：*、**、***分别表示在10%、5%、1%的水平下显著。

三、实证检验的模型与方法

在本章采用的数据中，被解释变量"企业创新能力指标"均为二值响应变量，对于这类数据结构，采用 Probit 模型进行回归更为合适。因此，提出以下实证模型：

$$P(innov_i = 1 \mid x) = \Phi\left(\alpha_0 + \alpha_1 law + \sum_j \beta_j Control\right)$$

$$P(innov_i = 1 \mid x) = \Phi\left(\alpha_0 + \alpha_1 govefficiency + \sum_j \beta_j Control\right)$$

$$P(innov_i = 1 \mid x) = \Phi\left(\alpha_0 + \alpha_1 law + \alpha_2 stateshare + \alpha_3 law \times stateshare + \sum_j \beta_j Control\right)$$

$$P(innov_i = 1 \mid x) = \Phi\left(\alpha_0 + \alpha_1 govefficiency + \alpha_2 stateshare + \alpha_3 govefficiency \times stateshare + \sum_j \beta_j Control\right)$$

其中，$innov$ 为企业创新能力指标，在不同的回归中分别代表 $innov1$，$innov2$，$innov3$ 和 $innov4$；law 为法律环境，$govefficiency$ 为政府效率，$stateshare$ 为国有股份比例；$Control$ 为一系列控制变量。

第三节　研究结果

通过表 3-4 法律环境对创新的 Probit 回归结果发现，法律环境对企业的产品创新（$\beta = 0.002$，$p < 0.05$）、技术创新（$\beta = 0.002$，$p < 0.1$）、流程创新（$\beta = 0.003$，$p < 0.01$）和管理创新（$\beta = 0.002$，$p < 0.01$）都有显著的正向影响。结果表明，在中国经济中，法律环境对企业的产品创新、技术创新、流程创新和管理创新具有显著的正向影响。在这些创新中，法律环境对流程创新的积极作用最大。法治环境的改善、法制水平的提高通过塑造公平竞争秩序、优化资本配置效率进而促进企业技术创新（徐浩，2018）。因此，要加强企业所面临的法律环境建设，同时加大行政环境、金融环境建设，优化营商环境，有助于提高中小企业技术创新水平（张美莎等，2019）。

表3-4 法律环境对创新的 Probit 回归结果

	(1) innov1	(2) innov1	(3) innov1	(4) innov2	(5) innov2	(6) innov2	(7) innov3	(8) innov3	(9) innov3	(10) innov4	(11) innov4	(12) innov4
main												
ma12	0.455*** (5.483)	0.470*** (5.520)	0.466*** (5.455)	0.190** (2.219)	0.199** (2.288)	0.206** (2.349)	0.330*** (4.042)	0.314*** (3.752)	0.299*** (3.564)	0.180** (2.144)	0.166* (1.925)	0.161* (1.854)
age	-0.002 (-1.104)	-0.002 (-0.975)	-0.002 (-0.770)	0.000 (0.175)	0.001 (0.298)	0.001 (0.222)	-0.005** (-2.583)	-0.005** (-2.460)	-0.004 (-1.627)	-0.004* (-1.943)	-0.004** (-2.022)	-0.004* (-1.827)
guild	0.439*** (7.549)	0.440*** (7.365)	0.441*** (7.381)	0.363*** (5.668)	0.366*** (5.565)	0.367*** (5.574)	0.341*** (5.742)	0.347*** (5.684)	0.349*** (5.708)	0.383*** (6.757)	0.369*** (6.315)	0.369*** (6.310)
govshare	-0.459*** (-5.072)	-0.476*** (-5.112)	-0.476*** (-5.110)	-0.360*** (-3.984)	-0.354*** (-3.841)	-0.357*** (-3.866)	-0.560*** (-6.300)	-0.571*** (-6.259)	-0.573*** (-6.276)	-0.487*** (-5.088)	-0.514*** (-5.173)	-0.511*** (-5.148)
technical	0.002** (2.694)	0.002** (2.341)	0.002** (2.310)	0.005*** (5.537)	0.005*** (5.192)	0.005*** (5.107)	-0.004*** (-4.088)	-0.004*** (-4.253)	-0.004*** (-4.297)	0.003*** (3.847)	0.003*** (3.672)	0.003*** (3.767)
loan	0.061*** (5.092)	0.059*** (4.836)	0.060*** (4.844)	0.048*** (3.830)	0.048*** (3.795)	0.049*** (3.852)	0.045*** (3.894)	0.046*** (3.860)	0.047*** (3.953)	0.056*** (4.623)	0.058*** (4.689)	0.058*** (4.616)
govpredicti		0.002** (2.108)	0.002* (1.805)		0.002* (1.735)	0.001 (0.564)		0.003*** (2.741)	0.003** (2.485)		0.002* (1.876)	0.003** (2.579)
ua2e			-0.000 (-0.304)			-0.002 (-1.275)			-0.001 (-1.086)			0.001 (1.309)
inter2			0.000 (0.102)			0.00002* (1.935)			-0.000 (-0.079)			-0.00004* (-1.927)
_cons	0.100 (0.524)	0.087 (0.433)	0.091 (0.448)	-0.597*** (-3.069)	-0.655*** (-3.210)	-0.614*** (-2.992)	0.460** (2.439)	0.411** (2.067)	0.417** (2.085)	0.593*** (2.954)	0.615*** (2.894)	0.576*** (2.700)
N	2248	2127	2126	2244	2124	2123	2246	2126	2125	2245	2126	2125
Prob>chi2	0.0000	0.0000	0.0000	0.0000	0.0000	0.0000	0.0000	0.0000	0.0000	0.0000	0.0000	0.0000
Pseudo R²	0.0722	0.0757	0.0757	0.0591	0.0613	0.0628	0.0522	0.0574	0.0585	0.0562	0.0591	0.0605

注：括号内为稳健 T 值，*、**、***分别表示在 10%、5%、1%的水平下显著。

此外，本章讨论了企业国有股份比例变量对法律环境和创新活动关系的调节效应。因此，在 Probit 回归模型中加入国有股份比例变量和法律环境的乘积项，发现国有股份比例变量和法律环境的乘积项对技术创新有显著的正向影响（β=0.00002，p<0.1），国有股份比例越大，法律环境对技术创新的积极影响越大。而对管理创新有显著的负向影响（β=-0.00004，p<0.1），即国有股份比例越大，越会抑制法律环境对管理创新的积极影响。

　　通过表 3-5 政府效率对创新的 Probit 回归结果发现，政府效率对企业的产品创新（β=0.002，p<0.1）、技术创新（β=0.002，p<0.05）、流程创新（β=0.002，p<0.1）和管理创新（β=0.002，p<0.05）都有显著的正向影响。其中，政府效率对技术创新和管理创新的影响比较大。结果表明，政府效率对企业的产品创新、技术创新、流程创新和管理创新具有显著的正向影响。在这些创新中，政府效率对管理创新的积极作用最大。地方政府效率提高、行政治理水平的改善能够通过降低要素错配程度、优化公共品供给进而促进企业的技术创新（徐浩，2018）。政府可以通过不同的方式影响创新，如利用财政分权这一制度安排研究发现，财政分权有利有弊，但是综合其作用效果，财政分权积极作用更加突出，能够提升区域创新效率（李政和杨思莹，2018）。政府补贴这一财政支持方式，能够显著提高企业各种类型的创新活动，包括增加企业的创新经费支出、新产品销售收入以及专利申请数量等（章元等，2018）。因此要从多角度发挥政府效率的积极作用、增强政府质量水平。

　　此外，本章还讨论了企业国有股份比例变量对政府效率和创新活动关系的调节效应。因此，在 Probit 回归模型中加入国有股份比例变量和政府效率的乘积项，发现国有股份比例变量和政府效率的乘积项对管理创新有显著的负向影响（β=-0.00003，p<0.1）。因此，国有股份比例负向调节政府效率和管理创新之间的关系。即国有股份比例越大，越会抑制政府效率对管理创新的积极影响。

表3-5 政府效率对创新的 Probit 回归结果

	(1) innov1	(2) innov1	(3) innov1	(4) innov2	(5) innov2	(6) innov2	(7) innov3	(8) innov3	(9) innov3	(10) innov4	(11) innov4	(12) innov4
main												
ma12	0.455*** (5.483)	0.456*** (5.347)	0.453*** (5.274)	0.190** (2.219)	0.192** (2.185)	0.193** (2.186)	0.330*** (4.042)	0.310*** (3.695)	0.296*** (3.509)	0.180** (2.144)	0.168* (1.936)	0.166* (1.898)
age	-0.002 (-1.104)	-0.003 (-1.307)	-0.003 (-1.079)	0.000 (0.175)	0.000 (0.062)	0.000 (0.036)	-0.005** (-2.583)	-0.006*** (-2.862)	-0.005** (-2.002)	-0.004* (-1.943)	-0.005** (-2.429)	-0.005** (-2.245)
guild	0.439*** (7.549)	0.444*** (7.412)	0.445*** (7.431)	0.363*** (5.668)	0.360*** (5.461)	0.361*** (5.460)	0.341*** (5.742)	0.335*** (5.481)	0.336*** (5.497)	0.383*** (6.757)	0.375*** (6.398)	0.377*** (6.424)
govshare	-0.459*** (-5.072)	-0.459*** (-4.968)	-0.459*** (-4.962)	-0.360*** (-3.984)	-0.350*** (-3.803)	-0.350*** (-3.805)	-0.560*** (-6.300)	-0.562*** (-6.206)	-0.564*** (-6.223)	-0.487*** (-5.088)	-0.486*** (-4.945)	-0.485*** (-4.929)
technical	0.002*** (2.694)	0.002** (2.258)	0.002** (2.235)	0.005*** (5.537)	0.005*** (5.120)	0.005*** (5.108)	-0.004*** (-4.088)	-0.004*** (-4.289)	-0.004*** (-4.338)	0.003*** (3.847)	0.003*** (3.727)	0.003*** (3.773)
loan	0.061*** (5.092)	0.060*** (4.884)	0.061*** (4.893)	0.048*** (3.830)	0.049*** (3.817)	0.049*** (3.799)	0.045*** (3.894)	0.046*** (3.849)	0.047*** (3.947)	0.056*** (4.623)	0.057*** (4.598)	0.057*** (4.593)
goveff		0.002* (1.900)	0.002* (1.729)		0.002** (1.965)	0.002 (1.562)		0.002* (1.732)	0.001 (1.386)		0.002** (2.451)	0.003*** (2.978)
ua2e			-0.000 (-0.068)			-0.000 (-0.231)			-0.002 (-1.179)			0.002 (1.432)
inter1			-0.000 (-0.140)			0.000 (0.314)			0.000 (0.321)			-0.00003* (-1.689)
_cons	0.100 (0.524)	0.041 (0.201)	0.039 (0.188)	-0.597*** (-3.069)	-0.703*** (-3.388)	-0.692*** (-3.298)	0.460** (2.439)	0.420** (2.089)	0.436** (2.146)	0.593*** (2.954)	0.516** (2.424)	0.466** (2.169)
N	2248	2118	2117	2244	2115	2114	2246	2117	2116	2245	2116	2115
Prob>chi2	0.0000	0.0000	0.0000	0.0000	0.0000	0.0000	0.0000	0.0000	0.0000	0.0000	0.0000	0.0000
Pseudo R²	0.0722	0.0743	0.0744	0.0591	0.0613	0.0613	0.0522	0.0538	0.0549	0.0562	0.0600	0.0611

注：括号内为稳健 T 值，*、**、*** 分别表示在 10%、5%、1%的水平下显著。

第四节　研究结论与展望

一、研究结论

本章运用世界银行通过分层抽样方法获得的企业数据研究了法律环境和政府效率对企业创新活动的影响。研究发现，法律环境对企业的产品创新、技术创新、流程创新和管理创新都显著的正向影响。其中，法律环境对流程创新的影响最大。此外，国有股份比例变量和法律环境的乘积项对技术创新有显著的正向影响，而对管理创新有显著的负向影响。也就是说，法律环境越好，企业越愿意进行产品创新、技术创新、流程创新和管理创新等活动。随着企业国有股份比例的增大，在既定的法律环境下，企业更愿意进行技术方面的研究与开发等创新活动，不愿意对企业的管理制度和方法进行创新。

此外，政府效率对企业的产品创新、技术创新、流程创新和管理创新也都有显著的正向影响。其中，政府效率对技术创新和管理创新的影响比较大。此外，国有股份比例变量和政府效率的乘积项对管理创新则有显著的负向影响。也就是说，随着企业的国有股份比例的增大，在既定的政府效率水平下，企业不愿意对企业的管理制度和方法进行创新。这说明，在中国企业，特别是国有企业中，技术创新已经取得了一定成效。但是，虽然政府大力提倡在国有企业内部进行管理制度和方法的创新，现实中如何在国有企业内部促进管理制度和方式方法的创新依然值得进一步的探索。

二、研究展望

本章可以从以下几个不同的角度补充现有研究：首先，样本数据涵盖了不同的城市和行业，能够反映中国当地关于创新的法律环境和政府效能的实际情况。覆盖面窄的城市和行业可能会得出关于延伸的无效结论，并存在潜在的测量问题。本章避免了这个问题。其次，在 Damanour 和 Gopalakrishnan（2001）研究结论的基础上，将企业创新分为产品创新、技术创新、过程创新和管理创新，并分别探讨了法律环境和政府效率对不同类型创新的影响。最后，本章考察了国有股份比例对不同关系的调节作用。随着国有股份比例的增加，企业愿意进行技术创新，如在研发活动上投入更多的资金，而不愿意进行管理创新，如改进管理制度。因此，本章对我国企业创新活动中的影响因素进行了深入研究，指出了法律环境和政府效率的重要作用。

第四章　政府质量、公司治理结构与投资决策

本章导读→

投资有利于国家和地区经济的高速增长，有助于企业构建作为竞争优势获取机制的动态能力以适应复杂多变的环境。本章使用世界银行的分层抽样企业调查数据，探讨了政府质量和公司治理结构对企业投资决策的影响。研究发现：第一，政府质量对企业的投资有显著的正向影响，企业所在地政府质量越高，企业净利润中用于投资活动的比例越高。第二，企业投资决策不仅依赖于政府质量和公司治理结构各自的单独影响，而且依赖于政府质量与公司治理结构在企业投资决策过程中的互动影响关系。在既定的政府质量水平下，企业越是倾向于向"两权分离"的公司治理结构发展时，越能够激发企业的投资能力和投资意愿。本章的研究结论拓展了有关政府质量和公司治理结构如何影响企业投资方面的认识。企业的"投资之帆"只有在"政府质量之风"更加强健有力之时才能顺利地"乘风破浪"，而公司治理结构可以被作为帆船前进过程中的调节工具。这为经济新常态下当前中国如何促进企业投资、保持经济长期稳定增长提供了政策启示。

自从改革开放以来，中国经历了将近 40 年的高速经济增长。从宏观层面来看，在经济高速增长的过程中，投资与消费、出口一起构成了拉动经济增长的"三驾马车"，构成了国家和地区经济增长的重要引擎和动力（李万福等，2011；许宪春等，2013；许伟、陈斌开，2016）。从当前时期来看，投资依然是经济高质量发展的有利因素，应该鼓励高质量和有效性的投资。在企业经营层面，投资在一定程度上有利于企业实现盈利水平和经营业绩提升以实现规模扩大与可持续成长（Steinbach et al.，2017）、有利于促进创新绩效（王兰芳、胡悦，2017）、

有利于提高上市公司的现金股利支付概率和水平（吴超鹏、张媛，2017）、有利于企业构建作为竞争优势获取机制的动态能力以适应复杂多变的环境（Jiao et al.，2013）。因此，无论是对于宏观层面国家和地区经济的可持续增长，还是对于微观层面企业持续竞争力的构建，企业投资决策活动显得尤为重要。

近十多年，全球经济构造板块重心漂移速度加快，中国、巴西、俄罗斯、印度和南非等国家保持了持续领先的增长态势，正在逐渐改变世界经济格局。考察这一时期的历史进程不难发现，在这一经济板块重心漂移的进程中，作为经济增长主引擎的企业投资活动功不可没。在21世纪前10年，新兴经济体的平均经济增长率超过了6%，远高于发达国家2.6%的平均增长率及全球4.1%的平均增长率（Jiao et al.，2013）。毫无疑问，这些新兴经济体的高速增长离不开企业投资的支撑。那么，为什么这些新兴经济体可以保持较高的投资率以维持经济增长？其背后的宏观经济因素和企业层面异质性因素有哪些？通过对新兴经济体的观察，是否可以从宏观和微观层面对企业投资有更加深刻的认知？

近年来，随着我国传统增长红利的逐步消失、经济发展方式转变和前期刺激政策的消化，“三期叠加”下的新常态经济运行面临着巨大的压力。尤其是企业出现了投资动力不足的现象，难以为宏观经济的稳定增长提供有力的支撑。并且，从企业的投资来看，各个企业均表现出相对明显的异质性，在一些企业投资动力疲软的同时，也有一些企业表现得更加抢眼。具体到各个企业，投资为什么会产生如此巨大的差异？探索清楚影响企业投资背后的宏微观决定因素，从而为新常态下的企业投资找到新的动力源泉是摆在学术界面前的一个迫切任务。

综上所述，经济体的经济增长往往伴随宏观层面（政府质量）的不断改善和微观层面（公司治理结构）的持续变迁。任何一个企业的投资活动都是在一定的宏观环境下进行的，其所处的宏观环境直接决定了其投资水平（徐业坤等，2013）。而在宏观环境中，政府提供公共设施、公共交通、安全、教育和健康等有效服务的效率对企业投资决策活动的影响至关重要，一旦脱离了有效的政府公共服务，企业不可能取得长期发展。已有的大量文献从政府管制的可信性、政府对产权的保护程度、政府的腐败程度、法律的公平性和权威性、政府管制的连续性和稳定性、政府干预、产业政策、税收政策、经济政策的不确定性等多个角度分析了政府质量如何对企业的投资产生影响，研究发现，政府质量对企业投资具有重要的促进作用（Delios & Henisz，2003；Cuervo-Cazuna，2006；Holburn & Zelner，2010；徐光伟等，2010；Chakraborty，2016；何熙琼等，2016；刘啟仁等，2019）。

除了政府层面的治理，公司层面的治理结构是影响企业投资决策的另一个重要因素（Kosová et al.，2013）。由于公司治理结构所决定的企业投资能力和投资意愿的差异，不同的公司治理结构也会影响企业的投资水平（Liu & Sun，2005）。尤其是，企业的股权结构是决定企业投资水平和投资绩效的重要影响要素（Chen et al.，2013）。企业内部控制质量、公司章程设置等也会对投资产生影响，企业内部控制质量与投资效率正相关，即内部控制质量越高，投资效率越高（周中胜等，2016）。公司章程自治在一定程度上是有效的，尤其是公司章程中董事会对外投资权限的设置会对企业投资效率产生影响（柳建华等，2015）。即使面临同样的外部因素，不同公司治理结构的企业其投资决策也差异甚大（Chen et al.，2017）。而且，重要的是，企业赖以生存的宏观环境和微观环境是互动的，政府质量和公司治理结构会共同影响企业的投资决策（Lafontaine et al.，2017）。因此，企业的投资决策不仅依赖于政府质量和公司治理结构各自的单独影响，而且依赖于政府质量与公司治理结构在企业投资决策过程中的互动影响。基于此，本章沿着已有文献的思路，深入挖掘政府质量与公司治理结构在企业投资中的互动影响关系，从而弥补和拓展既有文献的认知和理解。

基于上述问题，本章使用世界银行企业调查的分层抽样调查数据，检验了政府质量和公司治理结构对企业投资活动的影响机制。该调查数据涉及企业所处金融环境、企业所在地基础设施、企业股权结构、企业年龄、企业所有制形式、企业是否为行业协会会员、企业产品在各个市场销售的比例、企业投资决策等方面的详细信息，这为本章提供了翔实的数据基础。本章研究发现，企业所在地的政府质量越高，企业相应地就越倾向于将净利润用于投资活动。此外，企业投资决策不仅依赖于政府质量和公司治理结构各自的单独影响，而且依赖于政府质量与公司治理结构在企业投资决策过程中的互动影响。在既定的政府质量水平下，当企业最大股东是个人、总经理/董事长时，受限于投资能力和投资意愿，企业往往将利润中的较少部分进行投资活动。而当最大股东是外国公司或者投资基金时，由于投资能力的提高和投资意愿的增强，企业更容易进行投资活动。也就是说，在既定的政府质量水平下，企业越是倾向于向两权分离程度较高的现代公司治理结构发展，越能够激发企业的投资能力和投资意愿，其净利润中用于投资的比例越高。

与既有文献相比，本章的贡献在于：第一，政府质量对企业投资决策起了引导作用，然而，企业投资决策不仅依赖于政府质量和公司治理结构各自的单独影响，而且依赖于政府质量与公司治理结构在企业投资决策过程中的互动影响。这一研究发现拓展了政府质量和公司治理结构影响企业投资行为的作用机制和影响渠道，有助于更准确地把握企业投资决策的过程机制。第二，通过分层抽样方法以南非和巴西这两个新兴经济体为研究样本，尽可能避免了潜在的计量问题。由于本章的样本数据采取概率抽样中分层抽样的方法，覆盖了样本国家的绝大部分城市和行业，能够真实地反映以中国等"金砖国家"为代表的新兴经济体的企业投资决策活动。所以，本章的样本选择避免了由于样本覆盖面狭窄可能使结论不具有可推广性的问题，也避免了由于样本偏误带来的潜在计量问题。第三，在当前新常态的大背景下，中国经济研究如何通过制度设计来撬动和影响企业投资积极性具有重大的现实意义。本章的研究结论不仅可以为新兴经济体如何提高企业投资水平提供借鉴，而且能够为我国在经济新常态下促进企业投资、保持长期稳定增长给予政策启示。

第一节　文献述评

有鉴于企业投资决策在企业发展和经济增长过程中的重要性，大量文献围绕企业的投资决策展开了研究。在既有文献中，Gramlich（1994）发现，硬件设施因素（如企业所在地基础设施的水平）会直接影响企业进行投资活动，若要提高企业的投资水平，首先需要改善一个国家和地区的基础设施。随着研究的不断推进，学术界逐渐开始关注软件设施因素，如国家对外开放度（王正位、朱武祥，2010）、社会文化价值观念、金融市场状况（童盼、陆正飞，2005）、行业协会协调（屈文洲等，2011）等宏观因素对于企业投资决策行为的影响机制。

由于现实中各类软件设施主要由政府机构来提供，所以一部分文献围绕着政府治理环境的不同侧面展开了细致的分析。例如，政府管制的可信性、产权保护（杨全发、韩樱，2006）、政府的腐败程度、法律制度的质量（Chakraborty，2016）、管制的连续性和稳定性、政府债务（熊虎、沈坤荣，2019）、产业政策（王克敏等，2017）如何影响了企业的投资。软件基础设施的完善程度与正式制度的健全息息相关，然而，新兴经济体的一个特征是，其制度建设往往比较迟滞。因此，现实中的软件设施提供不仅局限于正规的法律制度，还包含社会资本、声誉机制等非正式制度的作用。Park 和 Luo（2001）发现，虽然对投资者的法律保护程度相对比较低，但中国上市公司投资的平均增长率比较高，主要是由于中国以政治关系为组织要素的关系机制和声誉机制起到了替代法律保护机制的作用。夏立军等（2011）、徐细雄（2020）的研究表明，社会资本、政治关系、政企纽带等也影响了企业的投资水平。

值得注意的是，在新兴经济体内，地方政府在经济增长和经济发展中一直扮演着举足轻重的角色。相应地，地方政府在经济发展中对企业的投资经营活动也产生了影响（邓宏图、康伟，2006；周黎安，2007）。如延续 Fan 等（2011）的定义，将政府质量看作"政府（官员）使其服务对象受益的程度，以及政府决策是否以合法并被社会接受的方式制定及执行"。那么，根据国际经验，一些地方政府"庞大臃肿"，常在制定和执行政策、履行日常的行政能力方面效率低下，阻碍了当地企业经营活动的开展；一些地方政府能够时刻察觉到当地企业的需求和困难，能设计并实施适当的公共政策，能公平、透明、高效地配置资源，并对社会福利与公民的经济要求做出有效的反应，以非常有效率的方式为企业提供服务。La Porta 等（1999）从廉洁的官僚机构、干预程度、有效性、公共服务的提供、政府支出及民主化等角度测度了各国政府质量水平。Laven 等（2007）发现，非常廉洁和高效的政府，能够提供充足的产权保护，企业的投资水平会越高。

除了政府的公共服务提供效率，公司治理结构是影响企业投资决策的另一个重要因素（Kosová et al.，2013）。在最原始的公司治理结构中，企业往往是企业家自主经营的，这种企业运行方式的好处在于企业的利益和企业主的利益高度一致，决策成本较低，但是，随着市场逐步得到扩展，这种治理方式的弊端逐渐体现出来，最典型的就是企业主自身的经营才能已经不足以应对复杂的市场，有必要通过聘请职业经理人来运行企业，以进一步保障企业的良好运行和发展。自 Berle 和 Means（1932）提出现代企业的两权分离以来，经过 Fama 和 Jensen（1983）等的进一步发展，学术界逐渐认识到，企业所有权和控制权相分离导致了所有者和经理层的委托代理关系和公司治理结构问题。一般来讲，企业经理人的报酬主要来自企业内部控制权收益和提高企业业绩后获得的薪酬，而公司治理结构的不同安排会导致经理在两种收益来源之间的权衡，最终影响企业的投资决策活动（皮建才，2007）。

在公司治理结构中，一方面，由于公司治理结构的发展阶段不同，所能选择的职业经营团队的运行能力也不同。一般来讲，越是现代意义的公司治理结构，其经营团队的投资能力越强。另一方面，由于代理人和委托人之间存在着一定的利益分歧，为了有效激励企业的经营团队，股东必须让渡给经营团队更多的职业报酬，采用多种方式激励其进行有效投资，所以，不同的公司治理结构中企业经营团队的投资意愿也存在着巨大的差别。一般来讲，越是现代意义的公司治理结构，其利益越分散，实际控制团队的投资意愿也越强。很显然，不同的公司治理结构会对企业投资决策活动产生重要影响。尤其是在多样化的企业制度中，如果按照剩余索取权与最终控制权分离程度来划分，可以划分出多种公司治理结构，而每一种治理结构对企业投资决策的影响也是不一样的。

综上所述，虽然已经有一些研究考虑到政府的角色，如政企关系和政府的干预，但是政府质量对企业投资决策活动的影响机制还没有被深入研究。而且，在不同的公司治理结构中，对企业具有实际控制权的拥有者会对企业做出迥异的投资决策。更重要的是，经验证据表明，政府质量和公司治理结构之间存在着明显的互动关系（Lafontaine et al.，2017），这种互动如何影响企业的投资决策？其背后的规律是什么？人们可以从这一规律中得到什么样的启示以促进企业的良性投资和经济的长期发展？为了回答上述问题，本章尝试考虑探索政府质量和公司治理结构对企业投资决策的交互影响，以政府提供有效服务（如公共设施、公共交通、安全、教育和健康）效率的高与低来表征政府质量的好与坏。如果一个地方政府越能够提供有效服务，即说明这个地方的政府质量越高。

第二节　模型与推论

Berle（1932）认为，现代企业制度的一个基本特征就是两权分离。之所以要产生所有权和控制权的分离，一个重要原因是企业所有者经营企业所得的收益没有通过聘请职业经理人经营企业所得的收益大，即职业经理人的经营能力往往高于企业的所有者。因此，企业的产出取决于代理人的能力，本章用 A 来代表代理人的能力。为简便起见，本章将企业所有者的能力标准化为 1，A 的大小度量了代理人能够为企业所有者带来的额外收益。借鉴 Bester 和 Hellwig（1987）的方法，本章将企业的生产函数设置如下：

$$Y = (-\log p) A I^{\alpha} g^{\gamma} \tag{4-1}$$

其中，A 为代理人的能力参数。p 为投资成功的概率，$(-\log p)$ 刻画了这样一种思想，当投资收益越大时，成功的概率越小；当投资收益越小时，成功的概率越大。I 为企业的投资水平。g 为政府质量，其直接影响企业的产出水平，当政府质量越高时，企业能够享受到良好的政府公共服务，从而产量也越高。

在以上假定下，本章考察了企业的行为。为了更好地观察公司治理结构的作用，首先考察所有者和经营者一体的基准情形，再进一步考察"两权分离"下的企业投资决策。

一、基准情形：所有者和经营者一体的情形

当企业经营者为所有者时，不存在委托代理问题，但是也不能通过代理人的高能力获取更高的收益，$A=1$。此时，所有者的问题简化为最大化投资项目的净收益 π：

$$\text{Max}_I \pi = p(-\log p)I^\alpha g^\gamma - I \tag{4-2}$$

利用一阶条件，可以求出最优的投资水平：

$$\frac{\partial \pi}{\partial I} = \alpha p(-\log p)I^{\alpha-1}g^\gamma - 1 = 0 \tag{4-3}$$

利用式（4-3），化解可得：

$$I^* = \left[\alpha p(1-\log p)g^\gamma\right]^{\frac{1}{1-\alpha}} \tag{4-4}$$

进一步地，利用 I^* 对 g 求导可得：

$$\frac{\partial I^*}{\partial g} = \frac{\gamma}{1-\alpha}\left[\alpha p(-\log p)\right]^{\frac{1}{1-\alpha}}g^{\frac{\alpha+\gamma-1}{1-\alpha}} > 0 \tag{4-5}$$

由式（4-5）可以看出，当政府质量越高时，企业所有者为获得投资收益而付出的投资水平越高。政府是发展中国家最重要的制度因素，政府出台的一系列政策将会塑造经济中的其他制度与激励结构，并影响微观企业的投资决策机制，在地区的经济增长中扮演了一个非常重要的角色（周黎安，2007）。也就是说，如果政府提供了很好的产权保护机制及高效的政府政策服务，企业可以相对清晰地预见所在地政府的行为，会愿意进行投资活动以改进基础设施的服务水平和提高内部产品及服务的质量；相反，如果政府办事效率低下，贿赂和腐败成风，企业将不愿意进行实体性的投资活动，而更愿意通过贿赂等非市场经营手段获取公共资源，这会降低企业进行技术创新活动与投资新业务的意愿（Jiao et al.，2015）。在上述分析的基础上，本章提出以下研究假设：

H4.1：企业所在地政府质量与当地企业进行投资活动存在正相关关系。即企业所在地政府质量越高，当地企业就越愿意进行投资活动；企业所在地政府质量越低，当地企业就越不愿意进行投资活动。

二、拓展情形：现代公司治理结构的情形

接下来，考虑"两权分离"时的投资决策。此时，由于现代公司聘请了经理人，所有者面临着这样的权衡：一方面，由于经理人的能力更高，$A>1$，所以将企业交给经理人经营能够带来更大的产出和收益；另一方面，由于经理人和所有者的利益不一致，企业所有者为了激励经理人，必须给经理人让渡一部分收益，假定让渡的份额为 λ，λ 越大，意味着企业所有者和经营者的分离程度越大，所有者必须让渡更多的份额给经理人才能激励经理人。

在两权分离下，经理人拥有实际的投资决策权，其目标转变为追求自身利益最大化：

$$\underset{I}{\text{Max}}\,\pi_m = \lambda p\left(-\log p\right)AI^\alpha g^\gamma - I \tag{4-6}$$

利用一阶条件，可以求出最优的投资水平：

$$\frac{\partial \pi_m}{\partial I} = \lambda \alpha p\left(-\log p\right)AI^{\alpha-1}g^\gamma - 1 = 0 \tag{4-7}$$

根据式（4-7），化解可得：

$$I^{**} = \left[\lambda \alpha p A\left(1-\log p\right)g^\gamma\right]^{\frac{1}{1-\alpha}} \tag{4-8}$$

进一步地，利用 I^{**} 对 g 求导可得：

$$\frac{\partial I^{**}}{\partial g} = \frac{1}{1-\alpha}\left[\lambda A \alpha p\left(-\log p\right)\right]^{\frac{1}{1-\alpha}}\gamma g^{\frac{\alpha+\gamma-1}{1-\alpha}} > 0 \tag{4-9}$$

式（4-9）说明，即使在存在委托代理问题的情形下，政府质量和企业的投资水平之间也存在着正相关关系。结合式（4-5）可以发现，无论是在何种公司治理结构下，政府质量的提高都会对企业投资积极性产生正面影响。这进一步支持了前文的结论。

然而，在"两权分离"的结构下，企业的投资不再仅仅取决于政府质量，还取决于公司治理结构的特征。为了更清晰地观察到公司治理结构的作用，利用式（4-9）进一步求导，可得，

$$\frac{\partial^2 I^{**}}{\partial g \partial A} = \frac{1}{(1-\alpha)^2}\left[\lambda \alpha p\left(-\log p\right)\right]^{\frac{1}{1-\alpha}}A^{\frac{\alpha}{1-\alpha}}\gamma g^{\frac{\alpha+\gamma-1}{1-\alpha}} > 0 \tag{4-10}$$

$$\frac{\partial^2 I^{**}}{\partial g \partial \lambda} = \frac{1}{(1-\alpha)^2}\left[A \alpha p\left(-\log p\right)\right]^{\frac{1}{1-\alpha}}\lambda^{\frac{\alpha}{1-\alpha}}\gamma g^{\frac{\alpha+\gamma-1}{1-\alpha}} > 0 \tag{4-11}$$

式（4-10）和式（4-11）表明，第一，企业投资水平受到政府质量和职业经理人能力的互动效应的影响。在给定政府质量的情况下，职业经营团队的经营

能力越高，则企业投资水平越高。如果政府质量和职业经营团队的能力正相关，那么，政府质量和职业经营团队的经营能力能够发挥互相促进的作用，共同提升企业的投资水平。第二，企业投资水平受影响于政府质量与权益分离程度的互动效应。在给定政府质量的情况下，随着所有者和代理人权益分离程度的增大，所有者需让渡更多的份额给经理人才能激励经理人，经理人因此得到更多的投资份额。在现实中，政府质量越高的地方，往往越能保障"两权分离"下各方的权益。因此，二者往往正相关，这也意味着，政府质量和权益分离程度会互相作用以促进企业投资。因此，公司治理结构的异质性会调节政府质量对企业投资决策的影响。

根据本章的研究目的，本章将重点考察公司治理结构的异质性如何影响政府质量对企业投资的作用。根据白重恩（2005）、高明华（2016）的方法，本章按照两权分离程度的高低，将公司治理结构分为个人控股、总经理/董事长控股、经理层控股、外资控股以及投行控股五种形式。在两权分离程度相对比较低时，企业的投资能力和投资意愿相对受到限制，企业的投资水平往往较低；反之，企业的投资能力和投资意愿相对变得更强，此时企业更易于进行投资活动。在上述分析的基础上，本章提出以下研究假设：

H4.2：企业投资决策不仅受政府质量和公司治理结构各自的单独影响，而且依赖于政府质量与公司治理结构在企业投资决策过程中的互动影响关系。当治理结构两权分离程度相对比较低（高）时，政府质量对企业投资决策的正向影响作用将减弱（加强）。

第三节 实证检验

一、样本与数据

为了更好地理解哪些因素影响企业运营与发展，世界银行对 80 多个国家的 1 万多家企业进行了调研，建立了世界银行"生产率和投资环境评估"（Productivity and the Investment Climate Assessments）数据库。世界银行"生产率和投资环境评估"数据库有以下优势：第一，涵盖了很多主题，包括企业的基础设施、社会的犯罪率和腐败情况、企业融资的限制因素、企业面临的政治和法律环境，以及企业内部运营的成本、销售额、投资状况等生产要素情况。第二，由每个国家私营部门的企业家和企业高层管理人员填写问卷，通过这样的方式可以确保问卷填写信息的正确性和真实性。第三，采取了概率抽样中分层抽样的方法选取样本，从而确保所选取样本在各自国家的代表性。世界银行在发放样本前，对问卷调查员进行培训，同时在每个国家至少选取五个企业对每个问卷进行试测和预填，根据反馈的效果对问卷进行完善。第四，所调查的样本涵盖了各个行业。样本企业所从事的行业包括纺织制造和皮革、电子设备、食品和饮料生产、建筑、木材和家具、纸业、信息技术服务、通信、会计和金融服务、广告与营销、零售和批发、住宿和餐饮、交通运输、房地产和租赁、汽车或汽车配件、化学和制药、农用化工、钢铁机械，以及采矿和冶金等行业。

因此，本章使用世界银行"生产率和投资环境评估"数据库作为研究样本的数据来源，由于该数据库中"金砖国家"中只有巴西和南非有相关的指标数据，本章选取巴西和南非两个国家研究政府质量和公司治理结构对企业投资的影响机制和过程。由于该调查数据的调研方法采取了概率抽样中分层抽样的做法，涵盖了巴西和南非的各个代表性城市，所调查的行业也基本上能够覆盖工业、服务业领域中的主要行业。因此，这一数据集可以避免单个城市或单个行业调研数据所带来的各种问题，为分析企业开展经营投资活动提供了很好的素材。本章意图利用这一数据对假设进行验证。

二、模型和变量设定

根据上文的分析，本章构建以下模型来检验研究假设：

$$INVESTMENT = \alpha_0 + \alpha_1 \times GOVQA + \alpha_2 \times CGS + \alpha_3 \times GOVQA \times CGS + \beta \times Control + \varepsilon_i$$

其中，$INVESTMENT$ 为企业净利润中被用于投资的比例；$GOVQA$ 为政府质量；CGS 为公司治理结构，在不同的方程中，其分别代表个人控股、总经理/董事长控股、经理层控股、外资控股和投行控股；$Control$ 为一系列控制变量。模型中各变量的含义如表4-1所示。

表4-1　研究变量定义

变量性质	变量英文名称	变量中文名称	变量含义
被解释变量	INWESTMENT	企业投资决策	多少比例的净利润被用来进行投资

续表

变量性质	变量英文名称	变量中文名称	变量含义
核心解释变量	GOVQA	政府质量	所在地政府提供有效服务的效率
	SHIND	个人控股	企业最大股东或所有者是个人
	SHINDDIR	总经理/董事长控股	企业最大股东或所有者是总经理/董事长
	SHMAN	经理层控股	企业最大股东或所有者是经理层
	SHFOR	外资控股	企业最大股东或所有者是外资
	SHINV	投行控股	企业最大股东或所有者是投行
控制变量	FINEN	所处金融环境	企业财务报告是否接受外部审计
	INFEN	基础设施水平	企业所在地基础设施的水平
	ASSOC	行业协会成员	企业是否为行业协会成员
	STOST	企业股权结构	企业第一大股东持股比例
	AGE	企业年龄	企业自建立后的年数
	NUM	下属企业数量	企业设立下属企业的数目
	EXPOR	出口比例	企业产品直接出口比例
	CAPUT	能力利用率	企业能力的利用率

1. 被解释变量

企业投资决策。在该调查问卷的"能力、创新和组织学习"部分,企业被问及这样一个问题:"多少比例的企业净利润被用来进行投资活动,也就是说,多少比例的企业净利润没有被分配给所有者或者股东。"这个问题的答案以百分比的形式出现,可以发现企业是否进行新的投资活动是一个连续变量,数值为0~100%。

2. 核心解释变量

(1)政府质量。在该数据集中,企业被要求回答这样一个问题:"您如何评价政府提供有效服务(例如公共设施、公共交通、安全、教育和健康)的效率?"其中6代表"非常有效率",5代表"有效率",4代表"有点效率",3代表"几乎没效率",2代表"没有效率",1代表"非常没有效率"。数字越大,说明一个地方政府越能够提供有效服务,即这个地方的政府质量越高。

(2)公司治理结构。本章将公司治理结构分为五种类型,分别用个人控股、总经理/董事长控股、经理层控股、外资控股和投行控股来代表两权分离程度不同的公司治理结构。一般而言,个人控股、总经理/董事长控股、经理层控股三种类型的公司治理结构主要由内部人控制,两权分离程度相对较低,而外资控股

· 73 ·

和投行控股两种类型的公司治理结构主要由外部人控制，两权分离程度相对较高。本章通过对是否某一类型公司治理结构的虚拟变量进行赋值。例如，以个人控股为例，在该数据集中，被访者会被要求回答这样一个问题："您所在企业的最大股东或所有者是不是个人？"当企业的最大股东或者所有者是个人时，个人控股赋值为1；当企业的最大股东或者所有者不是个人时，个人控股赋值为0。其他变量的赋值方式类似。

3. 控制变量

在控制变量中，本章选择了以下变量：

（1）所处金融环境。在企业投资的过程中，良好的金融支持不可或缺。在该数据集中，本章采用企业的年度财务报告是否接受外部审计来度量企业所处的金融环境。

（2）基础设施水平。采用企业电脑使用率来度量所在地基础设施水平。

（3）行业协会成员。随着现代经济的发展，行业协会在企业投资和发展的过程中扮演了重要角色。行业协会能够起到提供市场信息、协调企业关系的作用。因此，本章控制了企业是否为行业协会成员这一变量，当企业为行业协会成员时，赋值为1；当企业不是行业协会成员时，赋值为0。

（4）企业股权结构。本章使用公司第一大股东持股比例衡量股权结构。该变量用以控制股权结构可能对企业新投资活动决策产生的影响。一方面，由于新投资的风险较大，第一大股东持股比例越高，公司决策越集权，可能越容易做出投资决策；另一方面，股东分散化可能有利于公司利用股东背景通过投资活动进入更多的产业和地区（潘越等，2009；夏立军等，2011）。

（5）企业年龄。一个企业创建的时间长短会影响企业的投资决策（焦豪，2011）。因此，根据该数据集的相关变量计算了各企业的年龄，即通过问卷调查年份减去企业创办年份。

（6）下属企业数量。为公司在本国设立下属企业（子公司、联营企业或分公司）的数量。公司设立下属企业的数量越多，表明公司进行投资的意愿就越强。

（7）出口比例。表示企业出口产品到国外的比例。

（8）能力利用率。企业现有机器和设备的实际产出与其最大可能产出的比例。

三、描述性统计和相关性分析

表4-2是相关变量的描述性统计。其中，企业净利润中进行新投资活动的平

均值为43.49%，全部把净利润进行重新投资的企业最多，而全部把净利润进行分配的企业最少。在样本中，公司的电脑使用率达到了26.06%，成立年限的均值为16.77年。

表4-2 描述性统计分析

变量	均值	标准差	最小值	最大值
企业投资决策	43.49%	40.15%	0	100%
政府质量	3.296	1.388	1	6
个人控股	0.1526	0.3596	0	1
总经理/董事长控股	0.5608	0.4963	0	1
经理层控股	0.0039	0.0628	0	1
外资控股	0.0174	0.1309	0	1
投行控股	0.0004	0.0213	0	1
所处金融环境	1.423	0.4940	0	1
基础设施水平	26.05%	29.99%	0	100%
行业协会成员	0.6351	0.4814	0	1
企业股权结构	78.39%	27.26%	14%	100%
企业年龄	16.77	16.56	0	143
下属企业数量	3.708	56.52	0	1991
出口比例	7.534%	22.57%	0	100%
能力利用率	74.84%	21.26%	0	100%

本章也对变量间的相关性进行了分析，结果如表4-3所示。其中，政府质量与企业投资决策的相关系数为0.122，在1%的水平下显著，表明政府质量越高，企业进行投资活动的积极性就越强。除下属企业数量，个人控股、总经理/董事长控股、经理层控股、外资控股、投行控股、所处金融环境、基础设施水平、行业协会成员、企业股权结构、企业年龄、出口比例及能力利用率都与企业投资决策呈现了显著的正向或负向的相关关系。如企业股权结构和企业投资决策在1%的水平呈现了显著的负相关关系，这初步表明当企业是股权相对集中的治理结构时，公司会进行相对少的新投资活动。

表4-3 研究变量的相关系数

	INVESTMENT	GOVQA	SHIND	SHINDDIR	SHMAN	SHFOR	SHINV	FINEN	INFEN	ASSOC	STOST	AGE	NUM	EXPOR
GOVQA	0.122***													
SHIND	0.232***	-0.347***												
SHINDDIR	0.433***	-0.003	0.391***											
SHMAN	0.024*	-0.053***	-0.010	0.049***										
SHFOR	0.116***	-0.059***	-0.053***	-0.052***	0.010									
SHINV	0.031**	0.013	0.001	0.011	-0.001	0.024***								
FINEN	0.037***	-0.301***	0.262***	0.347***	0.043***	-0.079***	-0.009							
INFEN	-0.115***	0.060***	-0.146***	-0.229***	-0.005	0.029***	-0.007	-0.180***						
ASSOC	0.092***	-0.081***	-0.126***	0.030**	0.012	0.013	0.002	-0.169***	0.034***					
STOST	-0.230***	0.025	-0.164***	-0.253***	-0.101***	0.015	0.012	-0.112***	0.067***	-0.115***				
AGE	0.053***	-0.080***	-0.069***	-0.051***	0.001	0.063***	0.019*	-0.092***	-0.136***	0.177***	-0.072***			
NUM	0.023	0.004	-0.023	0.006	-0.004	-0.001	0.000	-0.047***	0.006	-0.008	0.018	0.007		
EXPOR	0.039***	0.025*	-0.052***	-0.015	-0.011	0.056***	0.014	-0.195***	-0.020*	0.070***	-0.057***	0.007	0.017	
CAPUT	0.056***	0.029***	0.081***	0.100***	0.007	0.015	0.002	-0.026**	-0.003	-0.027***	-0.045***	-0.090***	-0.005	0.074***

注：*、**、***分别表示在10%、5%、1%的水平下显著。

四、研究结果和讨论

为了减轻回归模型可能存在的变量异方差问题对系数显著性的影响，在所有的多元回归分析中报告稳健 T 值统计量。因变量为企业投资决策，即多少比例的企业净利润被用来进行投资活动。从表 4-4 中可以看出，单独把控制变量对企业投资决策进行回归分析，发现在每年对财务报表进行外部审计的情况下，企业越不愿意进行新投资活动。也就是说，当企业进行外部审计时，外部监督力量增强，这就需要企业投资的盈利导向增强，投资行为更加规范和合法，企业投资就会更加审慎。此外，企业创办的时间越长，越不愿意进行新的投资活动。也就是说，企业的年龄会影响公司的战略投资决策。一般而言，企业创建的时间越长，做出投资决策时越会被过去经验所限制而相对保守。

表 4-4 政府质量、两权分离程度相对低的治理结构对企业投资决策的回归结果

	INVESTMENT							
	Model（1）	Model（2）	Model（3）	Model（4）	Model（5）	Model（6）	Model（7）	Model（8）
FINEN	-18.172***	-16.907***	-17.289***	-17.337***	-16.905***	-16.800***	-16.829***	-16.829***
	(-9.955)	(-8.906)	(-8.911)	(-8.941)	(-7.935)	(-7.887)	(-8.868)	(-8.846)
INFEN	0.014	0.020	0.023	0.020	0.090*	0.094*	0.025	0.025
	(0.305)	(0.444)	(0.517)	(0.445)	(1.661)	(1.730)	(0.550)	(0.550)
ASSOC	1.697	1.896	1.939	1.940	3.018	3.074	1.908	1.908
	(0.926)	(1.035)	(1.058)	(1.059)	(1.496)	(1.525)	(1.042)	(1.041)
STOST	0.004	0.001	-0.001	-0.003	0.022	0.021	-0.004	-0.004
	(0.124)	(0.025)	(-0.020)	(-0.090)	(0.645)	(0.611)	(-0.113)	(-0.113)
AGE	-0.136***	-0.133***	-0.126**	-0.127***	-0.110*	-0.106*	-0.135***	-0.135***
	(-2.808)	(-2.756)	(-2.566)	(-2.595)	(-1.774)	(-1.721)	(-2.797)	(-2.796)
NUM	0.003	0.003	0.003	0.003	0.009	0.009	0.003	0.003
	(0.295)	(0.324)	(0.341)	(0.313)	(0.688)	(0.680)	(0.321)	(0.321)
EXPOR	0.053	0.057	0.060	0.054	0.057	0.056	0.057	0.057
	(1.200)	(1.307)	(1.361)	(1.229)	(1.110)	(1.092)	(1.310)	(1.309)
CAPUT	0.041	0.037	0.036	0.039	0.048	0.051	0.037	0.037
	(0.784)	(0.701)	(0.696)	(0.744)	(0.836)	(0.881)	(0.712)	(0.711)
GOVQA		1.674**	1.682**	3.203***	1.061	4.296**	1.680**	1.681**
		(2.438)	(2.449)	(3.000)	(1.385)	(2.110)	(2.448)	(2.422)

	INVESTMENT							
	Model（1）	Model（2）	Model（3）	Model（4）	Model（5）	Model（6）	Model（7）	Model（8）
SHIND			1.719	8.148**				
			(0.952)	(2.089)				
GOVQA* SHIND				-2.507*				
				(-1.859)				
SHINDDIR					0.957	9.977*		
					(0.357)	(1.690)		
GOVQA* SHINDDIR						-3.719*		
						(-1.714)		
SHMAN							-11.652*	-11.625
							(-1.734)	(-0.828)
GOVQA* SHMAN								-0.011
								(-0.002)
_cons	95.788***	89.692***	89.089***	85.245***	85.583***	77.297***	89.930***	89.929***
	(15.245)	(13.234)	(13.087)	(11.990)	(11.006)	(8.446)	(13.273)	(13.257)
R^2	0.0616	0.0648	0.0652	0.0670	0.0571	0.0589	0.0663	0.0663
Prob>F	0.0000	0.0000	0.0000	0.0000	0.0000	0.0000	0.0000	0.0000
F	14.919	13.983	12.675	11.852	9.339	8.768	12.899	11.720

注：变量定义见表4-1。括号内为稳健 T 值；*、**、*** 分别表示在 10%、5%、1%的水平下显著。

接下来把政府质量放入回归方程，发现核心解释变量政府质量对企业投资决策的回归系数为正，且在 5%的水平下显著。这一结果很好地支持了本章前面的分析，表明政府质量对企业投资决策有显著的正向影响。影响经济和社会发展的一个最重要因素是这个国家体制运行的效率与质量，政府对自然资源、人力资本和金融资本的决定性配置决定着企业的战略决策和实施效果。当政府提供较好的公共服务时，会有效扩大市场配置资源的空间和组织要素，能够有效帮助企业充分利用市场资源配置机制，从而推动企业的投资活动（陈德球等，2011）。同时，东道国政府质量会影响跨国公司投资决策（李晓、杨弋，2019）。因此，对于政府层面的治理而言，正规的法律制度对于企业投资活动的影响也非常重要。以知识产权为例，东道国的知识产权保护水平可以有效地促进跨国公司的对外直接投资（Lee & Mansfield，1996）。提供适度且有效率的知识产权保护政策，不仅可以增加 FDI 的流入量，而且可以引进较为先进的技术，从而通过降低成本和提高产量，实现东道国社会福利最大化（杨全发、韩樱，2006）。

因此，地方政府通过其提供的公共治理制度安排，如产权保护水平、地方企业对当地政府的司法信心、税负水平和政府行政效率来影响企业的投资决策行为。当政府经济政策不确定性较高时，不利于投资，将导致企业固定资产投资水平下降（张成思、刘贯春，2018）。同样官员任期与产业政策周期交错程度越高所带来的政策不确定性将抑制企业的研发投资（戴静等，2019）。在以"金砖国家"为代表的新兴经济体内，由于历史因素和生产要素等资源禀赋的差异，由中央政府和地方政府行为组成的政府质量存在较大的差异。相反地，如果企业感觉到政府质量过低（如中央政府和地方政府提供的公共服务的质量较低、官僚机构臃肿无效率等），将会在一定程度上鼓励企业从事受贿政府官员等非生产性活动。腐败往往会诱使政府官员在分配公共资源时按照能否获取贿赂、获取贿赂的多少这一标准，而不是根据企业资源的多少和能力的大小及对当地社会的贡献进行评判（Mauro，1995）。以上这些因素都会降低企业进行技术创新活动与投资新业务的效率，导致企业不愿意进行新的投资活动。当然，每个国家都会在一定的历史条件下内生出适合企业投资的环境。作为增长时间最长、增长速度最快的中国就是一个例子。改革开放后，地方政府在财政利益和政治晋升的双重激励下，总是有利用违规优惠政策进行引资的强烈动机，从而引发企业投资冲动（郭庆旺、贾俊雪，2006）。在地区横向竞争的压力下，地方政府进行了产权保护、法律执行力度、行政审批效率和税收征管体系等地方公共治理制度的改革，以干预微观经济活动（陈德球等，2012）。随着地方政府优惠政策的推行，企业更倾向于以较市场竞争价格更为低廉的土地要素来替代对劳动力的使用，进行厂房等有形生产要素的投资（田伟，2007）。

接下来，首先考虑两权分离程度相对较低的公司治理结构的影响。如表 4-4 所示，当把政府质量、个人控股、政府质量和个人控股的交互项放入回归方程时，发现政府质量和个人控股的交互项对企业投资决策的回归系数为负，且在 10% 的显著性水平上显著。当把政府质量、经理层控股、政府质量和经理层控股的交互项放入回归方程时，虽然政府质量和经理层控股的交互项不显著，但是回归系数为负。表明当企业是两权分离程度相对较低的公司治理结构时，在既定的政府质量水平下，企业面对投资机会时，由于资源和信息的相对有限，受限于投资能力和投资意愿，企业往往会把利润中较少的部分进行投资活动。具体的原因体现在能力和资金两个方面。现代企业的发展史表明，一个企业的发展壮大首先需要扫清两大障碍：第一，如何应对既有经营团队能力不足的问题；第二，如何获取更多的资金助力企业可持续发展。从企业投资角度来看，两权分离程度相对较低的企业往往具备以下两个特征：第一，两权分离程度相对较低的企业往往是个人控股、总经理/董事长控股或经理层控股，在这种股权结构下，企业的发展高度依赖于最大股东的企业主、董事长和经理层的能力。但是，随着企业的发展壮大，往往面临更为复杂的内部管理和市场环境。而从客观事实来看，任何一个企业主、董事长和经理层的能力都是有限的。由于私营企业家是有限理性的（Hambrick & Mason，1984），当企业无法对所处的动态复杂环境有更加清晰的认识时，会主动规避一些市场风险，忽略顾客新出现的需求，这些决策偏好和次序会影响企业的投资决策行为（Simsek，2007）。第二，资本是企业长期发展过程中最大的瓶颈之一，而两权分离程度相对较低的企业中，最大股东往往集中于少数个体。这就意味着，企业资金难以支撑更大规模的投资。一旦企业家个体经营能力和资金注入都受到限制，一个自然而然的反应是，企业投资更加趋于保守。

此外，本章也考虑两权分离程度相对较高的公司治理结构的影响作用。如表4-5所示，当把政府质量、外资控股、政府质量和外资控股的交互项放入回归方程时，发现政府质量和外资控股的交互项对企业投资决策的回归系数为正，且在5%的显著性水平上显著。这说明当企业是两权分离程度相对较高的公司治理结构时，能够通过对企业各个类别的利益相关者进行统筹协调与激励，激发利益相关者治理企业的积极性和主动性。于是，在既定的政府质量水平下，企业面对潜在的投资机会时，由于投资意愿与投资能力的加强和投资手段的丰富，企业更容易进行新的投资。主要是由于以下两个原因：

表4-5　政府质量、两权分离程度相对高的治理结构对企业投资决策的回归结果

	INVESTMENT			
	Model（9）	Model（10）	Model（11）	Model（12）
FINEN	−17.388***	−17.612***	−16.904***	−17.030***
	(−9.005)	(−9.120)	(−8.902)	(−8.972)
INFEN	0.028	0.032	0.020	0.018
	(0.614)	(0.704)	(0.444)	(0.395)
ASSOC	2.006	1.979	1.900	1.890
	(1.094)	(1.080)	(1.036)	(1.032)

续表

	INVESTMENT			
	Model（9）	Model（10）	Model（11）	Model（12）
STOST	0.007	0.005	0.001	−0.002
	（0.207）	（0.153）	（0.020）	（−0.062）
AGE	−0.126***	−0.128***	−0.133***	−0.133***
	（−2.602）	（−2.638）	（−2.758）	（−2.752）
NUM	0.003	0.003	0.003	0.003
	（0.294）	（0.284）	（0.325）	（0.330）
EXPOR	0.060	0.059	0.057	0.061
	（1.379）	（1.345）	（1.298）	（1.394）
CAPUT	0.036	0.038	0.037	0.038
	（0.689）	（0.731）	（0.702）	（0.730）
GOVQA	1.679**	1.234*	1.670**	1.591**
	（2.446）	（1.730）	（2.428）	（2.313）
SHFOR	−4.717	−20.967***		
	（−1.351）	（−2.635）		
GOVQA*SHFOR		5.660**		
		（2.272）		
SHINV			2.418	−105.453**
			（0.153）	（−1.965）
GOVQA*SHINV				28.391**
				（2.102）
_cons	90.030***	91.462***	89.700***	90.178***
	（13.277）	（13.446）	（13.231）	（13.306）
R^2	0.0657	0.0684	0.0648	0.0671
Prob>F	0.0000	0.0000	0.0000	0.0000
F	12.773	12.108	12.580	11.860

注：括号内为稳健 T 值；*、**、***分别表示在 10%、5%、1%的水平下显著。

第一，从经营团队的能力来看，两权分离程度相对较高的企业其经营能力也较高。相对而言，与个人投资者相比，作为重要的外部控制机制，外资控股时一般都有机构投资者参与，具有更多的技术和法律背景，更专业的投资知识、投资业务技能、经过实践证明的成功投资经验，以及更多样化的社会网络，这些都会促使企业获取更多的资源和信息以进行新的投资活动（Shleifer & Vishny，1997）。Douma 等（2006）也发现，在外资控股的公司治理情况下，由于其具有超强的监管能力，可以有效控制管理层机会主义行为。同时，也可以持续不断地扫描环境以发现市场投资机会。而且，两权分离程度相对较高的企业往往公司治理结构也较为完善，对于经营团队的激励也较为充足。Aggarwal 和 Samwick（2006）发现，有效的激励契约能够促进企业管理层更为主动地参与公司的投资活动。向东和余玉苗（2020）发现，非国有股东股权结构参与和高层治理参与通过抑制投资过度和缓解投资不足促进企业投资效率的提高。

第二，从资本持续注入的角度来看，对于两权分离程度相对较高的企业而言，其资本的吸纳已经完全摆脱了传统的方式，其资金的来源更为多元化、体量更为庞大，能够保证企业获得大规模的资金支持。专业团队的投资能力加上丰裕的资金流，二者相互促进，便会使企业的投资意愿和投资能力都得到提高。

为了进一步检验研究结果的稳健性，还采取了替代性指标等措施进行稳健性检验。首先，采用世界银行"生产率和投资环境评估"数据库总经理/董事长控股作为两权分离程度相对较低时公司治理结构的替代性指标。如表 4-4 所示，当把政府质量、总经理/董事长控股、政府质量和总经理/董事长控股的交互项放入回归方程时，发现政府质量和总经理/董事长控股的交互项对企业投资决策的回归系数为负，且在 10% 的水平下显著。这说明当企业是个人控股并且担任企业总经理/董事长的两权分离程度相对较低的治理结构时，在既定的政府质量水平下，企业往往会把利润中较少的部分进行投资活动。其次，采取世界银行"生产率和投资环境评估"数据库中投资基金控股作为两权分离程度相对较高的公司治理结构的替代性指标。如表 4-5 所示，当把政府质量、投资基金控股、政府质量和投资基金控股的交互项放入回归方程时，发现政府质量和投资基金控股的交互项对企业投资决策的回归系数为正，且在 5% 的水平下显著。这些进一步验证了前面的研究结果。

第四节　研究结论与展望

一、研究结论

企业在投资过程中，政府机构的公共服务效率和企业的公司治理结构扮演了什么角色？新兴经济体的快速成长离不开企业投资的支撑，从这些国家的成长经验中，我们可以获得什么样的启示？本章运用世界银行通过分层抽样方法获得的企业调查数据，研究了政府质量和公司治理结构对企业投资的影响。研究发现，政府质量对企业的投资活动有显著的正向影响，即地方政府质量会对企业的投资起到引导和促进作用；相反地，地方政府质量越低，企业越不愿意进行新的投资活动。此外，本章发现，企业投资决策不仅依赖于政府质量和公司治理结构各自的单独影响，还依赖于政府质量与公司治理结构在企业投资决策过程中的互动影响。在既定的政府质量水平下，当企业是外资控股或投行控股的治理结构时，企业更倾向于高水平的投资。然而，当企业是个人控股、总经理/董事长控股的治理结构时存在相反的情况。这一发现丰富了相关领域的认知，有利于提高企业的投资水平。

基于本章的研究，上述研究发现对理解新兴经济体政府在企业投资决策中的角色具有一定意义，为如何有效提高企业投资水平提供了相对可行的思路和方法，也为全面认识公司治理结构的作用提供了一个有益的补充视角。新兴经济体之所以能够快速地提升其经济增长速度，与两个方面的因素紧密相关：第一，这些新兴的经济体在经济转型的过程中提高了政府质量，这些国家通过简化行政审批手续、提高办事效率、减少行政干预等提高了政府的产权保护水平、法律执行力度和行政办事效率等公共治理机制，提高市场效率，降低政府行政干预程度，帮助企业识别好的投资机会。第二，这些新兴经济体的企业逐渐得到了扩张和成长，其公司治理结构也经历了从个人控股为主向现代两权分离式的公司治理结构转变，而当公司治理结构转变时，由于外资控股和投资机构控股情况下利益诉求和能力与个体控股时存在不同，使得新兴经济体的企业投资水平得到了快速提升。并且，在上述两种因素的相互作用下，推动了新兴经济体的企业投资水平，促进了其进一步快速发展。

二、政策启示

中国自改革开放以来保持了 40 多年的高速增长，其中，企业的投资扮演了极其重要的角色，构成了中国经济长时段增长的主力军。然而，不可否认的是，在经历了长期的发展后，中国也开始面临着各种红利逐渐消失的问题，企业投资动力呈现下降的趋势。如何在新常态下保持较高的投资水平和投资效率是中国正在面临的一大难题。而且，虽然中国改革开放以来取得了长足的进步，但是企业投资水平的地区差异巨大，这也导致了众所周知的地区差异，为未来的平衡发展埋下了隐患。在转型时期，应该如何从外部政府质量和内部公司治理结构优化的角度入手激励企业投资以平衡地区差异？

本章为中国的长期经济增长提供了如下政策启示：

第一，中国的高速增长部分来自改革开放以来政府治理体制的不断完善、政府质量的不断提高。根据本章的结论，政府质量对于企业的投资有显著的影响。当政府质量更高时，企业净利润中用于投资活动的比例更高。尽管在改革开放过程中，中国的政府质量得到了极大的提升，但是，在一些方面还有极大的改进空间。因此，我们需要不断地提高政府质量，改进产权保护水平，在公共设施、公共交通、安全、行政效率、教育和健康等方面提供有效率的服务，为企业提供充分的市场化竞争机制，保证企业间交易合约的顺利签订与履行，降低外部环境的不确定性与经济主体之间的交易成本，从而减少机会主义行为，提高市场配置资源的空间，实现企业的投资水平和投资效率的提升。在党的十八大和十八届三中全会以后，中央政府一直在强调提高政府公共服务效率和企业投资效率。从这点来看，本章的研究结论在一定程度上为中央的文件与政策提供了理论支持。

第二，尽管中国的企业经历了长足的进步，但是，在现代公司治理结构的构建方面，依然存在巨大的改善空间。依据本章的结论，政府质量和公司治理结构是互动的。现实中，那些政府质量较高的地区，其企业的公司治理结构也更加完善，而落后的地区往往会出现政府治理水平与公司治理水平"双低"的情形，企业投资的差距也直接导致了地区的差距。总体而言，有相当部分的中国企业在现代公司治理结构的构建过程中步伐迟缓，而且，那些相对落后的地区在现代公司治理结构的构建方面更加迟滞，这也构成了中国企业成长和经济增长的重大障碍。因此，如果要激励企业的投资活动，一个重要的手段就是逐步引入现代的公司治理结构，提升企业投资能力与投资意愿。而且，从本章的角度来看，公司治理结构的调节杠杆，不仅能够激发企业的投资活力，而且可以帮助实现地区经济的平衡发展，做到一举两得。

第五章　政府研发资助政策、知识存量与企业创新

本章导读→

本章探讨政府研发资助政策如何有效地促进文化创意企业的创新活动，以及影响政府研发资助政策与创新活动间关系间作用机制的组织内部权变因素。具体来说，本章区分了中央政府研发资助政策和地方政府研发资助政策两种类型的政府研发资助政策，并探讨了这两种类型的政府研发资助政策如何有效地影响激进式创新和渐进式创新活动。本章基于中国文化创意企业面板数据的实证研究结果发现，中央政府研发资助政策对企业的激进式创新和渐进式创新都有倒"U"形影响，而地方政府研发资助政策对企业的渐进式创新有倒"U"形影响，但对企业的激进式创新没有显著影响。中央政府研发资助政策和地方政府研发资助政策的影响作用都受到公司知识存量的调节。

本章探讨了不同类型政府研发资助政策对文化创意企业激进式创新和渐进式创新的差异化影响机制，以及企业知识存量在上述关系中的调节作用。文化创意产业新近已成为促进国家和区域经济增长的重要产业。传统的生态经济学观点认为，文化创意产业的发展能够带动文化产品的生产和创造就业机会，但实际上文化创意产业可能在推动和促进整个经济的创新过程中发挥更普遍的作用（Potts et al. , 2008）。为此，许多国家的政府推出了各种政策，鼓励文化创意企业进行创新。在这些政策工具中，直接财政补贴得到了学术界广泛的关注，特别是关注直接财政支持在企业层面的影响。本章的主要目的是确定政府的直接财政支持能在多大程度上激励文化创意企业提高其创新绩效。然而，评估直接财务支持对企业创新绩效的影响一直是一项具有挑战性的任务。关于直接财政支持负面影响创新的观点，不仅强调了补贴所带来的资源及其附加效应，而且还强调了与公共干预

相关的挤出效应和低效现象（Dimos & Pugh，2016；Guo et al.，2018）。因此，对政府直接财政支持与文化创意产业创新活动之间的关系进行严谨的实证分析至关重要。

与此同时，大多数研究者还没有评估中央和地方各级政府提供的财政支持的不同影响。中央政府和地方政府在设计和实施创新政策方面有不同的政策目标，因此会对文化创意企业的创新活动产生不同的影响（Hsu et al.，2009）。所以在判断政府研发资助政策与文化创意企业创新绩效之间的关系时，有必要区分中央政府和地方政府的不同作用。此外，以往研究也没有区分政府的直接财政支持对企业不同类型创新的影响，如区分渐进式创新和激进式创新（Zheng et al.，2015）。由于这两种类型创新的性质不同，致使区分这两种类型的创新是研究政府资助效果的一个重要维度（Jugend et al.，2018）。

针对这一研究空白，本章重点关注文化创意产业中一种特殊类型的直接财政支持，即开展政府研发基金项目计划，并定义了两种类型的政府研发资助政策：中央政府研发资助政策和地方政府研发资助政策。本章采用面板数据检验了这两种类型的政府研发资助政策如何有效地影响企业创新，即激进式创新和渐进式创新。此外，本章还探讨了政府研发资助政策在文化创意产业中有利于企业创新绩效的边界条件，并探讨了企业知识存量对政府研发资助政策与创新绩效关系的调节作用。

为此，本章从四个方面对现有的文献做出了贡献。首先，通过探究影响企业创新宏观层面的决定因素，为文化创意产业的研究做出了贡献。其次，描述了政府研发资助政策对企业创新绩效的非线性效应，并发现了政府研发资助政策与企业创新绩效之间呈倒"U"形关系。再次，区分了中央政府和地方政府的不同影响，说明了不同层级的政府研发资助政策对企业渐进式创新和激进式创新有不同的影响。最后，强调了与创新政策影响相关的组织内部权变因素。这些研究结果可以为其他国家创新政策制定提供非常重要的参考。

第一节　研究假设

一、创新在文化创意产业中的重要性

当前，越来越多的研究开始关注文化创意产业产生新想法和推动创新的能

力。Müller 等（2009）、Li（2020）认为，文化创意产业的创新模型可以与传统行业提出的模型直接相比较，但最近的文献突出了文化创意产业创新的独特性。Tschmuck（2003）、Kong（2014）认为，文化创意产业的发展依赖于对创造力的开发，包括嵌入社会和文化现实中的个人创造力和集体创造性行动，从而产出能够带来知识和经济双重效益的创造性产品或内容。除了技术因素，还需要考虑文化和美学因素。因此，文化创意产业的创新过程需要将技术功能与美学、象征性和体验性内容结合起来（Messeni Petruzzelli & Savino，2015）。此外，创新对于文化产业的公司非常重要，因为文化和创意产品在市场上会迅速被淘汰。因此，公司需要尝试不同寻常的方法来激励创新，如将传统知识与新知识相结合，或将当地文化与全球文化相结合（O'Connor & Gu，2006；Kong，2014）。

此外，文化创意产业的创新还通过与其他产业的创新过程与创新产出相结合，间接促进工业创新（Cooke & Propris，2011）。换言之，文化创意产业提供创意产品和服务，作为对其他产业的创新中间投入，进而转化为创新产出（Müller et al.，2009）。文化创意产业可以给其他产业提供帮助其提升产品质量和服务水平的知识和创造性内容，并通过向其他产业注入创新活力来提高社会整体创新力。因此，文化创意产业比许多其他高技术产业更具创新性。Tommaso（2017）从传统行业的创新模式中得到的经验，不足以理解文化创意产业内部的创新动态。

除了文化创意产业本身的创新潜力，已有文献也注意到了其发展中存在的一些问题。首先，由于文化创意产业的创新创造了私人的和非私人的价值，文化创意产业容易遭受市场失灵（O'Hagan，1998）。也就是说，仅仅依靠市场机制不能激活文化产业的全部创新力。其次，文化创意产业的创新需要不同的想法和高创意内容的结合，导致结果具有不确定性。此外，这种创新还必须面对市场偏好变化导致的市场不确定性（Tommaso，2017）。这些不确定性给文化创意企业带来了压力，迫使其开发旨在满足商业需求的产品（Kong，2014）。因此，企业更有可能采取商业导向，优先考虑很有可能产生经济利润的项目，而不是那些高创意内容的项目，以避免不确定性。文化创意产业的创新投资不足，是政府实施文化创意产业创新政策的关键理由（Oakley，2009）。因此，必须进一步探索中国创新政策影响文化创意企业创新的过程机制，以提供促进该领域创新的政策思路。

二、政府研发资助政策对文化创意企业创新活动的影响

在亚太地区，文化创意产业已经开始出现在国家政策议程中。这些国家的政

府已经开始积极实施支持文化创意产业创新的政策。根据之前的研究，政府直接财政支持等创新政策往往会对企业的创新绩效产生突出的影响（Howell，2017）。政府研发资助政策是政府直接财政支持的一种形式，近年来越来越受欢迎。许多政府研发资助政策旨在通过补贴公司的研发来加强公司的创新，一旦公司参与了一个研究项目，它可以通过非市场交换机制从政府获得资金和其他关键资源（Wang & Furman，2017）。现有文献呈现了政府财政支持对企业创新影响相反的结果。虽然主流观点强调了政府在市场缺陷背景下进行干预的潜在好处，但也有研究考虑到了政府直接财政支持对组织内部资源配置效率产生的负面影响（Rangan et al.，1991；Shleifer & Vishny，1994；Amezcua et al.，2013）。现有研究为政府财政支持在文化创意产业中的有效性提供了理论基础。然而，文化创意产业创新的特殊性表明，有必要探索该特定领域内创新的具体决定因素（Tommaso et al.，2017）。因此，对文化创意产业创新政策的研究需要考虑到文化产品和创意生产的复杂性（Oakley，2009）。基于这一逻辑，本章假设政府研发资助政策与文化创意企业创新之间存在非线性关系。

首先，市场不完善的特点为政府研发资助政策提供了理论依据。如上所述，文化创意产业的创新提供了市场机制无法保障的非私人利益。例如，新的艺术或其他创意产品给人们带来了无论是否付费都会体验到的好处。此外，文化创意产业的创新和创造性投入可以支持其他多个行业的创新（Cooke & Propris，2011）。相应地，文化创意产业提供了无法通过市场获取的公共利益。因此，市场的不完善，使文化创意企业可能在研发方面存在投资不足的问题。市场失灵为政府的支持提供了理由，政府研发资助政策的作用是纠正这种负面的外部效应，并提供必要的资源来驱动创新。Dimos 和 Pugh（2016）认为，政府研发资助政策可以补贴当地公司，并激励这些公司进行更多的研发投资。因此，政府研发资助政策可能会推动私人对文化创意产业的研发投资。

其次，来自政府研发资助政策的资源可以给文化创意企业带来资源缓冲效果（Jourdan & Kivleniece，2017）。资源缓冲是指政府通过提供无须企业回报的关键资源，帮助文化创意企业免受环境变化的威胁和不确定性的影响（Chapman & Hewitt-Dundas，2018）。如上所述，文化创意产业的创新必须面对不同创意组合的不确定性以及动态市场的不确定性（Tommaso et al.，2017）。由于公司一般存在风险规避和财务限制，这些不确定性可能会阻止公司投资那些创新性较高但风险也较大的项目，导致创新资源分配次优（Bronzini & Piselli，2016；Beck et al.，2016）。在这种情况下，来自政府研发资助政策的资源允许目标公司实现更快速的资源存量积累，使它们更好地应对与创新相关的不利的不确定性。公司可以利用这些资源作为应急储备，在创意产品的快速淘汰与迭代、技术不确定性和快速变化的市场等不利情形下，保持较高的研发投入水平。例如，Jourdan 和 Kivleniece（2017）指出，公共支持帮助法国电影行业的当地制片人提高了企业资源地位和创新率。具体来说，政府研发资助政策可能会鼓励文化创意企业采取更具挑战性和创新性的项目（Wanzenböck et al.，2013）。因此，这种缓冲效果在支持高风险但仍有前途的尖端创新方面的意义更为深远。这种效应在中国尤为重要，因为中国政府控制着大量的稀缺资源，如银行贷款和补贴，相比私人投资者，对企业创新的支持和促进意义更加重大（Faccio，2006）。

此外，政府对文化创意产业的直接资助，还体现在帮助行业建立相关研究设施方面，包括创业、技术和社会支持结构的基础设施（Boeing et al.，2016）。这些设施可能会吸引更多的公司聚集在一起，建立文化创意产业园区。例如，上海通过创意产业项目建立了大约 20 个"创意公园"，目的是推动创意产业的创新。当相关的文化创意产业集聚时，公司之间通过联系产生了一个创新环境，这里有创新的文化和创意、模式和对象（O'Connor & Gu，2006）。此外，文化创意产业区可以促进工业规模生产与文化或创意内容的结合，这被认为会促进创新文化的生产和对创意产品的积极消费（Galloway & Dunlop，2007）。

但是，研究人员还注意到，在特定情况下，政府研发资助政策可能无法有效发挥作用（Zheng et al.，2015）。对于承担政府研发资助政策的文化创意企业来说，以下情况将会降低政策的实施效率：

第一，在接受补贴的同时，企业可能还需要承担政府干预和寻租活动的成本。因此，可能会扰乱项目的正常实施。在这种情况下，公司可能会更多地投资于能够满足政府要求的项目，而不是那些具有高创意内容的项目。

第二，政府的干预可能会导致挤出效应（Dixit，1997）。即使政府为那些得不到政府资助就不会启动的项目划拨资金，文化创意产业中企业仍然可以简单地用政府资助替代原来计划进行的研发投资（Marino et al.，2016）。受到财政支持的企业可以直接使用政府补贴来投资研发项目。在这种情况下，政府研发资助政策并不会增加文化创意产业的创新总量。此外，除了受到政府资助的研发项目，企业也可以将部分政府资金用于非研发目的，导致企业在其他部门的投资被部分挤出（Boeing et al.，2016）。

第三，公共资源的投入在一定程度上扭曲了组织资源的分配。换言之，政府研发资助政策中缺乏基于清晰价值目标的治理可能导致文化创意企业内部资源分配不理想。Boeing 等（2016）认为，由于企业通过"非市场交换机制"从政府获得资金，相关的监督、管理机制相对薄弱，从而影响到补贴的企业资源分配的潜在激励机制和效率。因此，政府研发资助政策会在一定程度上导致企业内部资源分配效率降低。例如，受到政府资助的电影制片人在评估创新项目时可能会使用更宽松的标准，甚至偏向一些创新价值低的项目。资源配置效率低下也会对企业创新产出产生负面影响甚至由于企业和政府机构之间存在信息不对称，政府通常很难判断企业内部是否存在"资源次优分配"。因此，政府研发资助政策可能不像预期的那样有效。

上述论点为探究政府研发资助政策对文化创意企业创新的积极和消极影响提供了线索。一方面，政府研发资助政策为文化创意企业提供了获取政府资源和信息的途径，使其更容易应对创新活动中的风险，从而提高了创新绩效。另一方面，"挤出效应""资源次优分配"都导致生产效率低下，表明政府研发资助政策会对企业创新产生负面影响。为了进一步说明上述正反两个方面的关系，本章遵循 Haans 等（2016）的研究方法，假设了政府研发资助政策与企业创新之间的曲线关系。具体来说，当企业获得更多的外部资金时，政府资源的边际价值和缓冲效应会降低。与此同时，随着企业通过"非市场交换机制"获得更多的政府资金，生产效率低下问题变得越来越严重。因此，政府研发资助政策的正效应增速逐渐放缓，而负效应迅速上升。上述作用的结合导致了政府研发资助政策和企业创新之间的倒"U"形关系。

基于以上论证，本书认为，在政府研发资助政策水平较低时，资源积累效应和资源缓冲效应是明显的，政府研发资助政策对企业创新绩效有积极影响。然而，当政府研发资助程度超过一定的阈值，其可能带来的挤出效应和资源分配效率低下更加明显，将抵消资源积累的积极影响。因此，本章假设政府研发资助政策对企业创新绩效的积极影响在超过一定阈值时下降。

基于以上讨论，本章提出以下研究假设：

H5.1：政府研发资助政策与文化创意企业的创新活动呈倒"U"形关系。

三、政府研发资助政策的类型：中央和地方政府研发资助政策

越来越多的研究者注意到，文化创意产业在不同地区的资源分布并不均衡（Cooke & Lazzeretti, 2008）。例如，我国某些省份的文化创意产业区（如北京798艺术区、上海张江高科技园区）正在快速增长，而在内陆省份，吸引或保留文化创意产业区的能力有限。Pratt（2011）认为，由于不同地区文化创意产业聚

集存在的差异，相关政策必须进行调整以适应当地的实际情况。因此，很多国家都启动了中央层面和地方层面的差异化政策，以支持文化创意企业创新。具体来说，中央级的政策旨在为文化创意产业创新提供总体框架，而地方级的政策考虑了影响企业创新的地方因素（Doh & Kim，2014）。

此外，Kong（2014）也讨论了政策在促进当地文化发展中的作用。他认为，政府在设计政策时需要考虑到当地历史和文化的细微差别。也就是说，政策应注意到不同地区的发展特征和文化模式的差异，同时还要认识到两者的共性，并通过适当的政策工具调整共性和区别的关系。因此，地方级的政策应考虑更多的地方文化特色，而中央级的政策应进一步解决不同地区的共性。中央政策和地方政策相结合，有助于深入推进前沿文化创意产业创新和地方文化发展的相对平衡。

按照这一逻辑，中央政府和地方政府在设计和交付政府研发资助政策方面有不同的政策目标，以鼓励企业参与文化创意产业的不同创新技术和研究。因此，在判断政府研发资助政策与文化创意企业的创新绩效之间的关系时，有必要区分中央政府和地方政府的作用。因此，本章将区分中央政府创新资助政策和地方政府创新资助政策，并希望评估各级政府形成的研发资助政策产生的不同影响。基于上述论证，本章遵循 H1，在研究非线性关系时进一步考虑了地方政府研发资助政策和中央政府研发资助政策，并提出以下研究假设：

H5.1a：地方政府研发资助政策与文化创意企业的创新活动呈倒"U"形关系。

H5.1b：中央政府研发资助政策与文化创意企业的创新活动呈倒"U"形关系。

四、各级政府研发资助政策对不同类型创新活动的影响

针对政府研发资助政策对企业创新影响的研究很少区分创新的程度，如激进式创新和渐进式创新之间的差别（Tushman & Anderson，1986）。事实上，激进式创新和渐进式创新之间的差异对于创新政策研究至关重要（Jugend et al.，2018）。激进式创新和渐进式创新在创新过程及其对市场和产业结构的影响上都存在差异。激进式创新指的是创新的跳跃性进步，是市场上从未出现的创新产出，而渐进式创新代表的是以往产品取得的渐进式进步（Atuahene et al.，2005）。激进式创新具有改变市场结构、推动一个行业前沿技术发展的潜力。激进式创新往往比渐进式创新的成本大、风险高，因为它一般需要全新的、对于企

业而言完全不熟悉的知识。此外，由于激进式创新往往需要大量的先期投资，企业需要为此类项目提供必要的资金。然而，考虑到激进式创新更高的风险和不确定性，企业可能更加难以找到外部资金以帮助其投入研发。因此，在研发方面的投资不足可能会在激进式创新中更为明显，从而导致激进式创新和渐进式创新的次优分配。因此，政府应该利用不同类型的政府研发资助政策来支持这两种类型的创新。

激进式创新和渐进式创新的区别在文化创意产业中也有非常明显的体现。Dosi（1982）、Tschmuck（2003）认为，文化创意产业的渐进式创新体现为，在现有的创造性轨迹中将文化和美学产物与技术因素相结合，激进式创新由于革命性的变革而出现在传统文化范式之外。激进式创新引入了文化和创意产品，从根本上重新定义了产品对消费者的意义。这种创新打破了既定的风格和传统，破坏了一个行业的社会和经济结构，并呼吁通过建立新的社会文化制度来融合新的文化范式和创造性的轨迹。因此，文化创意产业的激进式创新导致了高度的不确定性。例如，留声机行业被商业广播、摇滚美学革命和互联网上的数字音乐三波激进式创新所颠覆。这些创新导致了新的文化范式和创造性的轨迹，引发了留声机行业的创造性破坏（Schumpeter，1934）。由于与激进式创新较高的不确定性，文化创意企业经常积极地反对这种创新。因此，在文化创意产业，政府需要提供政策激励措施，以刺激来自当前创造性轨迹之外的激进式创新的兴起。

另外，文化创意产业的渐进式创新为确保现有文化或创意产品的小规模改进，帮助其保持或改善竞争地位至关重要。此外，渐进式创新在使文化或创意产品适应客户日益渴望的新功能或增强功能方面也有重要的作用。因此，激进式创新和渐进式创新都是一家企业在文化创意产业领域取得成功的重要的决定因素。由于激进式创新和渐进式创新的性质不同，区分这两种创新是研究政府研发资助政策效果的一个重要方面。由于中央政府研发资助政策和地方政府研发资助政策的目标不同，本书假设它们对这两种创新有不同的影响。

Qian 和 Roland（1998）、Lester 等（2008）认为，由于中央政府和地方政府的资源可用性和配置模式不同，中央政府研发资助政策和地方政府研发资助政策为企业带来的积极作用及相应的治理结构也不同。地方政府的权力、职责和支出受限于其特定的管辖区，有更强的地区特征和资源聚焦性（Trounstine，2009）。相比之下，中央政府拥有更广泛的权力和责任，并具备更丰富的资源。地方政府和中央政府在相互依赖性、响应性和资源方面的差异造成了企业参与的项目的异质性（Qian & Weingast，1997）。

本章首先强调了中央政府研发资助政策的作用，中央政府的全国性职责和资源筹集能力为他们提供了更大的权力和更多的资源获取途径（Li et al.，2018）。因此，中央政府研发资助政策比地方政府研发资助政策提供给企业的资金更多。但与此同时，这样的项目在企业创新方面的要求也更高。按照这一逻辑，中央政府研发资助政策可能会激励文化创意企业更好地实现激进式创新。激进式创新涉及高风险的创意与高探索成本，回报周期更长。中央政府研发资助政策使文化创意企业能够获得必要的财政资源，缓冲企业由激进式创新相关的高成本和高风险带来的冲击。中央政府研发资助政策也有助于企业吸引合格的研发人员，并对激进式创新所必需的外部知识来源进行深入搜索（Luo & Gale，2010）。

此外，中央政府研发资助政策和地方政府研发资助政策在目标方面存在显著的差异。中央政府研发资助政策本质上是战略和长期投资，支持的是在技术和市场方面都具有回报的先进技术。因此，中央政府研发资助政策通常资助的是非常具有挑战性的项目，这些项目旨在获得突破性的创新成果，涉及更为核心和尖端的技术突破。总的来说，中央政府基本上是一个"总指挥"，指导企业对先进技术的研发。因此，企业可以用一种受到干预较少的方式开展创新。这鼓励了更大范围的创新活动，允许更多的探索性行为，对激进式创新至关重要。

因此，本书认为，中央政府研发资助政策比地方政府研发资助政策能更有效地促进企业的激进式创新。从这些角度来看，本章提出了以下研究假设：

H5.2a：与地方政府研发资助政策相比，中央政府研发资助政策对文化创意企业激进式创新的影响更大。

首先，Oakley（2009）认为，尽管地方政府在制定文化创意产业发展政策方面仍然发挥着重要作用，但地方政府研发资助政策的目标和治理结构限制了它们在激进式创新方面的有效性。Zheng 等（2009）认为，企业与地方政府之间更大的相互依赖关系将导致地方政府研发资助政策对企业设定更具体的法规和约束。因此，企业在接受地方政府研发资助时，必须遵守地方政府的法规和政策。地方政府研发资助政策对资助项目的监管要求，使企业不得不关注更加"狭窄"的创新领域，从而限制了企业进行更多的探索，致使企业发起更多的渐进式创新，而不是激进式创新。另外，地方政府也更加关注企业创新产出的市场价值，而非知识价值（Ritala & Hurmelinna-Laukkanen，2013）。地方政府研发资助政策更大的特异性和即时性在促进激进式创新的发展方面效果较差。

其次，Walder（1995）认为，地方政府直接体会到在当地就业和在其辖区经营的公司产生的税收所带来的价值。因此，地方政府比中央政府有更大的动力，使其研发资助政策与当地需求和当地工业升级的目标相一致。Chen 和 Ku（2014）认为，我国东部省份的地方政府研发资助政策被应用于加强各种类型的有高附加值的文化创意产业的发展和创新，如数字媒体和软件开发；而中西部省份的地方政府研发资助政策强调发展具有优势的文化创意产业，如文化旅游。因此，地方政府研发资助政策的目标在于逐步实施渐进式产业升级，以应对本地区特定的市场需求和经济发展趋势。因此，本章认为，地方政府研发资助政策比中央政府研发资助政策更有效地促进企业的渐进式创新。

基于以上讨论，本章提出了以下研究假设：

H5.2b：与中央政府研发资助政策相比，地方政府研发资助政策对文化创意企业渐进式创新的影响更大。

五、知识存量的调节作用

Martin 等（2011）认为，拥有不同知识基础的行业在执行创新政策方面也存在不同。知识基础在文化创意产业中的作用越来越受到学术界和政策领域的关注（Scott，2006）。Martin 和 Trippl（2014）认为，文化创意企业的创新依赖于特定的知识储备，这些知识储备已嵌入服装或家具等物质产品和图像、设计、文化制品等无形产品中。因此，本章假设政府研发资助政策对企业文化创意产业创新的影响取决于企业的知识存量。

首先，政府研发资助政策对企业激进式创新的影响可能会因其更强的知识存量而得到加强。基于知识基础观，拥有更多的知识储备有助于对新信息的理解，会提高企业搜索激进式创新远程机会的能力（Chesbrough，2003）。因此，拥有更多知识存量的企业可能对激进式创新有更强的战略信念，这会指导企业将政府研发资助更多地用于激进式创新项目（Vecchiato，2017）。此外，一家企业的知识存量决定了它的调动、整合、重组和重新部署资源的能力（Barney，1991）。因此，更多的知识存量增加了公司综合利用政府研发资助政策资源的能力，以产生知识要素和前沿创新的新组合（Yayavaram & Chen，2015）。因此，一个公司的知识存量加强了政府研发资助政策对公司激进式创新的缓冲作用。

Shamsie 等（2009）认为，高知识存量有可能保护企业在资源配置中不受政策约束，并在其既有的知识积累水平上，进一步提高创新能力。例如，一个拥有独特的内部剧本分析知识的电影制片商可能会建立更优化的、专有的电影项目放映机制，从而更好地利用政府研发资助政策带来的资源，提高创新表现。此外，更多的知识存量减少了企业对外部资源的依赖，从而帮助企业减少政府干预政府研发资助政策所带来的压力（Pfeffer & Salancik，1978）。

因此，一家企业的知识存量加强了政府研发资助政策的缓冲作用，并保护公司免受政府研发资助政策的不利影响。因此，本章假设先验知识存量强化政府研发资助政策与文化创意企业的激进式创新之间的关系。因此，本章提出了以下研究假设：

H5.3a：中央政府和地方政府两类不同层级的政府研发资助政策与企业的激进式创新之间的倒"U"形关系因其知识存量而得到加强。

同样，政府研发资助政策对企业渐进式创新的影响也因其知识存量而得到加强。如上所述，更多的知识储备不仅增加了企业对创新的承诺，而且还增强了企业利用、重组和部署外部资源以提高创新绩效的能力（Cohen & Levinthal，1990）。因此，企业可以更有效地将政府研发资助政策的资源分配到其现有的专业领域，并利用这些资源进行更多的开发性创新（Zhou & Li，2012）。此外，更多的知识存量使企业能够了解客户已有的和潜在的需求，从而帮助其进行更有效的资源开发。换言之，企业可以应用市场知识和政府研发资助政策来增强现有资源的价值并满足特定需求，从而提高创新绩效（Galbraith et al.，2017）。因此，更多的知识存量加强了政府研发资助政策对企业渐进式创新的缓冲作用。

因此，本章提出了以下研究假设：

H5.3b：中央政府和地方政府两类不同层级的政府研发资助政策与企业渐进式创新之间的倒"U"形关系通过其知识存量得到加强。

第二节 研究方法

一、数据收集

本章利用科学技术部收集的创新公司数据库，对研究假设进行了检验。该数据库收集了被科学技术部认定为"创新型企业"的公司数据，该数据库涵盖了公司名称、地址和联系方式等基本信息以及业务性质和范围、主要产品和服务、创新活动、网络活动等。

2006 年，科学技术部、国务院国有资产监督管理委员会和中华全国总工会共同启动了创新型企业试点工作。该项目利用研发支出、新产品收入百分比、创新组织、生产力等评价因素，向中国企业提供创新型企业认证。所选的企业从大型国有企业覆盖到私营高科技企业，数据库中的许多公司在创新过程中都采用了政府研发资助政策。此外，每年通过科学技术部认证的创新企业的数量都在发生变化。这些企业并不是永久性被选中的，而是每年都要接受评估，不符合创新型企业标准的公司将被从项目中删除。

本章选取设计和工程服务业，文化、娱乐及相关制造业，以及商业服务业（软件服务、居民服务及相关服务）中的公司作为样本。此外，删去了一些统计条目中不完整的样本。最终获得了 500 多家文化创意产业公司 3 年面板数据（2009~2011 年），共计 1507 个样本。本章利用面板数据模型对这些研究假设进行了检验。

二、测量

1. 激进式创新和渐进式创新

本书区分了激进式创新和渐进式创新，以检验企业在文化创意产业中的创新表现。按照 Tether 和 Tajar（2008）的做法，使用对国内、国际市场而言是新产品的产品销售收入衡量激进式创新，使用只对公司内部而言是新产品的产品销售收入衡量渐进式创新。

2. 地方政府研发资助政策和中央政府研发资助政策

本书采用各公司每年接受的国家级科技项目资助总额衡量中央政府研发资助政策，以各公司每年接受的省级科技项目资助总额衡量地方政府研发资助政策。

3. 知识存量

本书根据 Gatignon 和 Xuereb（1997）、Song 等（2005）的方法，使用各公司每年拥有的专利数量衡量公司的先验知识存量。

本书还控制了一些可能影响公司创新绩效的变量。

4. 行业影响

Leiponen 和 Drejer（2007）认为，行业的异质性对公司创新将会产生影响。具体来说，文化创意产业中的不同部门在创新过程方面会采用不同的模式（Müller et al.，2009）。因此，本书在模型中控制了行业效应，设置了 2 个虚拟变量（行业 1 和行业 2）来衡量行业效应。具体来说，行业 1 表示设计和工程服务产业，行业 2 表示文化、娱乐及相关制造产业。

5. 企业规模

企业规模是影响企业行为和决策的一个重要属性。例如,Schumpeter (1934) 认为,规模大的企业有更强的资源基础,在市场营销和研发方面有更丰富的经验,投资新技术的财务限制更少,并更能够承担开展创新活动所带来的风险。然而,Audretsch 和 Acs (1991) 认为,规模小的企业倾向于为每个员工开发更多的创新。因此,本书通过在模型中加入员工总数(用变量 Staff 表示)来控制企业规模造成的影响。

6. 企业所有权

中国的制度结构不同于发达国家和其他发展中国家。国有企业的所有权有一些特殊类别,包括国有独资企业和集体所有制企业。由于国有企业与政府关系密切,国有企业可能会优先获得政府资源(Zhou et al.,2017)。因此,本书控制了企业所有权(SOE,是否为国有企业),以确保对政府研发资助政策的作用进行更加保守的估计,并消除国有企业因享受优惠待遇而造成的影响。

7. 是否获得高科技企业认证

在我国,被认定为高科技企业的企业更容易获得优惠政策。因此,本书控制了这一变量,即一家企业是否被认定为高科技企业这个因素。

三、模型

本章采用分层调节回归来检验研究假设中的关系,并对变量进行了标准化,以尽量减少可能存在的多重共线性,并比较自变量的系数,使用 Stata13.0 软件检验回归模型。

此外,本章还讨论了反向因果关系,即政府可能会挑选绩效更高的企业进行资助(Zheng et al.,2015)。本章采用两阶段工具变量回归的方法来评估政府研发资助政策可能存在的内生性。第一阶段模型使用以下工具变量来衡量可能影响企业获得政府研发资助政策数量的因素:FisRate 表示用于企业所在省份财政支出占 GDP 的百分比,Trademark 是指国家工商行政管理局授予各企业的著名商标的数量。

表 5-1 是描述性统计和相关性分析,显示了变量间的相关关系,如中央政府研发资助政策和地方政府研发资助政策与激进式创新呈正相关(rCGFP = 0.157,$p<0.01$;rLGFP = 0.113,$p<0.01$),以及与渐进式创新的关系也是如此(rCG-FP = 0.197,$p<0.01$;rLGFP = 0.085,$p<0.01$)。

企业动态能力论：行动者的战略视角

表5-1 描述性和相关性分析

Variables	1	2	3	4	5	6	7	8	9	10
Radical innovation	1.000									
Incremental innovation	0.106***	1.000								
CGFP	0.156***	0.195***	1.000							
LGFP	0.113***	0.085***	0.236***	1.000						
Knowledge Stock	0.360***	0.283***	0.291***	0.134***	1.000					
Size	0.294***	0.359***	0.407***	0.109***	0.556***	1.000				
Certificated	-0.207***	-0.159***	-0.088***	-0.069***	-0.139***	-0.301***	1.000			
SOE	0.012	0.027	0.024	-0.041	0.070***	0.050*	-0.032	1.000		
Industry1	-0.013	-0.044*	-0.056**	-0.051**	-0.069***	-0.130***	0.133***	-0.090***	1.000	
Industry2	0.024	0.020	0.007	0.028	0.052**	0.007	0.050*	0.087***	-0.770***	1.000
Mean	52.933	21.980	15.665	11.148	4.265	273.361	0.738	0.474	0.613	0.272
Std. dev.	243.820	126.260	89.443	58.497	13.078	1052.552	0.440	0.499	0.487	0.445

注：*、**、***分别表示在10%、5%、1%的水平下显著。

表 5-2　回归分析

	Radical Innovation				Incremental Innovation			
	模型 1	模型 2	模型 3	模型 4	模型 5	模型 6	模型 7	模型 8
Controls								
Staff	0.267***	0.0875***	0.0455	N/A	0.346***	0.244***	0.129***	0.250***
	(10.37)	(2.79)	(1.29)		(13.63)	(7.70)	(3.77)	(7.86)
Certificated	−0.354***	−0.355***	−0.367***	N/A	−0.150**	−0.147**	−0.184***	−0.144**
	(−5.94)	(−6.15)	(−6.39)		(−2.54)	(−2.52)	(−3.29)	(−2.46)
State-owned enterprises	−0.0107	−0.0296	−0.0330	N/A	0.0153	0.00563	−0.00418	0.00562
	(−0.22)	(−0.62)	(−0.70)		(0.32)	(0.12)	(−0.09)	(0.12)
Industry1	0.330***	0.277***	0.235***	N/A	0.128	0.107	0.0213	0.111
	(4.03)	(3.49)	(2.99)		(1.59)	(1.34)	(0.28)	(1.39)
Industry2	0.346***	0.265***	0.252***	N/A	0.153*	0.113	0.0884V	0.119
	(3.91)	(3.08)	(2.96)		(1.75)	(1.30)		(1.37)
Direct effect								
$CGFP^2$		−0.136**	0.0558	N/A		−0.176***	0.205***	−0.170***
		(−2.44)	(0.88)			(−3.11)	(3.30)	(−3.01)
CGFP		0.149**	−0.0998	N/A		0.218***	−0.310***	0.212***
		(2.49)	(−1.34)			(3.60)	(−4.25)	(3.49)
$LGFP^2$		−0.0485	−0.0743	N/A		−0.171***	−0.233***	−0.0567
		(−0.86)	(−1.33)			(−3.00)	(−4.26)	(−0.45)
LGFP		0.0834	0.117**	N/A		0.165***	0.249***	0.0416
		(1.47)	(2.06)			(2.88)	(4.48)	(0.49)
Knowledge stock		0.267***	0.233***	N/A		0.0969***	0.0319	0.0772**
		(9.24)	(8.03)			(3.32)	(1.13)	(2.54)
Moderating effect								
Knowledge stock×								
$CGFP^2$			−0.582***					−1.076***
			(−5.94)					(−11.27)
CGFP			0.682***					1.348***
			(6.05)					(12.29)
$LGFP^2$				N/A				−0.169
								(−1.39)

续表

	Radical Innovation				Incremental Innovation			
	模型1	模型2	模型3	模型4	模型5	模型6	模型7	模型8
LGFP				N/A				0.187**
								(2.23)
_cons	−0.0300	0.0343	0.0736	N/A	−0.0170	0.00946	0.101	0.00289
	(−0.37)	(0.43)	(0.93)		(−0.21)	(0.12)	(1.31)	(0.04)
N	1507	1507	1507	N/A	1507	1507	1507	1507
R^2	0.112	0.174	0.194	N/A	0.134	0.156	0.234	0.159
Hausman	0.9014	0.7159	0.7596	N/A	0.3187	0.4546	0.4140	0.5037
Chi^2	189.63	314.89	359.46	N/A	231.42	277.43	456.98	284.47

第三节　研究结果

如表5-2所示，模型1和模型5是基准模型，模型2估计了政府研发资助政策（中央政府研发资助政策/地方政府研发资助政策）与激进式创新之间的关系，模型6估计了政府研发资助政策（中央政府研发资助政策/地方政府研发资助政策）与渐进式创新之间的关系。模型3至模型4和模型7至模型8包含了企业知识存量的调节作用。模型（M1~M8）如下（KS为知识存量的缩写）：

H1a and H2a：Radical Innovation$_{i,t}$ =

Step 1（M1）：$\alpha_0 + \beta_1 \text{Staff}_{i,t} + \beta_2 \text{Certificated}_{i,t} + \beta_3 \text{SOE}_{i,t} + \beta_4 \text{Industry1}_{i,t} + \beta_5 \text{Industry2}_{i,t}$

Step 2（M2）：$+\beta_6 \text{CGFP}_{i,t} + \beta_7 \text{CGFP}_{i,t}^2 + \beta_8 \text{LGFP}_{i,t} + \beta_9 \text{LGFP}_{i,t}^2 + \beta_{10} \text{KS}_{i,t} + \varepsilon_1$

H1b and H2b：Incremental Innovation$_{i,t}$ =

Step 1（M5）：$\alpha_0 + \beta_1 \text{Staff}_{i,t} + \beta_2 \text{Certificated}_{i,t} + \beta_3 \text{SOE}_{i,t} + \beta_4 \text{Industry1}_{i,t} + \beta_5 \text{Industry2}_{i,t}$

Step 2（M6）：$+\beta_6 \text{CGFP}_{i,t} + \beta_7 \text{CGFP}_{i,t}^2 + \beta_8 \text{LGFP}_{i,t} + \beta_9 \text{LGFP}_{i,t}^2 + \beta_{10} \text{KS}_{i,t} + \varepsilon_2$

H3：Radical Innovation$_{i,t}$ =

（M3）：$\alpha_0 + \beta_1 \text{Staff}_{i,t} + \beta_2 \text{Certificated}_{i,t} + \beta_3 \text{SOE}_{i,t} + \beta_4 \text{Industry1}_{i,t} + \beta_5 \text{Industry2}_{i,t} + \beta_6 \text{CGFP}_{i,t} + \beta_7 \text{CGFP}_{i,t}^2 + \beta_8 \text{LGFP}_{i,t} + \beta_9 \text{LGFP}_{i,t}^2 + \beta_{10} \text{KS}_{i,t} + \beta_{11} \text{CGFP}_{i,t} \times \text{KS}_{i,t} + \beta_{12} \text{CGFP}_{i,t}^2 \times \text{KS}_{i,t} + \varepsilon_3$

（M4）：$\alpha_0 + \beta_1 \mathrm{Staff}_{i,t} + \beta_2 \mathrm{Certificated}_{i,t} + \beta_3 \mathrm{SOE}_{i,t} + \beta_4 \mathrm{Industry1}_{i,t} + \beta_5 \mathrm{Industry2}_{i,t} + \beta_6 \mathrm{CGFP}_{i,t} + \beta_7 \mathrm{CGFP}^2_{i,t} + \beta_8 \mathrm{LGFP}_{i,t} + \beta_9 \mathrm{LGFP}^2_{i,t} + \beta_{10} \mathrm{KS}_{i,t} + \beta_{11} \mathrm{CGFP}_{i,t} \times \mathrm{KS}_{i,t} + \beta_{12} \mathrm{LGFP}^2_{i,t} \times \mathrm{KS}_{i,t} + \varepsilon_4$

H3：$\mathrm{Incremental\ Innovation}_{i,t} =$

（M7）：$\alpha_0 + \beta_1 \mathrm{Staff}_{i,t} + \beta_2 \mathrm{Certificated}_{i,t} + \beta_3 \mathrm{SOE}_{i,t} + \beta_4 \mathrm{Industry1}_{i,t} + \beta_5 \mathrm{Industry2}_{i,t} + \beta_6 \mathrm{CGFP}_{i,t} + \beta_7 \mathrm{CGFP}^2_{i,t} + \beta_8 \mathrm{LGFP}_{i,t} + \beta_9 \mathrm{LGFP}^2_{i,t} + \beta_{10} \mathrm{KS}_{i,t} + \beta_{11} \mathrm{CGFP}_{i,t} \times \mathrm{KS}_{i,t} + \beta_{12} \mathrm{CGFP}^2_{i,t} \times \mathrm{KS}_{i,t} + \varepsilon_5$

（M8）：$\alpha_0 + \beta_1 \mathrm{Staff}_{i,t} + \beta_2 \mathrm{Certificated}_{i,t} + \beta_3 \mathrm{SOE}_{i,t} + \beta_4 \mathrm{Industry1}_{i,t} + \beta_5 \mathrm{Industry2}_{i,t} + \beta_6 \mathrm{CGFP}_{i,t} + \beta_7 \mathrm{CGFP}^2_{i,t} + \beta_8 \mathrm{LGFP}_{i,t} + \beta_9 \mathrm{LGFP}^2_{i,t} + \beta_{10} \mathrm{KS}_{i,t} + \beta_{11} \mathrm{LGFP}_{i,t} \times \mathrm{KS}_{i,t} + \beta_{12} \mathrm{LGFP}^2_{i,t} \times \mathrm{KS}_{i,t} + \varepsilon_6$

首先，使用 Hausman 检验来确定是否使用固定效应或随机效应面板数据模型。Hausman 检验的结果如表 5-2 所示，均大于 0.05，说明随机效应模型比固定效应模型更合适。因此，本书采用随机效应面板数据模型的方法，估计中央政府研发资助政策和地方政府研发资助政策对激进式创新和渐进式创新的解释力，以及企业知识存量的调节效应。

模型 1 和模型 5 说明了控制变量的影响。如模型 1 和模型 5 所示，企业规模对文化创意企业激进式创新和渐进式创新都有积极的影响，这与 Muller 等（2009）的观点一致，他们认为文化创意产业的大公司在引入创新方面有优势。研究结果还表明，文化创意产业各部门的异质性影响着激进式创新和渐进式创新。具体来说，设计和工程服务产业与激进式创新呈正相关关系，但对渐进式创新无显著影响；文化、娱乐及相关制造产业与激进式创新和渐进式创新均有正相关关系。这一结果表明，文化创意产业在创新绩效方面表现出不同的结果。令人惊讶的是，模型 1 和模型 5 的"获得创新型企业认证"系数都为负，表明被政府认定为高科技企业并不能提高企业在文化创意产业中的创新绩效。这个结果可以解释为文化创意企业明显比其他行业企业更具创新性，产生新思想是文化创意产业的一个关键特征。因此，未被政府认证为高科技企业的文化创意企业仍然积极参与创新过程，并积极提高创新绩效。

H5.1a 和 H5.1b 预测，地方政府研发资助政策和中央政府研发资助政策与企业在文化创意产业中的创新表现存在倒"U"形关系。为了区分激进式创新和渐进式创新，本书使用模型 2 来估计地方政府研发资助政策和中央政府研发资助政策对企业激进式创新的影响，并使用模型 6 来估计地方政府研发资助政策和中央政府研发资助政策对企业渐进式创新的影响。如表 5-2 中的模型 2 所示，中央政府研发资助政策的系数为正且显著（β=0.149，p<0.05），中央政府研发资助政策二次项的系数为负且显著（β=-0.136，p<0.1）。转折点为0.548，表明在达到这一点之前，中央资金与激进式创新绩效有正相关关系，而在这一点之后，变为负相关关系。为了估计H5.1a，本书还考虑了中央政府研发资助政策对企业渐进式创新绩效的影响。如表5-2中的模型6所示，中央政府研发资助政策对增量绩效有积极和显著的影响（β=0.218，p<0.01），而中央政府研发资助政策平方项具有显著的负向影响（β=-0.176，p<0.01），并且转折点是0.619。也就是说，中央政府研发资助政策和渐进式创新之间的倒"U"形关系成立，支持了H5.1a。为了检验H5.1b，本书首先估计了地方政府研发资助政策与企业激进式创新的关系，然后估计了地方政府研发资助政策与企业渐进式创新的关系。如模型2所示，地方政府研发资助政策的系数（β=0.0834，p>0.1）和地方政府研发资助政策平方项的系数（β=-0.0485，p>0.1）不具有显著性，表明地方政府研发资助政策对企业的激进式创新没有显著影响。然而，如模型6所示，地方政府研发资助政策的系数为正且显著（β=0.165，p<0.01），地方政府研发资助政策平方项的系数为负且显著（β=-0.171，p<0.01）。转折点为0.482，表明地方政府研发资助政策与企业的渐进式创新之间存在倒"U"形关系。因此，在H5.1b中，仅地方政府研发资助政策与企业渐进式创新的关系得到了支持。

其次，检验H5.2a和H5.2b。如上所述，地方政府研发资助政策对企业的激进式创新没有显著影响，而中央政府研发资助政策对企业的激进式创新有倒"U"形影响。由此可以得出结论，中央政府研发资助政策对文化创意企业激进式创新的影响大于地方政府研发资助政策，H5.2b得到了支持。然而，当比较中央政府研发资助政策与地方政府研发资助政策对企业渐进式创新的影响时，两者的影响都不总是大于另一种影响；相反，当政府研发资助政策的支出量较小时，地方政府研发资助政策对企业渐进式创新的影响较大，而当政府研发资助政策的支出量较大时，中央政府研发资助政策的影响较大。如图5-1所示，地方政府研发资助政策的倒"U"形关系的对称轴在中央政府研发资助政策的对称轴的左侧。在两条曲线相交前，地方政府研发资助政策对企业渐进式创新的影响更大，而在相交后，中央政府研发资助政策对企业渐进式创新的影响更大。因此，H5.2a并没有得到全部支持。这种不一致性可以归因于我国当前的发展阶段，在这一阶段中，决策者使用各种政策工具来促进企业的技术追赶。因此，中央政府采用创新资助政策来激励企业实现激进式创新和渐进式创新。尽管地方政府研发资助政策具有极大的特殊性和即时性，旨在激励对当地需求的创新，并更有可能增强公司的渐进式创新，但这些类型的项目在涉及少量资金时更有效。相比之下，中央政府的权威和筹资能力使它们能够启动更加大型的项目，如中央政府研发资助政策比地方政府研发资助政策更能有效地激励企业实现渐进式创新。此外，企业可以利用中央政府研发资助政策向全国市场发展更多的渐进式创新，而不是只关注当地的需求。因此，当政府研发资助政策涉及大量资金时，中央政府研发资助政策比地方政府研发资助政策更能有效地增强公司的渐进式创新。

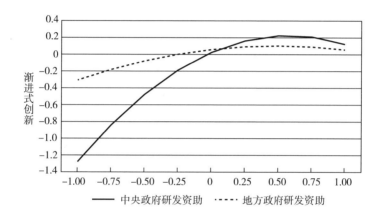

图 5-1 中央和地方政府研发资助政策对企业渐进式创新的影响

H5.3a 和 H5.3b 假设了企业的知识存量对中央政府研发资助政策和地方政府研发资助政策影响的调节作用。模型 3 估计了知识存量对中央政府研发资助政策与企业激进式创新关系的调节作用，模型 7 估计了知识存量对中央政府研发资助政策与企业渐进式创新关系的调节作用。如模型 3 所示，知识存量与中央政府研发资助政策之间的一阶交互作用（β = 0.682，p<0.01）积极影响激进式创新，而它们的二阶交互作用（β = -0.582，p<0.01）与激进式创新呈负相关关系，表明知识存量加强了中央政府研发资助政策对公司激进式创新的积极影响。同样地，模型 7 显示了知识存量与中央政府研发资助政策之间的一阶交互作用（β = 1.348，p<0.01）正向影响渐进式创新，而它们的二阶交互作用（β = -1.076，p<0.01）与渐进式创新呈负相关关系，表明知识存量加强了中央政府研发资助政策对企业渐进式创新的积极影响。为了更深入地了解交互作用的程度，本书沿用 Aiken 等（1991）的简单斜率分析方法，并在图 5-2 和图 5-3 中描绘了这个关

系。本章将知识存量分为低/高两组，并估计了中央政府研发资助政策在这两个层次下对创新绩效的影响。当知识存量较高时，中央政府研发资助政策对激进式创新和渐进式创新有较强的积极作用。当知识存量较低时，激进式创新和渐进式创新的最佳中央政府研发资助政策水平比较适中，而当知识存量较高时，最佳水平就会转移到一个更高的点。这些结果表明，知识存量储备加强了中央政府研发资助政策对激进式创新和渐进式创新的积极作用，支持了 H5.3a 和 H5.3b。

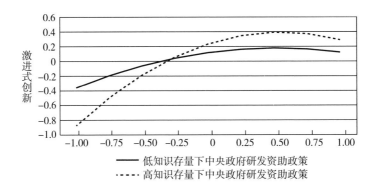

图5-2　知识存量在中央政府研发资助政策与企业激进式创新关系间的调节效应

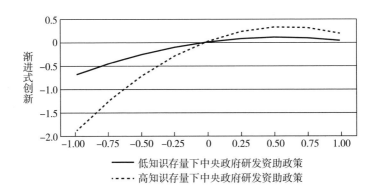

图5-3　知识存量在中央政府研发资助政策与企业渐进式创新关系间的调节效应

由于地方政府研发资助政策对企业创新没有显著影响，没有必要估计知识存量对地方政府研发资助政策与激进式创新关系的调节作用。因此，模型4是没有意义的。本书用模型8来评估知识存量对地方政府研发资助政策与企业渐进式创新之间关系的调节作用。同样地，模型8表明知识存量和地方政府研发资助政策的一阶交互作用（β=0.187，p<0.05）积极影响渐进式创新，而它们的二阶交互作用（β=-0.169，p>0.1）与渐进式创新负相关但不显著，这表明知识存量加强了地方政府研发资助政策对渐进式创新的积极影响。此外，本书再次进行了简单的斜率分析，曲线关系如图5-4所示。当知识存量较高时，地方政府研发资助政策对渐进式创新的积极影响更强。当知识存量较低时，渐进式创新的最佳地方政府研发资助政策水平比较适中，而当知识存量较高时，最佳水平就会转移到一个更高的点。这些结果表明，知识存量加强了地方政府研发资助政策对渐进式创新的积极作用，支持了 H5.3b。

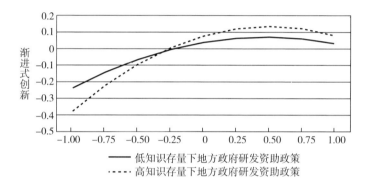

图5-4　知识存量在地方政府研发资助政策与企业渐进式创新关系间的调节效应

此外，为了评估政府研发资助政策可能的内生性和反向因果关系的可能性，即政府研发资助政策可能因其创新业绩而提供给公司，而不是影响业绩，本章采用了以"公司所在省财政支出占 GDP 的百分比"（Howell，2017）和"著名商标的数量"（Zheng et al.，2015）为工具变量的两阶段工具变量法。首先，本书考察了所选的工具变量是否符合标准。所有工具的过度识别测试和弱识别测试结果表明，这些工具是外生的，与自变量相关。然后，本书将地方政府研发资助政策和中央政府研发资助政策的值作为第二阶段模型的主模型，通过 Hausman 检验估计地方政府研发资助政策和中央政府研发资助政策是不是内生性的。Hausman 检验表明，卡方值为 0.85（p=0.997）。因此，本章接受了地方政府研发资助政策和中央政府研发资助政策都是外生性的零假设。

第四节 研究结论和展望

一、研究结论

本书分析了政府研发资助政策对文化创意企业创新绩效中的影响作用。本章以中国文化创意产业相关行业的创新型企业为样本，探讨了中央和地方政府研发资助政策对企业两种创新绩效的影响，以及该影响的边界条件。结果表明，中央政府研发资助政策对企业的激进式创新和渐进式创新都有倒"U"形影响，而地方政府研发资助政策对企业的渐进式创新有倒"U"形影响，但对企业的激进式创新没有显著影响。中央政府研发资助政策和地方政府研发资助政策的影响都受到公司知识存量的调节。这些发现有以下理论贡献和管理启示：

1. 理论贡献

第一，拓展了有关文化创意企业创新的研究，讨论了影响文化创意企业创新的宏观决定因素。Potts 等（2008）、Tommaso 等（2017）讨论了影响文化创意企业创新的微观决定因素，如不同想法的创造性组合，以及与其他部门的创新合作，但很少有实证研究讨论政府资助对文化创意产业中企业创新的影响。本章表明，来自政府研发资助政策的外部资源有助于文化创意企业在开展创新活动时应对资源不足的挑战。因此，政府研发资助政策可以激励文化创意企业进行激进式创新和渐进式创新。这一发现为研究企业创新的多层次驱动因素提供了新的分析基础，基于此，这项研究为进一步细化文化创意企业创新分析框架拓展了思路。

第二，与文化创意企业的创新活动受到企业所属行业的显著影响这一论点相一致，本书有助于阐明行业对企业创新模式的影响。Müller 等（2009）实证分析表明，设计和工程服务部门与激进式创新密切相关，文化娱乐及相关制造部门与激进式创新和渐进式创新都密切相关。这一发现表明，在文化创意产业中，特定部门的公司更有能力开发出更具挑战性的创新。

第三，描述了政府研发资助政策对企业创新绩效的非线性影响。本书利用中国文化创意产业的数据研究发现，政府研发资助政策的累积水平与企业创新绩效存在倒"U"形关系，即在达到一定程度后，政府研发资助政策对创新绩效越来越不利。从理论角度来看，倒"U"形关系表明政府资金对创新绩效的影响是有限的。来自政府研发资助政策的额外资源可以减少不确定性对企业的影响，并促成资源缓冲效应，从而提高创新绩效。然而，增加来自政府的资金可能会降低资源配置效率，并挤出公司原本的私人研发投资。这些影响均削弱了政府研发资助政策的有效性。Amezcua 等（2013）通过理论和实证研究，凭借强调政府资助的"责任"方面，为现有文献做出了贡献。本章详细讨论了政府资助的绩效提升作用和扭曲效应，并对多种复杂机制进行了更详细的描述，这些结论更好地解析了Guo 等（2016）、Marino 等（2016）关于政府资助影响的和相互矛盾的发现。通过将研究置于中国文化创新产业背景下，深化了对创新政策与企业创新绩效之间的冲突关系的理解。

第四，探讨了一个重要的研究主题：政府资助的类型。研究发现，中央级政府和地方级政府的研发资助政策对企业的创新绩效有不同的影响。具体而言，本书研究表明中央政府研发资助政策对企业激进式创新具有倒"U"形影响，而地方政府研发资助政策对企业激进式创新没有影响。这一发现与 Li 等（2018）的观点一致，他们认可中央政府的全国职责和资源筹集能力。相比之下，地方政府与企业之间的相互依赖性使地方政府倾向于采取更多的项目级行政管理活动，这在一定程度上抑制了对激进式创新的探索。这些发现强化了这样一种观点，即国家层次的项目是资助具有挑战性研发项目的主要方案（Li et al.，2018）。在渐进式创新方面，不支持地方政府研发资助政策对企业渐进式创新影响更大的假设。相反，本章研究发现，当政府研发资助政策涉及大量资金时，中央政府研发资助政策比地方政府研发资助政策更能有效地促进企业渐进式创新。这一发现突出了中央政府在促进国家启动大型项目方面的作用，还强调了中央级创新政策和地方级创新政策在激励企业追求不同创新策略方面的相对效应。

第五，揭示了与创新政策影响相关的重要组织内部权变因素。现有文献没有充分强调企业层面因素的作用，但本书揭示了企业知识存量的异质性如何影响创新政策和创新绩效之间的关系。具体来说，拥有大量知识储备的公司具有更强的动态能力，使它们能够更好地协调、探索和利用政府研发资助政策带来的补充资源进行创新活动（Kotabe et al.，2011）。本书的研究结论提供了一个关于政府资金影响的更丰富、更精细的框架模型，说明企业的异质性特征对政府资金有效性的影响。这一发现与文化创意产业高度相关。Tommaso 等（2017）认为，文化创意产业的企业创新依赖于公司特定环境下知识存量。在此基础上，本书进一步证明了知识存量影响政府研发资助政策资源的最佳配置情况。因此，这些发现更有助于研究文化创意企业的知识存量在分配、利用内外部资源进行创新方面所发挥的作用。

2. 管理启示

首先，对于政策制定者来说，本书可以为试图将政府资助或补贴作为政策工具促进文化创意产业的创新活动的国家提供启示。由于政府资助的项目可以帮助文化创意企业实施渐进式创新和激进式创新，政府应设计适当的政策工具，激励文化创意企业实现更多的创新成果。此外，考虑到政府资助的扭曲效应，政策制定者应考虑政府资助的缺点，并将资金分配到最有效的领域，加强对受助公司创新过程的监督。

其次，各级政府应关注不同的发展目标。例如，由于文化创意产业在不同地区分布不均匀，地方政府可以将研发资助政策与当地需求结合起来，并利用地方政府研发资助政策来加强针对当地情况的创新；而考虑到中央政府的全国性职责，中央政府研发资助政策应注重为文化创意产业的创新提供一个总体框架。本章的研究发现对地方政府有不同的政策目标和资源的国家，以及地方政府和公司之间相互依存性更高的国家可能更有意义。

最后，可以为管理者提供启示。管理者应注意到，政府研发资助政策的影响取决于他们的知识基础。因此，企业可以利用政府研发资助政策来补充管理者的知识和资源基础，并实现各种类型的创新。对于政策制定者来说，向知识存量不足的公司分配资金会相对低效。研究结果表明，向低知识存量的公司提供额外的资源，可能会导致较差的创新绩效。

二、研究展望

本章的研究也有一些局限性。例如，还有很多因素会影响政府研发资助政策和企业创新之间的关系。未来的研究应探索更多的政府研发资助政策影响企业创新的边界条件和机制。此外，还可以加强各国政府间合作。各国政府可以更密切地关注全球融资方案的实施，并确保所资助项目的有效性。而且，某些类型的公司可能比其他公司更容易产生激励扭曲效应。因此，未来的研究应更详细地研究政府研发资助政策中治理结构的激励、监督等特征对资助效果的影响。另一个潜在的未来研究方向是可以聚焦受资助公司的性质，并特别关注公司的创新战略与其从政府资金中受益和克服政府资金限制的能力之间的相互作用。

第三篇

产业共荣：动态能力视角的价值共创

本篇基于动态能力视角研究上下游合作伙伴等产业层面的创新活动。第六章基于微观—宏观关系模型，尝试将产业和企业两个层面进行关联与对接，试图构建一个产业升级的跨层次模型，从而揭示产业升级的微观实现机制。第七章研究了不同商业合作伙伴关系与协同创新的影响机制，同时考察了动态能力和技术不确定性的调节效应，揭示不同商业合作伙伴关系与协同创新之间影响关系的边界条件。

第六章　动态能力、双元性战略与
产业升级

本章导读→

　　产业升级是实现经济结构转变的重要方式，然而当前仍缺乏一套较为可行的供政策制订者参考的理论框架。基于微观—宏观关系模型，本章尝试将产业和企业两个层面进行关联与对接，试图构建一个产业升级的跨层次模型，从而揭示产业升级的微观实现机制。具体而言，从双元性理论视角，强调产业升级是一个兼顾对现有产业的开发式创新和对新型产业的探索式创新的过程。在这个过程中，产业中的核心企业需要具备双元性的战略思维和能力，即通过流程、产品升级开发当前产业环节潜力，通过功能和链条升级探索新的产业环节与产业链两个方面平衡的能力，从而带动整个产业的升级和持续竞争优势的构建。

　　近年来，关于中国产业升级的研究文献无论是在国内期刊还是在国际期刊上，都呈明显的增长趋势。一方面，与当前我国产业发展面临的困难和瓶颈相关，即中国作为"世界工厂"和人口大国，以廉价劳动成本、高能耗为主导的粗放型发展模式已经不可持续，加之近年来世界各国对降低碳排放量的普遍关注，中国产业结构升级和增长方式转变已经刻不容缓。另一方面，理论界对中国产业升级的实现机制研究又显得非常不足，未能提出一套较好的可供政策制订者参考的理论框架和方案。

　　对当前文献的回顾可以发现，此方面的研究大体可以分为两类：一类偏重于产业层面，主要通过引入钻石理论（Porter，1980）、全球价值链（Gereffi，1999）和产业升级理论（Humphrey & Schmitz，2000）等，具体研究中国的产业升级路径和方式（张向阳、朱有为，2005）。另一类偏重于公司层面，强调企业或企业网络能力的构建，认为企业是产业升级的微观基础（包玉泽等，2009）。

综合起来，尽管以上两类文献均从一定程度上为地区产业升级提供了借鉴，但也各自存在一些不足：仅从产业层面开展研究，研究产业应当如何做，往往难以落实到实践中。因为产业升级的实践主体是企业，而非抽象的产业，更不是政府、行业协会等监管和协调部门。在产业层面可能正确的事，到公司层面未必如此。仅从公司层面开展研究，则个别企业产品、流程、功能升级的个案不足以代表产业，同时在企业如何与地区产业发展的大方向相对接方面，仍缺乏研究。

在现有研究中，动态能力框架已经成为管理学领域中最活跃的研究主题之一，这一研究领域解释了企业如何应对快速的技术和市场变化（Di Stefano et al.，2010）。Teece（2007）将动态能力定义为允许公司更新资源和资产的组织能力，企业根据需要重新配置它们，以创新和响应市场和商业环境中的变化，动态能力包括感知能力、利用能力以及转型能力，其对于实现公司战略的变化和更新、感知外部产业环境机会十分重要。产业链需要实现升级，产业链中的核心企业如何有效感知和利用机会，以应对威胁进而实现转型发展，是企业必须面临的关键问题。

本章基于 Coleman（1986）的微观—宏观关系模型（Micro-macro Relations Model），尝试将产业和企业两个层面进行关联和对接，构建了一个产业升级的跨层次模型，探讨产业升级的微观实现机制问题。首先，这一模型强调产业链中核心企业的作用，提出产业升级需要营造对核心企业发展有利的环境；其次，这一模型解构了动态能力视角下产业升级的微观机制，为产业的可持续发展研究提供了新的切入点，通过感知能力、利用能力和重构能力识别产业环境中的机会和威胁，激发核心企业双元战略运营，为产业创造增量价值的动态过程；最后，对于当前中国的产业而言，无论是传统产业还是高新产业，核心企业需要具备一种双元性的战略思维和能力，即通过流程、产品升级开发当前产业环节潜力和通过功能和链条升级探索新的产业环节和产业链两个方面平衡的能力，从而带动整个产业链的升级和持续竞争优势。

第一节　文献回顾

一、产业升级相关研究

Porter（1980）根据生产要素对产业竞争优势的重要性，将其分为两类：一类是初级生产要素，包括天然资源、气候、地理位置、非技术与半技术人工、融资等；另一类是高级生产要素，包括现代化通信的基础设施、受过高等教育人才、各大学研究所等。他认为产业的发展一般要经历一个由低到高的过程，开始初级生产要素的优势会占重要的作用，但随着竞争的升级，这一优势将不复存在。产业必须通过提高生产要素的知识含量，以维持产业的活力。因此，产业升级（Industrial Upgrading）的实质是由于经济生产要素禀赋的相对比重随着资本累积及人力资本的提升而变化，并促使产品移向知识、资本较为密集环节的过程。Gereffi（1999）认为，产业升级将使厂商或经济体改进其本身的能力。Humphrey 和 Schmitz（2000）提出了嵌入全球价值链的地方产业网络升级的四种类型：①工艺（过程）升级，通过对生产体系进行重组或采用更优良的技术提高投入产出率；②产品升级，通过引进更先进的生产线，比对手更快地推出新产品或改进老产品；③功能升级，通过获取新功能或放弃现存功能，如从生产环节向设计和营销等利润丰厚的环节跨越；④价值链升级，凭借在一条价值链上获得的知识跨越到另一条价值量更高的价值链。前两种升级类型是对原有产业链环节的深化，后两种升级类型是对产业链环节的创新。

随着全球经济一体化进程加快，产业升级的概念也在不断变化之中，国内一些学者对此做出了新的解释，例如，马传栋（2003）认为，产业升级是指产业由低层次向高层次的转换过程，是一种把各种能动的生产要素始终配置到生产效率最高的有市场竞争力的产品和劳务的产出过程。产业升级还应该包括环保和可持续发展的含义，无论是流程改进还是产品升级，都应关注减排和环保要求，形成循环产业链。

本章认为，中国的产业升级必须从产业层面做出整体规划，综合考虑。中国作为世界的制造工厂和人口大国，目前有大量劳动密集型的企业，它们提供了民众广泛的就业渠道，保证了社会的和谐和稳定。此类企业对于中国这样一个人口大国来说，有其长期存在的合理性。因此，就中国产业升级而言，指的是如何在保持现有产业环节发展的同时，不断提升自身在产业链中的地位，一方面将原来的产业链最底端的生产制造环节做精做优，对应流程和产品升级；另一方面要努力升级到技术研发和品牌建设等高端环节或者转换到全新的价值更高的产业链，对应于功能升级和价值链升级。产业升级需要两者的结合，而非简单的取舍。

二、核心企业在产业升级中的作用

产业是一个企业集合体，而企业之间主要是由市场这只"无形的手"联系在一起的。所以，产业升级最终必须落实到企业的行为中。无论是国家竞争优势理论，还是四种产业升级方式，都强调企业尤其是在产业链中占主导地位的企业（以下简称"核心企业"）的作用。

本章提出的产业链中"核心企业"这一概念需要结合两个方面来理解：一是在过去的几十年中，随着生产和贸易全球化的不断深入，全球价值链出现了前所未有的在空间上的垂直分离和再构（张辉，2004）。这种分散在全球的活动要良好运作必然需要一个总体的协调，这就是 Gereffi（1999）提出的"价值链治理"的概念。这些治理功能由全球价值链的驱动者或主导企业承担，而核心企业是那些拥有可以产生高额收益资源（如产品设计、新技术）的企业。在此基础上，Humphrey 和 Schmitz（2000）将全球价值链上企业之间的关系分为四种类型：基于市场的、平衡网络、俘获网络和等级制的网络。在前两种网络中，产业链上企业之间的关系是对等的，在后两种网络中，企业之间存在影响与被影响、控制与被控制的关系。本章所针对的主要是后两类网络。

二是由于不同环节在空间上的分离，这意味着在全球价值链上存在不同的层级，或同一层级不同的产品系列都可能出现核心企业。对于中国这样的新兴国家企业来说，尽管很难占据全球价值链的高端位置，但在国内和区域市场上，一些领先的企业同样在产业链中扮演着领导角色，占据着产业的核心地位。地区产业升级往往是地方产业网络内的核心企业，能更快地通过频繁的外部联系获取丰富的信息和知识，它们根据所处区域特点和自身特点，逐渐专注于产业价值链的某个或某几个优势环节，而放弃或弱化非核心经济活动。通过由此带来的核心企业的竞争力进一步提升，吸引地方产业网络内其他企业借助区域内频繁的网络联系，纷纷跟进和模仿，出现了地方产业网络整体产业活动基于全球价值链的垂直分离。因此，核心企业作为产业升级的主要任务承载者，其作用的发挥对于产业升级有举足轻重的影响。

综上所述，目前关于产业升级的研究处于与更多的研究理论、时代背景特征进行融合的阶段，关于产业升级的研究还存在一定的缺口：第一，对中国产业升级的实现机制研究不足，未能提出一套较好的可供政策制订参考的理论框架和方案。目前的研究大体可以分为两类：一类偏重于产业层面，此类文献主要通过引入全球价值链和产业升级理论等（Gereffi，1994）。另一类偏重于企业层面，强调企业或企业网络核心能力的构建，认为企业是产业升级的微观基础。第二，缺乏产业升级的微观机制研究。已有的关于产业升级的微观发展机制的研究，往往忽略了动态能力发展机制的适用情境与环境变化，对动态能力视角下的产业升级微观机制涉及较少。

第二节　理论基础和模型建构

Coleman（1986）提出了一个从宏观到微观，再到宏观的跨层次模型，俗称"浴缸"模型，为很多宏观层面的社会现象提供了一个微观的视角，目前已经在社会学、经济学和管理学中得到了广泛的应用。这一模型认为，很多宏观层面的社会现象之间的因果关系都存在微观的作用机制，不揭示这种微观机制，就很难说对这一现象有了透彻的理解。这为学术界发现和论证宏观现象的微观机制提供了一个很好的理论框架。本章认为，在产业升级问题上同样如此，因此借助这一基本框架，提出了产业升级的"浴缸"模型（见图6-1）。

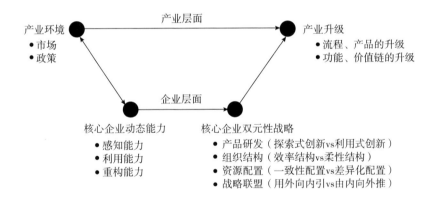

图6-1　产业升级的"浴缸"模型

综上所述，对于当前的中国产业来说，升级并不简单意味着对旧产业的抛弃和新产业的进入，而是既有继承又有创新。如何看待和解决这一看似相互冲突的目标？从公司层面来看，管理学者Tushman & O'Reilly（1996）提出企业需要具备"动态能力"以及"双元性"战略思维和能力，具有动态能力和双元性能力的企业更能够在多变的市场环境中取得竞争优势。因此，本章提出产业中的核心企业应洞察产业发展方向，肩负产业升级的使命，从提升产业升级和竞争能力出发，通过构建动态能力能够创新和响应市场和商业环境的变化，通过感知能力、利用能力和重构能力，识别产业环境中的机会和威胁，激发核心企业通过实施双元性战略，采取双元性行为。进而，核心企业的双元性行为会对整个产业升级起到支持和促进作用。Luo 和 Rui（2009）认为，双元性理论非常适用于中国企业国际化问题，在独具特色的中国文化体系中，更能够理解双元性思维的矛盾双方和谐共处的奥妙之处。虽然双元性理论在国内已经有过一些理论性探讨，但应用还不算广泛。在对此模型作进一步的论述之前，有必要对其进行详细的阐述（凌鸿等，2010）。

一、双元性理论

产业发展需要在发展现有产业和探索新产业二者之中取得一种平衡，从而提升整体竞争力，这与战略管理学家提出的双元性理论的核心内容不谋而合。因此，这一理论为当前中国产业升级提供了一条新的思路。

20 世纪 70 年代，学者发现企业在不断变化的环境中寻求生存和发展的过程中，常常会面临一种困境：企业在实施开发利用现有能力的开发式创新（Exploitative Innovation）与构建全新能力的探索式创新（Exploratory Innovation）方面左右为难。所谓开发式创新，可以理解为基于原有产业的深入挖掘，实现小幅度的、持续的改进，行为特点包括"小幅调整、追求标准化和效率、强调一致性和执行"；探索式创新则关注突破性的、体系性的创新，行为表现为"不断搜索、追求变化和柔性、勇于试验"等（March，1991）。

为了解决探索式创新与开发式创新之间的矛盾，Duncan（1976）最早提出了组织应该同时具备这两种不同能力的观点，并把同时具备这两种能力的组织称为"双元性组织"（Ambidextrous Organization）。当前研究一致表明，双元性企业比非双元性企业表现出更强的竞争力（Gibson & Birkinshaw，2004）。

凌鸿等（2010）对双元性理论脉络进行了回顾和拓展，提出双元性（Ambidexterity）的本质是企业在解决内部两股对立的力量和冲突过程中，兼容并蓄的思维。在一定程度上，双元性就是动态能力的一种具体形式。而随着全球经济一体化的发展，组织间关系日趋密切，竞争也上升到了产业链之间的层面。在这种环境中，单个企业，即便是双元性企业，也已经不能确保企业的生存和发展，因而不得不更多地借力于整个产业链或战略联盟。因此，需要将双元性理论向组织间乃至产业层面扩展，本章正是这样一个尝试，以下对本章的模型作一阐述。

二、产业环境与核心企业动态能力的共演分析

在波特（1980）的竞争战略理论框架中，对于单一企业来说，主要任务是选择一个有吸引力的产业，并在产业中选择有利的位置。后来的战略管理学家虽然更加强调内部资源和能力的重要性，但同样认为产业环境因素如资源互补性、支

持性制度环境对企业动态能力的形成有重要影响，从而构成对其竞争优势的重要影响。在我国，产业环境对企业动态能力构建的影响体现得尤其明显。我国当前正处于转型期，大型跨国公司纷纷进入中国市场，使本地竞争全球化，从而大大加深了环境的不确定性；随着竞争的升级，企业也逐渐认识到了技术研发对竞争优势的重要作用，加之我国政府对自主创新的强调，都逐渐加大了技术的投入力度，技术生命周期明显变短。同时，我国对产业政策发展的主导、对产业的管制政策也是企业在进行产业升级时必须考虑的重要外生变量。归纳起来，在产业环境中存在三个方面的因素，会极大地影响我国企业能力的构建方向和构建效率，即产业结构（供方、需方、生产要素条件）、技术密集度（技术研发投入、技术人才的集聚）、政府产业政策（政府管制、对基础研究的支持力度等），即市场、技术和政策三个方面的因素。与此相对应，企业的动态能力包括多个层面的含义，它是一系列的流程改变和能力升级，帮助企业落实战略、组织、研发和联盟等方面的行动。

首先，产业结构对核心企业动态能力的影响。产业结构主要由五种作用力所决定，它决定着一个产业的进入壁垒、竞争的激烈程度，从而不同行业呈现多种不确定性程度。当外部环境的不确定性程度较大时，企业在进行动态能力构建与发展时就需要谨慎。例如，曾经的半导体行业领先者 RCA 公司由于未能认清晶体管的巨大潜能而衰退，最终不得不退出这一市场；而 Intel 公司正是既有当前技术领先的产品，又通过技术上的不断自我否定，保持了 30 多年的持续领先（Burgelman，1991）。相反，当产业结构较为稳定、产业发展前景相对明朗时，企业需要居安思危，通过更新动态能力打破组织惯性，否则一旦市场中进入不速之客，以其新技术或品牌形象打破原有的竞争规则时，将使企业面临挑战。以手表业为例，这一产业曾经是瑞士手表的一统天下，然而由于瑞士企业固守机械式手表这一传统市场，将石英式手表市场拱手让给了以精工手表 SEIKO 为首的日本企业，而石英式手表在今天已成为大众消费市场的主流，瑞士手表业独占鳌头的日子已经一去不复返（Tushman & O'Reilly，1996）。因此，产业结构因素促使核心企业需要构建动态能力。

其次，技术密集度对核心企业动态能力的影响。技术因素不仅影响组织群体的兴衰，更直接影响微观能力的构建，是环境动荡性的主要来源之一。技术的演化规律是，它并非一直保持连续或突变，而是一段时间的连续辅之以间断性突变，呈现间断式平衡（Punctuated Equilibrium）的特点（Tushman & Anderson，1986）。在技术保持连续性变化的阶段，环境相对比较平稳，现在掌控主导技术的企业将会享受丰厚的回报。在这一环境下，很多企业可能产生自满情绪。但一种新的、突破性技术的出现，将产生如熊彼特所说的"创新性破坏的飓风"，打破原有平衡，推动竞争进入一个新的技术平台（Schumpeter，1934）。这样作为原有核心企业来说，必须未雨绸缪，提前做好准备，做好新技术的扫描，洞察到哪些技术将影响产业的未来发展趋势，感知市场的技术机会和威胁，进而构建动态能力。当一个行业技术密集度较高时，这种突破性技术出现概率将会大大增加，任何企业都不可能躺在原有技术上吃老本，而需要实施动态能力，及时变革。

最后，政府产业政策对核心企业动态能力的影响。政府对竞争的干预不仅体现在反垄断法、价格干预等方面，还会对基础研发的政策提供支持。Porter（1980）认为，决定竞争优势的不是初级生产要素，如劳动力、土地、资本等，而是具有知识含量的现代化通信基础设施、高等教育人才、各大学的研究所等高级生产要素，政府通过对这些高级资源的投资影响产业竞争的基础。而知识和基础设施的政策会对企业的研发行为产生重要影响，是企业吸引人才、寻找下一代技术和产品的"助推器"。一个地区的核心企业可以借助当前的领导地位，利用好政府的产业政策，明确产业导向，提前规划好自己产业的升级步骤，进入价值更高的环节，更好地发挥动态能力的作用。由此，政府的政策也在影响核心企业的动态能力。

企业处于一定的产业环境中，其能力应该与环境相适应。在一定的情况下，核心企业的动态能力可以反过来影响产业环境，与之形成共同演化（Lewin & Volberda，1999）。自动态能力的概念提出以来，有关动态能力概念的研究受到了学者的极大关注（Schilke et al.，2018）。动态能力被定义为允许企业持续建立和更新资源与资产的组织能力，企业根据需要重新配置它们，以创新和响应市场和商业环境中的变化，包括感知能力、利用能力以及转型能力。其对于公司实现战略变化和更新至关重要，对产业环境也有一定的影响。

首先，产业中的核心企业能够通过动态能力实现环境认知，感知到环境变化的威胁，进而为产业中的利益相关者带来利润。当今的外部环境呈现高度的不确定性以及复杂的和难以预测的变化，能否在第一时间感知到环境变化的威胁更显得尤为重要。产业中的核心企业能够通过构建动态能力，快速觉察到潜在的商机和客户需求，从而能抢占先机，并更快地采取措施避免危机、抓住机会。产业链中的其他企业也能增长得更快，最终给产业中的其他利益相关者带来更大的效益。其次，产业中的核心企业能够通过动态能力实现快速学习，进而提高整个产业的学习能力和知识传播效率。产业链中的核心企业通过促进组织中的个人学习、团队学习和组织学习，能帮助组织改变知识结构、产生新知识、实现知识的组织内传播和应用、创造新的经营机会。所以，学习能力比较强的组织，往往沟通更顺畅、工作更富有创意、内部运营更有效，由于知识的扩散效应，更有利于实现产业学习水平的整体提高。再次，产业中的核心企业能够通过动态能力实现创新变革。核心企业通过创新变革能力，能够实现组织结构柔性化，在企业内部能力与环境不匹配时迅速更新。企业的创新变革不仅能帮助企业更新内部能力和经营方式，还能帮助整个产业进行技术创新，因此能够提高产业集群的竞争优势。最后，产业中的核心企业的动态能力增强了产业对不可预测和超竞争环境的有效应对能力。基于构建的动态能力，企业会创造新的产品市场组合（Krijnen，1979）、利用市场力量阻止进入并控制竞争对手（Porter，1980）、转移或复制核心制造技术（Galbraith，1990），以及相对快速地以最少的资源进行转换的能力等，从而提升整个产业链的在战略层面的灵活性。

三、核心企业动态能力对双元性战略的影响

动态能力与组织双元性是密切相关的概念。当今企业面临的一个基本挑战是将不同类型的创新结合起来以获得竞争优势，一个企业共同追求激进式创新和渐进式创新的能力被称为组织双元性。Tushman 和 O'Reilly（1996）认为，动态能力是通过感知、捕捉和重新配置来提高企业竞争力的关键因素，而组织双元性可以理解为一个组织同时开发现有资产和成熟市场，以及探索新技术、商业模式和市场带来的新机遇的能力。目前，关于动态能力与双元性的研究主要从以下几个方面展开：首先，将组织双元性视为一种动态能力。其次，将动态能力作为一个总体概念，认为双元是动态能力是勘探和开发活动的一种行为反应（Vogel & Güttel，2013）。管理者必须同时为短期战略目标和长期战略目标做出决策，以实现捕捉感知和捕获活动的开发和探索。最后，将双元视为动态能力的基础。这些观点说明了学者在动态能力和组织双元性之间的确切联系上缺乏一致性。Teece（2007）认为，组织的双元性是动态能力发挥作用的中介，动态能力包括感知和抓住新机会，重新配置现有知识、能力和资源。组织的双元性是针对探索过程（包括寻找新知识和能力、开拓新市场和创造新产品）以及开发过程（包括利用现有资源、知识和能力）的。因此，组织双元性在优化和平衡流程方面补充了动态能力。

企业双元性战略一旦明确，就需要贯彻到实际的行动中。具体来说，企业可

以选择两类双元性行为：第一种称为"结构型双元"，通过组织内部结构式分割实现双元性，其中一个业务单元注重效率和挖掘式问题的解决，把利用式和探索式活动放入企业内部不同的组织单元，如以生产制造为主要工作内容的组织单元主要适合机械式结构；另一个业务单元注重柔性和创新性问题的解决，以研发为主的新产品与新技术开发部门主要适合有机式结构（Tushman & O'Reilly，1996）。第二种称为"情境型双元"，在整个组织内部同时体现一致性导向（Align-ment-oriented）和适应性导向（Adaptation-oriented），其中一致性导向即组织内部业务单元活动的统一性与连贯性，这些活动都为着同一个组织目标而存在，企业应该在组织内部建立一种由绩效管理制度和人际关系支持的组织情境；适应性导向即快速地重构组织内部业务单元的活动，通过组织系统、流程的设计和价值理念影响员工，同时营造信任环境关注员工的个性发展。让员工自行在二者之间做出选择，同时实现匹配性（Alignment）和适应性（Adaptability）（Gibson & Birkinshaw，2004）。进一步地，核心企业可以将这一组织情境提升到组织间层面，领导产业链上的企业为了满足多样化的用户需求，既能保持现有产业链整体运作的匹配性和高效率，又能实现适应性和灵活性。

四、核心企业双元性行为对产业升级的影响

按照 Humphrey 和 Schmitz（2000）的观点，流程、产品、功能和链的升级是逐级难度加大的。流程和产品的升级仍保留在原有产业链环节上，相当于在原有产业链环节的基础上进行开发式创新，而功能和链的升级是升级到同一产业链的不同环节和新的产业链环节上，相当于离开原有产业链环节进行探索式创新，只是探索程度有所不同。

结构型双元的核心企业是通过自身的不同部门或其产业链上不同企业的分隔，实现其双元性。即一些部门或企业关注于对现有的生产过程和产品进行改良，实现小幅度、持续的流程和产品设计改进。而另一些企业或部门关注于探索全新的产品或环节，学习价值更高的环节的诀窍，实现环节和价值链的转换。由于二者从事的是不同性质的工作，学者提出应尽可能地将二者相互隔离，互不干扰。Tushman 和 O'Reilly（1996）主张双元性结构这一组织形式由高度差异化但又松散整合的部门或产业链中的企业组成：致力于开发活动的单位，其特点是规模大而集中，流程较为紧凑，文化相对保守；另一些部门或企业从事探索和实验活动，其特点是规模小且分散，具有相对松散的流程和自由的文化。

对于情境型双元的核心企业来说，其不强调结构的划分，而是要求企业在组

织内部或产业链内部营造一种良好的情境（包括信任和支持、绩效管理等），让各层次的员工具有一种矛盾思维方式。例如，在产品开发方面，研发人员既可以进行产品和流程的改良，也可以根据客户需要，突破现有的思维框架，实现探索式创新。事实上，情境型双元不仅适用于组织内部，在全产业链上同样可行。如丰田在美国加州福尼亚州的合资公司 NUMMI 通过邀请供方参与日常的流程改善和质量控制活动，营造了组织间良好的信任，NUMMI 同时获得了产业链的效率和柔性，这进一步提升了绩效，在短短几年内将一个长年亏损的汽车企业扭亏为赢，并远远超越了美国的竞争对手。

通过核心企业的双元性行为，不仅能实现核心企业自身的升级，由于其在产业链的巨大影响力，还必然带动上下游企业的共同演进。具体实现路径可以从两个方面入手：一方面，其上下游企业可以参与到某类创新活动中，为产业链整体双元性作出贡献；另一方面，核心企业可以通过新的技术标准和规范对其供应商提出要求，或通过对渠道的影响，将新产品投放到市场，从而提升产业链整体双元性。

第三节　研究方法

一、案例选择的依据

本章选取浙江吉利控股集团（以下简称吉利）作为研究对象，主要基于以下三个方面的考虑：第一，吉利的发展过程具有典型性，作为一家民营汽车企业，走出了一条适合自身发展的成功之路。面对我国汽车企业存在的众多不足，如缺乏品牌知名度、研发技术及管理经验，汽车公司大多通过合资形式获取竞争优势，而吉利集团从进入市场开始，就从追求低端廉价的汽车产品向追求高技术、高质量、国际化汽车品牌的方向推动变革，具有很强的典型性。第二，目前吉利具有很强的行业影响力。吉利是我国第一家民营汽车企业，也是国家首批"创新型企业"和"国家汽车整车出口基地企业"，已经连续两年进入世界500强，连续十一年进入中国企业500强，连续九年进入中国汽车行业十强，被誉为"中国轿车工业50年以来发展速度最快、成长最好"的企业之一，在汽车产业具有很强的行业影响力。第三，汽车及其零部件行业具备技术复杂、管理难度高等动态特征，也是快速增长的典型行业。汽车产业是国民经济的支柱产业，也是体现国家竞争力的标志性产业，目前呈现加速转型趋势，竞争激烈且国外企业长期存在技术垄断优势的特点，以汽车产业为研究背景可以为提升国家竞争力提供相关建议。

二、资料来源与收集方法

本书主要采用二手资料方式收集数据，数据主要来源于以下几个渠道：①吉利集团官网信息、公司公开年报、新闻报道、网络补充性资料；②从专业数据库检索得到的资料，如 CNKI 期刊数据库、CNKI 重要报纸库；③通过邮件、电话等方式收集到的补充资料。本书主要围绕以下三个子问题，对吉利集团如何通过动态能力引领产业升级的具体机制进行了资料收集：第一，企业的外部环境动态性特征；第二，应对企业发展环境变化做出组织改变的过程，包括能力构建、战略制定与实施；第三，企业在实施相关战略和行动后对产业的影响。

三、研究程序与过程

案例研究方法更有利于探究事物发展的过程，解释过程背后的隐含因素，分析各个事物现象间的共通点与区别（Eisenhardt & Graebner，2007）。因此，作为一项过程机制的探索性研究，为了更好地解答本次研究的问题，本章选择案例研究方法以验证新的理论。

本书主要遵循以下研究程序：首先，选择案例。选择吉利作为案例分析对象的原因前文已进行了说明。其次，数据收集。数据收集过程也已在前文说明。再次，关键构念识别与描述。通过梳理已有文献，明确关键构念内涵，得到如下关键构念描述。同时，为了保障案例研究信度，本章通过以下几个方面进行了努力：①将不同来源的数据（企业提供的二手档案数据、公开的二手资料等）进行比对，多样化的信息来源有助于对研究数据进行交叉验证和相互补充（Yin，2013）。②本章在数据收集过程中辅以参与性观察，确保能准确理解调研对象的语义。

第四节　案例分析

一、案例企业的基本情况

2019 年 7 月 22 日，一年一度的《财富》世界 500 强排行榜出炉。在汽车产业中，全球有 23 家整车企业上榜，总体排名呈下降趋势，23 家整车企业仅有 5 家实现了排名上升，凸显出全球汽车产业的下行压力。其中，中国企业共有 6 家上榜，按照排名先后顺序，分别是上汽、东风、一汽、广汽、北汽、吉利。亮点在于，作为唯一上榜的中国民营车企，吉利汽车从 2018 年的 267 名上升到 2019 年的 220 名，上升 47 名，成为今年全球榜单中排名上升最快的车企。2019 年，吉利旗下各品牌在全球累计销售汽车超 217.8 万辆，同比增长 1.23%。

吉利始建于 1986 年，1997 年吉利通过并购四川德阳监狱汽车厂获得两厢汽车生产资格，正式进军汽车制造产业。如今，吉利已发展成为一家集汽车整车、动力总成和关键零部件设计、研发、生产、销售和服务于一体，并涵盖出行服务、线上科技创新、金融服务、教育、体育等在内的全球型集团。吉利还是沃尔沃集团第一大持股股东，戴姆勒股份公司第一大股东。目前，吉利拥有超过 120000 名员工，其中包括超 20000 名研发和设计人员。吉利总资产超过 3300 亿元，连续八年成为《财富》全球 500 强企业。

二、案例分析与讨论

1. 充满机遇与挑战的国有汽车制造产业环境

1886 年 1 月，世界上第一辆汽车诞生，随着汽车行业的飞速发展和应用，如今，汽车已经是人类日常生活不可或缺的重要组成部分。全球进入汽车社会已经有几十年的历史，庞大的汽车消费需求使汽车工业成为许多国家的支柱产业。2019 年 1~12 月，中国的汽车产销量分别为 2572.1 万辆和 2576.9 万辆，已成为世界汽车产销第一大国。

汽车制造行业是技术密集型行业，且正处于转型升级、技术革新的关键时期，外部环境具有很强的不确定性。首先，汽车产业环境一直受到较高程度的政府规制。一是汽车产业由于能体现转型经济的特征，一直受到较强的政府规制，面对美国"先进制造业国家战略计划"以及德国"工业 4.0"的挑战，中国汽车制造企业迫切需要从"中国制造"转型升级为"中国智造"（Yeo & Pearson，2008）。二是碳排放法规的约束范围不断扩大，越来越多更有约束力和针对性的限制条件改变了客户的用车行为。其次，汽车产业在各个制造业中是产值最大、产业链最长、相关产业最多的，因此动荡性也很高。最后，汽车产业受技术发展的影响很大。电动汽车产品的开发、上市和销售的同步爆发式增长使这些挑战变得愈加复杂。随着新能源汽车和自动驾驶汽车时代的到来，汽车工业格局还将发生巨变，一些适应不了时代转换的传统汽油车巨头将被新崛起的汽车巨头替代。

但是，尽管这个行业危机重重，充满不确定性，但同时也充满了机会。首先，在数字技术蓬勃发展和"工业4.0"时代，谁能抓住新技术的演进进行创新谁就能抓住新机会。例如，虽然自动驾驶技术仍在成长阶段，但未来商业化之后必将带动汽车上中下游产业链的发展。其次，进入门槛逐步降低，造车新势力参与到竞争中来，会促进产业链条的价值重构。由于新势力的进入，汽车的理念、思维和模式会影响整个产业，最终带来新的市场环境。再次，企业的产品和流程也有非常多变革和提升的机会。产业链中汽车的采购、制造、物流等多个环节的管理精细化都有变革提升的机会，从而也为相关的服务企业提供了进入的机会。最后，消费者需求的个性化发展为汽车企业提供了业务发展的新机会。满足客户的个性化需求，实现柔性制造，成为企业实现收益增长的重点内容。

2. 吉利利用动态能力抓住产业机会

吉利自1997年进入汽车行业之后，由于缺少经验，且作为民营企业，在资金、人才和技术等方面的资源支持相对落后，导致吉利一度陷入困境。这需要吉利构建动态能力，在短时间内及时把握机会或利用应对威胁的资源，进而有效地保护、强化、整合与重置组织内外部资源，完成感知、利用和重构的过程。

首先，通过感知能力实现环境认知，感知到环境变化的威胁。当今外部环境呈现高度的不确定、复杂的和难以预测的变化，能否在第一时间感知到环境变化的威胁显得尤为重要。从20世纪50年代建立汽车产业至今，汽车产业的制度环境一直非常严格。1988年，国务院发出通知，对轿车生产实施了严格的控制，不再安排新的轿车生产点。但吉利识别到了汽车产业在中国的高增长与高利润机会，1997年通过收购一家四川汽车工厂进入汽车行业，从经济型轿车为切入口，将使命定为"造中国最便宜的轿车"，成功开辟市场。

其次，通过利用能力实现快速觉察潜在的商机变化和客户需求变化的企业，能够抢占先机，更快地采取措施避免危机、抓住机会并利用机会。在成立初期，吉利采用了从雇用中学习的短平快方式。尽管在短期内培养了一定的能力，但开发能力还极其有限。随后，在扩张阶段，在外部学习上沿袭了从雇用中学习方式，也增加了从外部引进技术的学习方式，通过技术引进改进了产品生产线。此外，吉利开始注重采用从内部研发中学习的方式，积极自创品牌，不断提升自身品牌的竞争力。

最后，通过重构能力促进组织中的个人学习、团队学习和组织学习，能帮助组织改变知识结构，产生新知识，最终实现知识在产业间的传播和应用，进而提高整个产业的学习能力和知识传播效率，创造新的经营机会。2007年，吉利对外宣布略向高技术、高质量、高效率、国际化转型，并施行了一系列举措，通过在全球范围吸纳整合资源和配置资源，嵌入与国际顶级水平接轨的全球价值链。由于受技术的限制始终无法取得较大的市场份额和走出国门的技术资本，于是便努力抓住全球性金融危机的机会，关注了沃尔沃，适时并购国外核心零部件和整车企业，从而获取操控的核心技术和中高端车型的技术体系能力，同时也利用沃尔沃在国际市场的影响力，提升了吉利的品牌价值。

3. 吉利通过动态能力实施双元性战略

首先，从产品研发来看。企业研发是动态能力发挥知识作用效应的主要途径，通过制定产品研发战略，吉利在实施具体行为时依靠双元创新不断提升企业竞争力。一是通过利用式创新，以收购、入股等方式不断获取技术，延伸和改良现有的技术和知识，扩展现有产品和服务，提高现有产品的利用率和营销策略的效率。通过收购沃尔沃，吉利获得了 1 万多项技术专利，2013 年 9 月，吉利与沃尔沃在瑞典建立了一个联合研发中心，双方的技术团队共同研发了 CDMA 基础架构模块，虽然在起步初期吉利的技术优势还不明显，通过建立联合研发中心，吉利建立起了学习沃尔沃技术的渠道之一，为后续扩大技术吸收奠定了基础。二是通过探索式创新，不断追求新知识和开发新的产品与服务，通过自主研发掌握核心技术。作为我国汽车行业自主研发的领先企业，以"科技为导向"的创新能力是吉利的核心竞争力之一。吉利目前已掌握了多项汽车行业的核心技术，包括动力总成、整车架构、新能源、智能制造等，形成了四大基础架构平台体系布局。作为科创板整车企业第一股，吉利在招股书中说明吉利不仅拥有 32 项核心技术，还拥有 9332 项授权专利，其中境内已授权专利 9241 项（包含发明专利 2097 件项）、境外已授权专利 91 项，公司及其控股子公司已登记的与生产经营相关的计算机软件著作权共计 42 项，已承担 9 项国家及省部研发项目，包括 4 项国家科技重大专项。通过 Incopat 全球专利检索系统，截至 2010 年 9 月，归属于吉利的专利总量在 22417 项以上。因此，可以看出，吉利已经不仅是一家整车制造企业，正在加速向全球创新型科技企业转型。

其次，从组织结构变革来看。吉利通过组织内部结构式分割实现组织双元性。一是注重效率和挖掘式问题的解决，把利用式活动和探索式活动放入企业内部不同的组织单元中。在市场形势高度不确定的当下，只有不断深化组织变革，才能从危机中抓住机遇，实现企业可持续发展。2018 年，吉利旗下包含五大集团，分别是吉利汽车集团、沃尔沃汽车集团、吉利商用车集团、吉利集团（新业务）以及铭泰集团。2019 年，吉利对组织架构进行了调整，将旗下新能源板块进行了调整升级，升级之后将与吉利品牌、领克品牌一起成为吉利并行的三大品牌。此次组织架构调整，既有助于吉利优化公司内部机制，也有助于统一吉利品牌的整体调性，提升整体形象和竞争优势。二是注重柔性和创新性问题的解决，以研发为主的新产品与新技术开发部门主要适合有机式结构（Tushman & O'Reilly，1996）。吉利对员工和人才的组织架构深化，由于员工的可持续性才能保证吉利汽车"感知、利用、重构"过程的连贯，吉利主动将动态能力的主体范围扩大到了员工层。吉利集团这些年在为员工提供反馈渠道的同时，也逐渐培养了员工的创新习惯与能力，将组织巧妙地解构并划小核算单位，使全体员工参与到企业经营中。此外，吉利已建立了完善的研发体系，拥有规模庞大的高水平研发团队。目前，吉利拥有超2万名研发和设计人员，并建立了一个遍布全球的研发造型网络。同时，为了应对外部环境的高度不确定性与内部体系变革的持续深化，吉利通过蓝海培训项目，设置了跨专业、跨组织、跨部门的针对性内容，培养出了一批具备产、销、研知识的复合型人才。

再次，从资源配置来看。吉利利用动态能力的资源配置实现了情境双元。一是在整个组织内部资源配置方面实现了一致性导向，即组织内部业务单元活动的统一与连贯性，这些活动都为同一个组织目标而存在。例如，吉利研发中心的整车高低温环境模拟实验室，实现了模拟各种道路、温度、湿度等各种试验状态的一致性，全年全天候地开展环境模拟试验，最大程度地缩短了整车研发周期，为公司各个车型的快速研发提供了强有力的支撑和保障。此外，吉利由吉利汽车集团、沃尔沃汽车集团、吉利科技集团、吉利新能源商用车集团和铭泰集团五大核心子集团组成，五大集团相互协作共同发挥协同效应，提高资源利用率。具体而言，吉利拥有吉利、领克、沃尔沃、伦敦出租车、路特斯等汽车品牌，覆盖主流品牌、豪华品牌、超豪华品牌，战线扩张至欧洲、东南亚，在产业协同的基础上进一步完善了吉利的全球化布局。二是实现了组织资源配置的差异化配置，以适应性导向为基础，重构组织内部业务单元的活动，通过组织系统、流程的设计和价值理念影响员工，营造信任环境关注员工的个性发展。吉利人秉承着"快乐人生，吉利相伴"的核心价值理念，发扬着"团队、学习、创新、拼搏、实事求是、精益求精"的企业精神，吉利的企业文化已经经过了"改善提案""元动力""快乐经营体"三个阶段，2016年大步向前的是"以奋斗者为本"的企业文化精神，给员工提供了广阔的发展空间。

最后，从战略联盟来看。吉利利用动态能力的战略联盟实现了情境双元。一是实现了吉利由外向内引，由外到内的知识吸收，通过嵌入战略联盟；二是实现了组织间协调、联盟组合协调、组织间学习、组织感知和联盟组织变革。吉利汽车频繁收购奔驰、沃尔沃、马来西亚宝腾等汽车制造商的股份，就是汽车制造商规模化扩张最好的说明。因为任何一个单一的汽车制造商都无法完成汽车产业的技术布局，并购、结盟成为如今汽车工业发展的主旋律。此外，吉利通过入股戴勒姆，对吉利公司的技术、生产水平均产生了正向影响，具有重大的战略意义。毫无疑问，这也将帮助吉利汽车进入高端汽车市场和全球市场，并提升品牌影响力。此外还联手腾讯与中铁总公司，在"互联网+铁路"方面布局，收购了太力飞行汽车，参与设计制造，向解决方案提供商进行转型。

在一定程度上，动态能力通过嵌入在产学研合作过程并发挥作用，能够在外部环境发生变化时通过协调、整合或重构内外部胜任力的惯例或惯例集。一是吉利建立起了从一线员工到高层管理者的各层职级，从生产技术到运营管理各种职能的集团整体的产学联盟人才培养模式，力求实现动态能力的培养与延续。二是从内到外实现了吉利品牌形象的国际化提升。2007 年，吉利在印度尼西亚建立了 CKD 工厂，使该项目成为吉利汽车进军东南亚的跳板。随后，吉利在乌克兰和俄罗斯建立了 CKD 装配基地。吉利在国际市场的运营中实施本土化建设，积极利用集团的产品、技术、品牌等资源，通过与海外公司的合资、合作等模式，先后在多个国家建立起自己的组装生产基地、销售渠道、经销网络等。

4. 吉利带动民营汽车制造行业升级

中国汽车工业从 20 世纪 50 年代的艰难起步、80 年代的合资热潮，以及 20 世纪的群雄自主，每一步都充满了变革与艰辛。无论是从科技创新还是从国际化融合角度来看，吉利都是行业中的佼佼者。2020 年，吉利实现汽车年产销超 300 万辆，进入全球汽车企业前十强。吉利不仅对整个汽车行业起到了引领作用，同时也将为中国汽车工业的后来者提供样板，带动国有汽车制造行业的升级。

第一，带动产业整合全球资源和积累技术能力升级。在技术提升方面，采取技术并购、研发和人才引进等多种渠道，使企业可以较容易分享内部知识，从而比市场交易更容易获取隐性知识。例如，吉利在整车模块设计上与韩国大宇、中国台湾福臻合作，并且全资收购了全球第二大变速箱公司。此外，吉利在与海内外科研机构、跨国公司的合作中获取了全球创新资源，培育出了人才、技术等高端生产要素，通过从海内外引进专业化技术来提升学习能力，并组建自己的研发团队，提高了企业的生产效率，最终带动了行业生产效率的整体提升。同时，吉利品牌"走出去"，坚持"一流企业要有一流配套商支持"的发展战略，建设公开、公平、廉政的全球化采购体系，与 200 多家国际化供应商构建"命运共同体"，优胜劣汰、优化结构，落实深化合作等整合措施，加速提升优秀供应商占比，打造具有全球化竞争力的供应链体系，提升国有汽车制造行业在国际市场的话语权。

第二，带动产业挖掘产品市场需求的升级。在大规模的市场需求下，企业可以实现发展所需要的规模经济，获得企业技术能力提升和自创品牌所需要的资金支持。为满足消费者多样化的需求，可以利用高速增长和扩张的需求市场空间培育出自主创新能力。在市场开拓方面，通过定位于中低端市场进入，挖掘了汽车产业中"哑铃型"的需求结构。当一汽、上汽等合资品牌在高端市场进行激烈竞争时，吉利则从国内的低端市场做起，抓住中国消费者更青睐低价节能型产品的特征，扩大了汽车消费市场。对国内市场规模的准确定位使吉利很快在汽车产业脱颖而出。如今，"科技吉利"将推动吉利汽车从"整车制造商"向"出行服务商"转型，致力于成为世界一流汽车出行科技企业的吉利汽车，将为行业乃至国民经济的发展做出积极贡献。

第五节　研究结论和展望

现有产业升级的文献大多只关注宏观或微观一个层面，而理论和现实的需要是将二者综合起来。首先，本章借助社会学和管理学的相关理论，建立了一个从产业到核心企业双元性战略和行为，最终实现产业升级的"浴缸模型"。这是本章的主要理论贡献之一。其次，本章构建了动态能力视角下的产业升级的微观机制，为产业的可持续发展研究提供了新的切入点。本章研究了产业升级的微观发展机制，反映了产业对实现双元变革所需的动态能力类型的看法。最后，本章的另一个理论贡献是强调核心企业的双元性战略和行为对当前我国产业升级有举足轻重的作用。核心企业存在于我国多数区域产业环境中，其对产业升级的作用不容置疑，但核心企业的哪种能力对产业升级较为关键？本章研究表明，政府在强调产业升级时，重点要强调核心企业的双元性战略，即既关注现有产业链中产品和流程的开发性创新，又关注在产业链的新环节以及新产业链的相关环节进行探索性创新的能力，是二者的协调和配合。

因此，一方面，本章揭示了产业升级的微观实现路径，同时提出动态能力和双元性战略对核心企业乃至整个产业链都具有重要的意义，这增强了当前研究对产业链升级的认识，丰富了产业升级理论。本章的成果有助于建立产业层面的能力路径，支持核心企业发挥在变革背景下的引领支撑作用，支持核心企业发挥在数字化转型中的双元战略和行动，推动企业间有效协同。另一方面，本章为产业政策制订者提供一个可供决策参考的框架，有了实施产业升级的抓手，因此也具有深刻的现实意义。

基于本章构建的研究框架，未来的研究可以着重于以下三个方面：一是产业环境如何影响核心企业双元性战略，如产业环境中的影响因素很多，需要做出更加细致的研究。二是核心企业的双元性战略如何带动产业升级，还需要作详细的分析，以及分析在不同的升级路径上，这种作用有何差异。三是核心企业的双元性战略对其自身绩效的影响也需要进一步研究。

第七章 技术不确定性、合作伙伴关系、动态能力与协同创新

本章导读→

本章主要研究合作伙伴关系对新兴经济体中企业协同创新的影响程度，以及探讨外部技术不确定性和内部动态能力对两种商业伙伴关系和协同创新的调节效应。研究结果表明：①与非商业伙伴相比，企业与紧密的商业伙伴合作对协同创新的正向影响更大；②在外部技术不确定性较高的情况下，非商业伙伴对协同创新的正向影响较弱；③当企业具有较高的动态能力时，企业与商业性合作伙伴合作对协同创新的正向影响会减弱，而与非商业性合作伙伴合作的正向影响会增强。在创新过程中，企业必须选择不同类型和数量的合作伙伴，并通过建立相应的网络结构和关系规则来规范合作伙伴的创新行为。因此，企业应加强对协同创新的认识，建立和管理高效的创新网络。

几十年来，企业对合作伙伴关系和各种形式外部合作的依赖空前增长，而且组织不再是动态环境中孤立的实体（Hagedoorn，1993）。因此，合作对于公司的创新而言至关重要（Lin，2003）。协同创新最常见的原因包括风险分担、获得新市场和新技术、将产品推向市场和技能汇集互补（Eisenhardt & Schoonhoven，1996）。

经济学领域对合作伙伴关系和创新绩效的分析越来越感兴趣（Bougrain & Haudeville，2002）。这些研究大多指出了合作伙伴关系对创新的重要性。一些研究致力于确定伙伴关系对协同创新的决定因素，即从知识观的角度对协同创新中不同类型的伙伴进行分类（李晨光、赵继新，2019）。例如，合作伙伴在知识链和上下文知识距离中的位置、合作伙伴的知识是基于科学还是基于市场，或者根据合作动机特征对合作伙伴进行分析（Du et al.，2014）。

然而，这些研究并没有为对比分析不同商业密集度的合作伙伴类型对协同创新的影响提供一个完整的框架，因此，留下了重要的研究空白。因此，本章将两者放在了一个整体框架中，试图了解商业伙伴和非商业伙伴关系如何影响协同创新，并探索两者影响的差异性。商业伙伴关系可进一步分为横向竞争公司和纵向上下游公司（供应商和客户）。非商业伙伴关系包括企业与研究组织（技术研究机构、大学研究所）、政府、咨询公司和行业博览会等。已有的关于不同类型合作伙伴对协同创新的直接影响的文献也未能确定在什么样的外部环境和内部环境条件下，哪种类型的合作伙伴会产生更有效的协同创新。大部分研究涉及的是企业内部动态能力和外部环境对协同创新的影响。

　　本书的研究结论有三个方面的贡献：首先，重点分析了不同强度的商业伙伴关系如何影响协同创新。研究发现，商业关系的强度似乎对协同创新产生了积极的影响。这一发现进一步突出了商业伙伴和非商业伙伴之间的差异。其次，深化了合作伙伴异质性促进企业创新的观点。不同类型的合作伙伴会对公司的创新绩效产生什么影响？解决这一问题对于开放创新中的企业决策者而言至关重要。根据环境和组织能力的差异，这两种关系对创新绩效的影响是不同的。最后，运用了知识基础理论的基本观点。强调了合作伙伴间知识流动对企业创新绩效的长期影响，丰富了开放创新中合作伙伴的理论视角，为有效应对开放创新中外部合作伙伴的主要问题提供了良好的研究视角和研究路径。

　　此外，本书的研究成果也具有一定的管理启示。在创新过程中，企业必须选择不同类型和数量的合作伙伴，通过建立相应的网络结构和关系规则来规范合作伙伴的创新行为。相关企业应努力强化协同创新理念，构建和管理高效的创新网络。此外，创新合作的普遍性伴随高失败率和不稳定性（Nakamur，2005）。传统观点认为，与具有互补知识集的各种合作伙伴建立合作关系是可取的；然而，本章研究表明，选择实际上要复杂得多。两种合作伙伴关系在协同创新中并非同样有益。最后，管理者可以从这些分析中获得企业发展的相关建议，具体而言，管理者应避免仅仅根据流行趋势或环境的相对稳定性采用或规避协同创新伙伴的综合决策。相反，在做出战略创新决策前，他们会仔细考虑内部和外部组织信息环境的特点。

　　本书的研究结构如下：在文献综述之后，本章首先考察了两种合作伙伴关系（商业伙伴关系和非商业伙伴关系）对新兴经济体中的高科技企业协同创新的相对影响。其次关注了内部动态能力和外部技术不确定性的适度影响。再次提出并讨论了实证结果。最后对研究结果进行了讨论，得出了主要结论，提出了一些管理启示，并为以后的研究提供了一些方向。

第一节　文献综述与假设提出

一、协同创新

许多企业尤其是中小型企业，都在努力开发超越现有知识、技术和能力的创新（Stuart & Podolny，1996），创新资源的缺乏已成为企业创新发展的瓶颈。因此，促进企业创新与发展的外部资源已成为企业内部知识库的补充和重要的战略安排。它为企业提供了一个收集信息、知识和技术的机会，以增加关键资源的内部基础（Santoro et al.，2020）。此外，外部知识来源增强了组织的灵活性对企业绩效的影响（Vrontis et al.，2017）。因此，协同创新已成为学术界和企业界的一个重要课题。协同创新也成为创新管理、战略管理和供应链管理领域的一个重要研究课题（Mishra & Shah，2009）。

协同创新主要是指企业在与其他组织合作的过程中，拥有互补的创新资源，能够通过整合分布式资源和能力来提高创新绩效。An 等（2014）发现，协同创新可以通过信任、可持续性和可扩展性建设来提高组织的有效性、效率和竞争力。杨博旭等（2019）构建了相关和非相关技术多元化与协同创新的关系模型。此外，通过理解快速变化，建立共同的期望和应对创新挑战的方法，协作可以帮助减少不确定性（Dodgson，2014）。基于资源基础观的经济学理论，企业与组织之间建立合作关系的目的是获取互补资源，包括金融资本、技术能力、管理能力和产品创新能力（Osborn & Hagedoorn，1997）。从知识管理的角度来看，协同创新的过程实际上是知识创新的过程，即知识获取和知识应用的过程，最终形成知识优势（Yu & Hu，1997）。

随着环境的日益变化，协同创新的内涵也得到不断拓展。今天的协同创新已经从企业的跨部门合作扩展到了二元、三元甚至网络创新以及许多其他类型的合作。从协同特征来看，协同过程包括协同研发、协同生产、协同营销等多方面的活动。根据协作活动的范围，将相关角色划分为个人、团体和组织。协同创新中主体间知识的获取和应用促进了协同效应的形成，实现了整体效益大于个体利益总和的协同效应。在这个过程中，合作伙伴的选择至关重要。不同类型的合作伙伴之间存在着显著的差异，这些差异可以决定合作的管理方式和可以实现的创新类型（Whitley，2002）。合作伙伴的各种隐性知识和显性知识是连续的、动态的。不同类型的合作伙伴之间知识转换的不同模式形成了这种隐性或显性互动，以确定可以实现的创新类型（Josune & Andrea，2014）。

二、不同伙伴关系对企业协同创新的影响

协同创新这种创新方式降低了企业的创新风险，但是在实践中企业间的合作关系却缺乏稳定性，与不同类型的企业或组织合作可能产生不同的效果和影响（杨剑等，2020）。合作伙伴的数量及其所处的行业对协同创新的影响有显著不同。此外，各合作伙伴的具体特点和合作目标也不尽相同。Belderbos 等（2004）认为，不同类型的伙伴拥有不同的知识广度和深度以及获得知识的程度。拥有卓越知识管理能力的公司能更有效地扩大其外部知识来源的规模，从而提高其协同创新能力（Ferraris et al.，2017）。因此，与不同类型的企业或组织合作可能产生不一致的效果和影响。张梦晓和高良谋（2019）验证了多主体因素与协同创新绩效间的影响，研究发现不同主体因素对协同创新绩效的积极影响有明显区别。因此，本书将合作伙伴分为商业伙伴和非商业伙伴。商业伙伴可以进一步分为横向竞争公司和纵向公司（供应商和客户）。合作方式根据合作动机确定，即供应商驱动合作、需求驱动合作和合作伙伴驱动合作，包括与研究机构、政府、咨询公司和行业博览会等（Brink，2017）。

本章以全球知名的中国高科技企业阿里巴巴云计算（Alibaba Cloud Computing）为例，解释了其商业伙伴和非商业伙伴在协同创新决策中的作用。作为全球领先的云计算和人工智能技术公司，阿里巴巴云计算一直选择跨行业、跨领域的合作伙伴，例如通过与多所知名大学合作，打造"云计算技术与应用"专业人才培训班，建设云计算实验室，共同开发阿里云产品。此外，阿里巴巴云计算还与各领域行业协会合作，获取实际数据和案例，建立大数据实验库和项目培训基地。并与 7 个省级政府签署了基于云计算和大数据的战略合作协议，大力发展云计算创新。除了与非商业合作伙伴的合作，阿里云计算还有密切的商业合作伙伴。2017 年，阿里云链接城市地段平台合作项目首批授权企业超过 20 家，其中大部分为智能城市产业链中的技术企业和上下游企业。

隐性知识和显性知识在不同合作伙伴之间的传递是一个连续的动态过程。通过从个人到组织间的传输线，企业可以克服自身信息和过去学习的界限，从而建立新的环境、新的世界观和获取新的知识。下文分别从商业伙伴和非商业伙伴的

角度阐述了企业和不同伙伴之间合作的不同影响。接下来，本章将探讨基于三种不同动机的三种商业合作伙伴关系：供应商驱动的合作、需求驱动的合作和合作伙伴驱动的合作。

首先，考察企业与供应商之间的纵向合作。这种接触越多，产品创新的程度就越大（Meyera & Athaide，1991）。许多制造商和供应商利用自己的知识进行技术创新和产品创新，从而使他们能够在开发、使用和维护技术方面投入更多的资金（Petersen et al.，2005）。利用供应商提供的信息可以在产品开发的早期阶段更快地提供创新成果。此外，Koufteros 等（2007）发现只负责提供专业知识而不负责具体任务或组件开发的供应商将对协同创新产生积极影响。

其次，产品创新通常需要与客户合作。公司与客户建立联合业务伙伴关系，因为这样做可以使公司获得有关新技术、市场和流程改进的大量知识，并对产品和流程创新产生重大影响（Miotti & Sachwald，2003）。消费者是需求偏好和市场需求趋势等信息的重要来源，他们可以帮助企业提高产品创新的成功率（Gruner & Homburg，2000）。此外，领先用户在满足其需求的创新过程对改进公司流程也是有效的（Harhoff et al.，2003）。

最后，Vargo 和 Lusch（2008）将与竞争对手的协同创新定义为"共同创造价值"。一般来说，与竞争对手横向合作的目的是进行基础研究和制定标准（Tether，2002）。竞争前的研究项目也是与竞争对手合作的原因之一（Tidd & Trewhella，1997），与竞争对手的充分沟通有助于企业了解自己在市场中的地位和目前的技术水平，这一点有利于创新和提高竞争力（Frow et al.，2016）。中小企业不仅要认识到与竞争对手合作的必要性，还要注意控制信息不对称等风险因素，包括角色冲突、机会主义行为和预期不清晰导致的角色模糊（Crowdhury et al.，2016）。

因此，提出研究假设如下：

H7.1a：商业伙伴的合作关系对企业的协同创新起积极作用。

非商业合作伙伴，包括研究机构、大学、技术机构以及工业博览会，传统上并不注重推进企业创新过程，而是注重为企业提供新的科技知识。事实上，Belderbos 等（2004）研究发现，与非商业伙伴合作是实现开拓新市场和细分市场的最有效的方式。

这些非商业伙伴面临着公司的巨大压力。一方面，政府鼓励大学和研究机构进行更多的研究，以提高产业竞争力。另一方面，资本的压力导致非商业伙伴与企业界更多地合作。这些外部压力导致非商业伙伴具备以下特点：一是具有专业优势和技术专长，可以为一个行业创造可观的知识；二是通常与不同的企业合作，获取广泛多样的知识。因此，这些非商业合作伙伴作为知识创新和技术创新的重要基础，可以帮助企业获得基础科学知识、高级人才等重要资源，加入特定的技术或科学领域，进而成为企业技术创新的主要合作伙伴。特别是对于一些知识密集型的高科技产业而言，形成创新网络可以降低交易成本和网络合作风险。

然而，与非商业伙伴合作也有潜在的知识溢出风险。咨询机构作为创新服务公司，在区域创新网络中处于代理地位。此外，通过整合不同公司的信息和知识为其他公司服务，咨询机构可以轻松地向竞争对手披露企业的关键信息和知识（Hoecht & Trott，2006）。同样，为许多公司担任技术顾问的专家也可以将公司的关键信息和知识传授给竞争对手。

此外，吸收这类知识对于公司来说是一项挑战，尽管大学和研究机构等非商业伙伴在基础研究方面具有优势，是潜在的有价值的新知识来源（Cohen et al.，2002）。但是，这种知识转移的挑战往往涉及信任的建立，以及在企业界和学术界之间的交流和互动中达成共识。他们彼此分享的信息大多是无形的知识，而不是行动中所描述的知识（Wei & Fei，2014）。高校和科研机构的科学知识是理论，大多远离市场，无形知识不容易被企业消化吸收。因此，高校与科研机构的合作不能直接促进企业的协同创新。这种合作必须以一定的方式转化为显性知识，才能被企业所掌握并为企业带来利润。相比之下，商业伙伴拥有更多的市场信息，并且这些信息可以更快地转化为结果。

所有这些因素都表明，不同类型的合作伙伴对企业的协同创新会产生不同程度的影响。然而，与商业伙伴的合作似乎更有可能以更高的新颖性实现企业的协同创新，而与竞争对手的合作对产品开发和创新的影响较弱。

因此，提出研究假设如下：

H7.1b：与非商业伙伴的合作关系与企业的协同创新正相关，但比与商业伙伴的合作关系弱。

三、技术不确定性的调节作用

环境不确定性被认为是影响组织行为的关键变量和决定交易成本的关键维度（Koberg，1987）。因此，应对这种不确定性成为企业的首要任务。在这些外部环境不确定性（如市场不确定性、技术不确定性和竞争不确定性以及其他要测量的子系统）中，本章主要关注技术不确定性（Desarbo et al.，2005）。技术的不确定性是技术的不稳定性和复杂性，以及快速和显著变化的不可预测性，如突然出现的新的和突破性的组件或软件，这被表示为较短的产品开发周期和更快的技术过时（Bstieler，2005）。具体来说，技术不确定性越大，新知识的应用、技术的更新和不同行业之间的创新融合将越快（Song & Montoya-Weiss，2001）。本章主要关注技术不确定性，因为它在技术密集型产业中特别重要。从产业角度来看，高新技术企业所处的环境更加动荡，技术范式的变化比传统产业更为频繁。

在技术不确定的情况下，整合现有的知识为企业的创新活动可能不是有效的，因为该公司现有的技术、市场知识和资源可能不适合于当前的创新（Song & Montoya-Weiss，2001）。创新团队必须在现有知识的基础上进行重构和扩展，并进行必要的创新活动。此外，企业之间的合作可以产生规模经济和范围经济，并进一步增加研发总投资，从而减少技术不确定性的发展过程（Hagedoorn，1990）。虽然高水平的感知技术不确定性可能意味着企业将产生更强的动机来发展协同创新，扩大合作伙伴的选择范围，但感知的不确定性可能会引起社会政治动荡，尤其是联盟中可能存在政治行为和冲突的潜在力量。

第一，当技术变革的步伐被认为稳定时，公司经理会觉得他们有时间去探索、利用和解决来自合作者的不同观点。然而，围绕高感知不确定性的紧迫性和时间压力可能会妨碍对情感冲突、政治行为、社会解体和共识创造挑战的不同观点的合理解决（Milliken & Martins，1996；Amason & Sapienza，1997；Carpenter & Fredrickson，2001）。管理者不想承受太大的压力，从而对协同创新激励形成负面影响。

第二，通过建立合作关系，企业会向合作伙伴的机会主义行为敞开大门（Parkhe，1993）。这种担忧对于拥有知识型产品和技术的中小型企业而言尤其突出，这些企业的议价能力比大型企业弱（Lavie，2007）。协同创新可能会因缺乏鼓励合作伙伴分享复杂知识而受到阻碍（Arundel & Kabla，1998）。此外，尽管Kale和Singh（2009）认为合作可以通过共享风险和资源创造新的市场机会，但战略资产侵占是企业合作的核心问题。此外，与不可预测的技术变革相关的不确定性越大，侵占战略资产的行为就越严重。

第三，技术变化快，技术不确定性不具有连续性。信息往往不准确，难以获取，使管理者面临很大的决策模糊性。外部环境的不可预测、突如其来的变化增加了对信息处理的需求，甚至迫使企业改变战略定位。当技术不确定性增加时，管理者难以评估未来的合作绩效，这不仅会增加交易前成本，还会导致更多的不确定性。

因此，提出研究假设如下：

H7.2a：技术不确定性削弱了商业伙伴关系和企业协同创新之间的积极关系。

H7.2b：技术不确定性削弱了非商业伙伴关系与企业协同创新之间的积极关系。

四、企业动态能力的调节效应

技术不确定性以高新技术企业所面临的紧迫的外部环境为基础。同时，解决企业内部不确定性的动态能力也在企业创新中发挥着重要作用。动态能力是整合、构建和重新配置内部资源和外部资源的能力，能够产生企业竞争力（Teece & Pisano，1997；Umesh & Nisha，2018）。Zott（2003）遵循 Teece 等（2000）对动态能力的定义，并认为动态能力是指导资源分配的程序或过程。更重要的是，企业可以利用独特的资源来提升和重构其核心竞争力，以应对市场的不断变化，获得并保持可持续的竞争优势（Wang & Ahmed，2007）。基于以上分析，本书认为动态能力是指企业不断整合、配置和重组其内外部资源，以满足市场需求，开发优质产品和服务，使参与企业具有获得持续竞争优势的能力，应对外部环境的变化。

Verona 和 Ravasi（2003）认为，动态能力在促进持续创新方面具有重要作用。动态能力有助于企业发现新机会，进入新市场，学习新技能，利用新资源进行战略变革，发展新业务，开发新产品并促进研发部门新技术的商业化（Griffith & Harvey，2001；King & Tucci，2002；Bowman & Ambrosini，2003；Sapienza et al.，2006）。因此，动态能力建设和企业创新，是相互促进、相互影响的，两者共同助力企业可持续竞争优势的获取（朱晓红等，2019）。

有洞察力的公司可以更好地瞄准市场细分，并定位自己，以赢得更多的合作机会。战略优势越来越多地来自企业与外部活动的有效整合，包括战略联盟、知识网络、上下游供应链整合与技术转移、有效技术整合与客户整合（Hamel，1991）。

具有强大动态能力的公司将能够更彻底和全面地应用知识。这将把企业和合作伙伴组成一个有机的整体，使企业和合作伙伴能够保持同步，促进组织实践的演进，适应环境的变化。学习和吸收能力是动态能力的本质，也是能力更新的基础。Liu 和 Xie（2003）研究表明，企业的吸收能力将受到四个因素的影响：知识存量和内涵、研发投入水平、学习强度和方法以及组织学习机制。日本、韩国两国工业技术快速增长的一个主要原因是两国的企业在吸收新知识和新技术方面具有很强的能力，因此可以通过模仿、改进和创新创造竞争。具有较好吸收能力的企业可以更好地向不同的合作伙伴学习，并结合自身的研究经验，开发新技术的第一手知识，增加现有知识的广度和深度，从而不断促进企业创新。

因此，提出研究假设如下：

H7.3a：动态能力加强了商业伙伴关系和企业协同创新之间的积极关系。

H7.3b：动态能力加强了非商业伙伴关系与企业协同创新之间的积极关系。

因此，研究模型如图7-1所示。

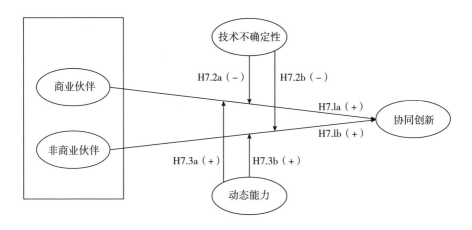

图 7-1　研究模型

第二节　研究方法

一、样本和数据

国内关于协同创新的研究主要是针对大型企业，尤其是上市公司。但是，这并不意味着基于大企业的研究结论对其他类型企业具有相同程度的解释力。在中国，高科技企业在其自身的成长和发展过程中具备不同的属性和特征。因此，对中国的高科技企业进行全面的研究具有重要意义。

本书的实证分析来源是江西省的高科技企业样本。遵循关键信息提供者方法，从每家企业的一位研发经理处收集数据。要求研发经理根据其2012年的组织状况回答一份问卷（数据收集于2013年1月）。为了确保数据质量，与江西省科学技术委员会合作发出调查邀请。江西省的企业可以从网站上下载电子问卷，然后将其送回当地政府设立的办公室。共有 733 家企业参与了该项目，而只有 403 家企业在 2013 年 1 月前返回了电子调查问卷（返回率为 54.9%）。本章只选择了回答所有问题的企业。因此，本章样本包括 370 家企业。研发经理平均任期为 8.1 年（标准差［SD］= 5.7）。本书中的所有变量都来自这些企业的研发经理填写问卷，并使用这些企业的财务部门或数据库提供的档案数据进行测量。表 7-1 列出了相应企业的概况，包括企业的行业、所有权和规模（员工人数）。

表 7-1　样本描述性统计（N = 370）

		N	Percentage（%）
行业	高科技制造业	282	76.22
	非高科技制造业	41	11.08
	非制造业	47	12.70
所有权	国有	34	9.19
	非国有	336	90.81
公司规模（员工人数/人）	<50	31	8.38
	51~100	70	18.92
	101~300	145	39.19
	301~500	58	15.67
	>501	66	17.84
子公司	子公司	115	31.08
	非子公司	255	68.92

此外，为了检查该研究中可能存在的无回应误差，使用 SPSS 20.0 比较早期答复者（回收问卷的前 25%）和晚期答复者（回收问卷的后 25%）（Armstrong & Overton，1977）。该方法假定晚期的受访者与未回答问卷的受访者相似。比较两组后，发现在 5% 的置信区间内，两组之间的控制变量（行业、所有权、企业规模、子公司）没有显著差异。这初步表明样本没有明显的无回应误差。因此，在这项研究中没有回应误差的问题。

最后，由于问卷中的所有问题均由同一受访者填写，因此可能会出现共同方法偏差。本书采用 Podsakoff 和 Organ（1986）的统计方法测试样本数据。使用 Harman 的单因素测试对问卷中的所有项目进行因子分析。未旋转时获得的第一个主成分反映了同源数据偏差的数量。在这项研究中，将问卷中的所有项目都进行因子分析。在未旋转状态下获得的第一主成分不占大部分载荷。确保了同源偏差的存在不会影响研究的结论。

二、变量测量

在每份问卷的开头，要求受调查企业的研发经理回忆与本企业至少合作完成过一个项目的企业，并回答随后的问题。所有问卷调查项目均使用 7 点 Likert 量表，其中 1 表示"完全不同意"，而 7 表示"完全同意"。

1. 因变量

协同创新：Deeds 等（2000）、Kotabe 和 Swan（1995）使用了一些中间研究成果或绩效指标，例如专利申请趋势、产品创新水平或开发中的产品来衡量企业的协同创新水平。在本章的研究中，渐进式创新和激进式创新都包括在内。具体来讲，激进式创新本质上是一场极具革命性的能力破坏，并且导致现有产品、技术或服务的重大变革，而渐进式创新侧重于通过强化现有企业能力来改进企业的产品（Tatikonda & Montoya-Weiss，2001）。在这项研究中，企业已取得的或仍在研究中的生产技术和能力被用来衡量激进式创新，而对现有产品和服务的改进或升级的技术和能力被用来衡量渐进式创新。

2. 自变量

合作伙伴关系：商业合作伙伴和非业务伙伴，因为本书试图调查多种合作伙伴关系对企业协同创新的影响。本书根据不同的商业伙伴关系，将合作伙伴分为业务伙伴和非业务伙伴。商业合作伙伴可以进一步分为横向企业（竞争者）和上下游企业（供应商和客户）。非业务伙伴包括企业与代表机构、政府、咨询企业、行业博览会和技术机构之间的关系。在这项研究中，为了衡量不同合作伙伴的合作程度，问卷列出了受访者的企业建立合伙关系的方式。本章使用"贵企业在过去三年中从以下来源（供应商、客户、竞争对手、咨询企业和研究机构、公共部门、行业会议、行业协会、博览会）获得的创新思想程度的评估"（1 = "完全不同意"，5 = "完全同意"）来衡量不同合作伙伴的合作程度。

3. 调节变量

技术不确定性：使用 Atuahene-Gima 和 Li（2004）开发和验证的技术不确定性量表。技术不确定性的度量依赖于两个项目的管理评估，包括"该行业的核心技术发展迅速"和"该行业推出了许多新产品"。这些项目抓住了技术不确定性的本质，因为它们反映了"企业主要行业中感知的变化速度和技术的不可预测性"。与"客观"不确定性相比，它们往往更为重要（Heavy & Simsek，2013）。

动态能力：使用 Teece（2007）和 Jiao 等（2013）开发的动态能力量表。使用项目"企业持续积极寻求和调查可以在外部环境中帮助自身开展业务和技术发展的潜在机会"来衡量企业的机会感知能力；项目"对于外部环境中的技术发展，企业通常可以迅速做出响应"以及"我所在的企业可以及时感知技术发展并做出适当反应"以衡量企业抓住机遇和进行整合的能力。此外，用于衡量吸收能力的项目是"为了发现对业务有帮助的新技术，我们公司通常处于行业领先地位"。

4. 控制变量

有一些企业特有的外部因素可能会影响概念模型。因此，本书控制了企业的规模、行业、所有权性质和是不是子公司。

（1）企业规模。企业规模是创新相关研究中常用的控制变量（Tsai，2009）。从经验上看，企业规模对企业的协同创新有影响（Scherer，1965）。企业规模的衡量标准是员工人数。

（2）行业。不同的行业可能显示出不同的创新需求和创新成果。本章将行业分为三类：高科技制造业，非高科技制造业和非制造业。本章开发了两个虚拟变量，以表明受访者从事哪个行业（如果重点企业是高科技制造业，则 IndustryA = 1，IndustryB = 0；如果是非高科技制造业，则 IndustryA = 0，IndustryB = 1；如果是非制造业，则 IndustryA = 0，IndustryB = 0）。

（3）所有权性质。特别是对于新兴经济体的企业，由于基础设施，政策和管理风格的差异，企业所有权的性质是企业协同创新的重要解释因素。本章为企业所有权构建一个虚拟变量来衡量（如果调查企业是国有企业，则为 1，否则为 0）。

（4）是不是子公司。子公司为研究协同创新提供了一个特别有趣的环境，因为许多企业为了实现更直接的控制，目前正经历着从传统结构向以合作、嵌入和知识共享为特征的横向整合结构的巨大转变。本章通过判断该企业是否为子公司来衡量。这里构建一个虚拟变量（如果调查企业是子公司，则为 1，否则为 0）。

第三节　研究结果

假设是使用偏最小二乘法（PLS）进行检验的，偏最小二乘法是一种基于主成分估计方法的结构方程建模技术（Chin et al. , 2003）。PLS 可以明确估计出潜变量及其关系，且不需要任何关于数据分布的假设，克服了形成关系中的识别问题，更适用于对复杂关系进行建模。因此，PLS 适用于本书的研究。

首先，进行探索性因子分析。提取了两个因子，所有项目都加载在各自的结构上，并且没有实质性的交叉加载（见表7-2）。其次，使用 PLS 进行验证性因子分析。如表7-3所示，所有反射结构的组合信度和 Cronbach's α 值都高于0.7，超过了建议的基准 0.7，所有载荷均大于 0.7，因此支持指标信度。此外，所有项目在自己结构上的载荷都比其他项目高，并且交叉加载都没有超过 0.7，因此证明了对项目级别的判别有效性。由于提取的平均方差（AVE）的平方根大于构造之间的相关性，因此也可以确认构造水平上的判别有效性，这意味着所有构造在自己的度量上能够比其他构造解释更多的方差（Fornell et al., 1996）。此外，AVE 超过了临界值 0.5，证明收敛有效性。

表7-2 单项信度与组合信度

概念（潜在方差）和度量项目		因子载荷	t 值	组合信度
商业合作伙伴	设备、材料、配件、软件及其他供应商	0.769	25.726	0.858
	顾客	0.864	62.530	
	竞争者	0.817	31.944	
非业务伙伴	咨询公司和研究机构	0.735	25.180	0.912
	其他公共部门（如商业部门和政府机关）	0.788	29.030	
	专业行业会议	0.866	54.458	
	行业协会	0.901	81.341	
	展览与博览会	0.811	36.274	
协同创新	为了发现对业务有帮助的新技术，我们公司通常处于行业领先地位	0.870	47.658	0.919
	企业持续积极寻求和调查可以在外部环境中帮助自身开展业务和技术发展的潜在机会	0.868	53.271	
	我们公司正在积极寻求技术发展，这可能会在外部环境中帮助我们的业务	0.853	50.911	
	我们公司可以及时认识到技术的发展，采取适当的应对措施	0.852	49.519	

续表

概念（潜在方差）和度量项目		因子载荷	t 值	组合信度
动态能力	我们公司获得了新的生产技术和能力	0.797	35.493	0.928
	我们公司获得了多种新功能（如投资新技术、研发人员来学习新技术）	0.861	51.352	
	我们公司已获得了对现有产品和服务的升级知识	0.924	80.243	
	我们公司已经改善了现有的产品开发流程	0.910	90.538	
技术不确定性	行业核心技术发展迅速	0.935	37.180	0.886
	业界推出了许多新产品	0.848	18.152	

另外，模型中的 R^2 为 0.462，说明该测量模型具有较强的预测能力。通过使用 Stone（1974）和 Geisser（1975）的方法，本章研究了交叉验证的冗余 Q^2 和交叉验证的公共性 Q^2。CV Red $Q^2 = 0.333$ 和 CV Com $Q^2 = 0.755$。这些结果证明系数估计没有被夸大。

本章检验基本假设。首先，商业合作伙伴与"协同创新"具有显著的正相关关系（b = 0.449，p 值<0.01），从而支持 H7.1a。其次，非业务伙伴与协同创新具有显著的正相关关系（b = 0.182，p 值<0.01）。最后，商业合作伙伴与协同创新之间的关联比非业务伙伴与协同创新之间的关联更强（b = 0.449 > b = 0.182）。因此，与非业务伙伴的关系与协同创新正相关，但比与商业合作伙伴的关系弱，从而支持 H7.1b。

为了测试 H7.2a 和 H7.2b，在模型中加入了技术不确定性。商业合作伙伴与协同创新之间的关系变得不显著（b = 0.003）。因此，H7.2a 被拒绝。此外，模型中包含的技术不确定性导致与非业务伙伴之间显著负相关（b = -0.117，p 值<0.05）。因此，H7.2b 得到支持，这表明技术不确定性削弱了非业务伙伴与企业协同创新之间的积极关系。

为了测试 H7.3a 和 H7.3b 中规定的条件效应，遵循了 Preacher 等（2007）的建议。首先，在结构模型中加入了相互作用项。运行主效应模型以获得潜变量得分的估计值。其次，将交互项构建为自变量和调节变量的标准化潜在变量得分的元素乘积。结果表明，商业合作伙伴与协同创新之间的关联被动态能力（b = -0.101，p 值<0.05）显著调节，拒绝 H7.3a。为了检测 H7.3b，再次检验了非业务伙伴和动态能力对企业协同创新的交互作用，结果表明，非业务伙伴和企业协同创新之间的关联显著受到了"动态能力"的调节（b = 0.120，p 值<0.05），支持了 H7.3b。

表 7-3　相关性分析

	Mean	St Dev	Comp. Rel	Cron. Alpha	AVE	1	2	3	4	5	6	7	8	9	10
1 技术不确定性	4.68	2.24	0.89	0.75	0.80	1.00									
2 动态能力	5.68	3.25	0.93	0.90	0.76	0.23***	1.00								
3 商业合作伙伴	6.55	3.58	0.86	0.75	0.67	0.25***	0.43***	1.00							
4 非业务伙伴	3.56	6.58	0.92	0.88	0.68	0.24***	0.31***	0.61***	1.00						
5 协同创新	5.09	4.02	0.92	0.88	0.74	0.22***	0.50***	0.57***	0.46***	1.00					
6 企业规模	578.56	2037.82	n/a	n/a	n/a	-0.01	-0.07	-0.01	0.03	0.03	1.00				
7 行业 A	n/a	n/a	n/a	n/a	n/a	0.04	0.16***	0.55***	0.08	0.04	-0.15***	n/a			
8 行业 B	n/a	n/a	n/a	n/a	n/a	-0.06	-0.15***	-0.06	-0.15***	-0.07	0.08	-0.63	n/a		
9 所有权	n/a	n/a	n/a	n/a	n/a	-0.07	0.08	0.03	0.03	0.04	-0.06	0.02	0.02	n/a	
10 子公司	n/a	n/a	n/a	n/a	n/a	0.01	-0.08	-0.03	-0.02	-0.07	0.16***	-0.02	0.02	-0.21***	n/a

注：N=370；*、**、***分别表示在 10%、5%、1%的水平下显著。

总的来说，H7.1a、H7.1b、H7.2b 和 H7.3b 是受支持的，而 H7.2a 和 H7.3a 是被拒绝的，如图 7-2 所示。

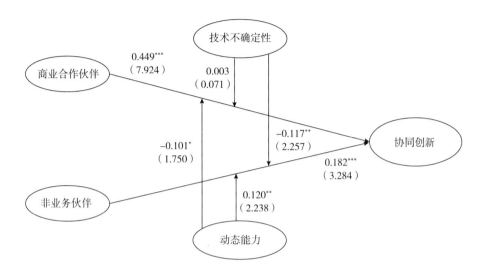

图 7-2　研究结果模型

注：＊、＊＊、＊＊＊分别表示在 10%、5%、1% 的水平下显著。

　　为了进一步检验 H7.2 和 H7.3 的相互作用效应，本书进行了进一步的分析。具体来说，进行了斜率测试并绘制了图 7-3。本章将技术不确定性变量和动态能力分为低（低于平均值的一个标准差）和高（高于平均值的一个标准差）两组，并估计了业务伙伴/非业务伙伴对两个层面的协同创新的影响。如图 7-3a 所示，在动态能力水平较高时，商业合作伙伴与协同创新之间的关系较弱（负斜率较大）。这支持了本章的观点，即在更高水平的动态能力下，商业合作伙伴对协同创新的影响相对较小。图 7-3b 说明在技术不确定性较高的情况下，非商业合作伙伴与协同创新之间的关系较弱（负斜率较大）。这支持了本章的观点，即在更高的技术不确定性水平下，非商业合作伙伴对协同创新的影响较小。同样，图 7-3c 说明在技术不确定性较高的情况下，非商业合作伙伴与协作创新之间的关系更强（正斜率更大）。这同样支持了本章的观点，即在更高的技术不确定性水平下，非商业合作伙伴对协同创新的影响更大。

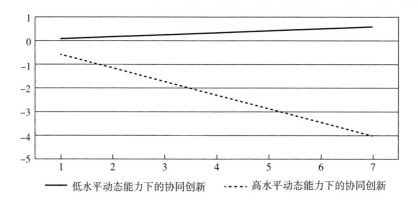

图 7-3a   动态能力对商业伙伴与协同创新间的调节作用

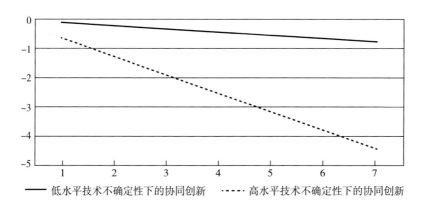

图 7-3b   技术不确定性对非商业伙伴与协同创新间的调节作用

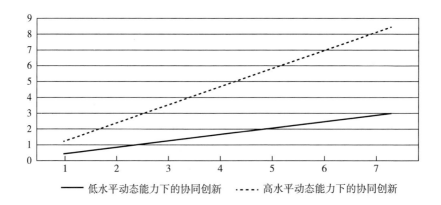

图 7-3c   动态能力对非商业伙伴与协同创新间的调节作用

第四节　研究结论与展望

一、研究结论

在分析合作伙伴关系、动态能力和技术不确定性的影响以及现有文献的基础上，本书针对不同的商业伙伴关系对协同创新的影响开发了一种运行机制模型。本书是发展和检验我国协同创新商业伙伴关系观点的第一步。在这个方面，本书开发并测试了两种类型的合作伙伴关系（商业合作伙伴和非业务伙伴）及其与协同创新相关联的概念框架。本书还对外部技术不确定性的作用以及内部动态能力对框架的调节作用进行了建模和测试。实证结果表明，与商业合作伙伴和非业务伙伴对协同创新是积极的，而前者通常更有效。此外，如果企业具有强大的动态能力，则非业务伙伴对协同创新具有明显的积极意义，而商业合作伙伴具有负面影响。也就是说，在更强大的动态能力下，合作中的非业务伙伴更有可能带来更好的绩效，从而验证了研究假设，即动态能力可调节商业合作伙伴与协同创新之间的关系。但是，在动荡的技术不确定性环境中，与非业务伙伴与协同创新之间存在负相关关系。换言之，在动荡的技术不确定性下，该过程不稳定。本书对创新型企业在高度竞争的商业环境中，通过调整不同的商业伙伴关系动态找到提高绩效的正确方法具有启示意义。

二、理论贡献

本书的发现提供了一种理论框架，该框架为协同创新中的商业关系创建了新的分类，并突出了两种协同创新类型之间的差异。本书发现，商业关系的强度似乎在推动协同创新发挥积极作用。与企业有着更紧密商业关系的商业合作伙伴进行合作有助于企业更有效地实现创新，因为协同创新的重点主要是基于合作伙伴提供的知识来有效地提高技术、能力和产品质量。由于知识的沉没，许多类型知识的扩散（交易）是昂贵的、困难的和缓慢的，导致企业与非业务伙伴之间的交易成本增加。此外，个人的有限理性、认知和语言限制了他们准确、全面地描述知识和技能的能力。即使一个人可以清楚地描述他的知识技能，认知的局限性也会阻碍他人的吸收（Allan，2001）。但是，商业合作伙伴通过与目标企业共享相似的业务环境在很大程度上缓解了这些问题。这一发现进一步突出了商业合作伙伴与非业务伙伴之间的差异。

第一，本书深化了合作伙伴异质性促进企业创新的观点。不同类型的合作伙伴将对企业的创新绩效产生什么样的影响？对于开放式创新中的业务决策者而言，解决此问题至关重要。现有文献尚未充分研究商业伙伴关系的强度。目前，有关组织间合作对协同创新绩效的影响的研究大致可分为三个部分：关注不同类型组织的合作伙伴的特征、合作伙伴之间的技术多元化与创新绩效之间的关系、从国际研发协同创新的角度研究不同国家背景下企业的创新策略（Goerzen & Beamish，2005；Duysters & Lokshin，2011；Cui & Conner，2012）。合作伙伴和非业务伙伴在商业合作方面的强度是不同的，因此两种关系对创新绩效的影响也不同。

第二，更要认识到，不仅感知到的不确定性同时具有正面影响和负面影响，而且其优缺点的相对大小可能会在强度和最终方向上显示出可变性。这些结果表明，在技术不确定性的调节下，与非业务伙伴的协同创新似乎会受到负面影响。造成当环境出现不确定性时，企业发现不了与合作相关的不可预见的意外事件，这就足以吸引人们建立长期的合作伙伴关系，管理者也会选择不让自己承担更多的信息处理责任。由于非业务伙伴与焦点企业之间在环境和认知能力上存在巨大的差异，因此技术不确定性使企业无法快速商业化使用从非业务伙伴处学到的新知识、新技术或新产品来获得市场认可。此外，企业与非业务伙伴之间的差异如此之大，以至于企业必须花费更多的时间和精力评估和选择合适的合作伙伴，这将严重影响协同创新的效率。多样化联盟会增加合作伙伴之间的冲突，导致沟通和学习障碍，并不利于提高联盟成员的绩效（Goerzen & Beamish，2005）。在不确定的技术环境中，技术会快速更新，企业很容易失去创新的领先优势。因此，与非业务伙伴的合作将被削弱，而与业务伙伴的关系似乎没有受到影响。

第三，本章的研究结果有助于企业内部动态能力对协同创新选择的影响进行研究。尽管客户在使用企业提供的产品时几乎不考虑产品的创造方式，但领先用户可以在满足自己需求的创新过程中创建属于自己的流程（Harhoff et al.，2003）。因此，业务伙伴可以通过前后一体化的方式参与目标企业的竞争。此外，共享相似背景知识的竞争对手往往与本企业属于同一行业（Tsai，2009）。企业倾向于限制他们对企业运作过程的观察程度，竞争者往往依赖于目标企业产出的知识来分析导致产品或服务创造的竞争产品。例如，Lhuillery 和 Pfister（2009）发现，与竞争者的研发合作往往会导致创新项目失败，因为每个合作伙伴都试图从对方那里攫取知识，同时采取措施保护自己的知识不流传到对方那里去（Lhuillery & Pfister，2009）。

因此，一旦企业具有强大的动态能力，它将能够感知并把握环境信息，采取适当的行动来适应变化。企业便无须依靠从业务伙伴那里获得的知识来进行创新。相反，企业将通过减少与业务伙伴的合作来减少对自身的威胁。但是，非业务伙伴通常会为企业提供广泛的创新知识。非业务伙伴具有很多隐性知识，而企业无法获取这些隐性知识，并且这些隐性知识与企业的日常工作流程相去甚远。当一家企业具有强大的动态能力时，它就更渴望控制环境，并且更有希望获得非业务伙伴提供的隐性知识。因此，企业将加强与非业务伙伴的合作，以获取更多有益于自身创新的知识。

第四，与以往主要从资源理论和交易成本理论出发的研究不同，本书采用了基于知识理论的基本观点。研究强调了合作伙伴之间知识转移对企业创新绩效的长期影响，并丰富了开放式创新中合作伙伴的理论视角。它为有效应对开放式创新中外部合作伙伴的原则问题提供了极好的研究视角和研究路径。

三、管理启示

本书的研究结论对新兴经济体的协同创新管理具有重要的意义。

首先，在创新过程中，企业必须选择不同类型和数量的合作伙伴，并且必须通过建立相应的网络结构和关系规则来规范合作伙伴的创新行为。David（2009）认为，企业需要从单一组织分析和知识管理过渡到多组织合作和管理，选择合适的合作伙伴是联盟成功的关键因素。战略中的一个关键问题是全面性能否使企业在各种环境中做出更好的战略决策。本章从分析两种创新伙伴（商业合作伙伴和非业务伙伴）的问题和风险入手研究发现，我国高科技企业在选择创新合作伙伴时存在许多问题，很难满足提高企业创新绩效的要求。因此，相关企业应该加强协同创新理念，建立和管理高效的创新网络。这样，企业可以在有效的合作网络中持续、快速地进行创新，并获得较高的创新绩效。

其次，与其他企业和组织进行合作确实可以帮助企业实现协同创新，因为这些合作可提供访问不同知识库的途径。然而，Killing（1982）发现，创新合作的普遍性伴随高失败率和不稳定性。传统观点认为，与具有互补知识集的各种商业伙伴建立合作关系是可取的；但是，本章的研究结果表明，业务伙伴关系对协同创新的益处并不相同。一般情况下，对于中小型企业而言，最好在具有类似行业环境条件的企业或组织中进行合作沟通，以减少交易成本并化解冲突。业务伙伴通常与目标企业共享相似的行业环境，而非业务伙伴在与目标企业相对不同或差距较大的行业环境中开展业务。它们受到不同的监管，有着不同的利益需求。但是，当外部技术高度不确定或企业具有强大的动态能力时，企业必须根据自己的资源、能力和战略发展目标选择合作伙伴。

最后，管理者可以从这些分析中获取一定的洞察力。具体而言，他们应避免仅根据流行趋势或环境的相对稳定性来采用或回避协同创新伙伴的综合决策；相反，在做出战略创新决策之前，管理者应仔细考虑组织信息环境的特点。随着企业合作伙伴多样性的增加，企业与合作伙伴之间的差异将变得更大，企业必须花费更多的时间和精力评估合适的联盟合作伙伴，这将严重影响合作与创新的实现。因此，管理者在选择协同创新伙伴时，注意内部环境和外部环境特征至关重要。

四、研究展望

未来可以进一步拓展研究视角，例如，本书的背景是我国中小企业的协同创新，尽管中国代表着一个重要的研究背景，但它可能并不代表所有的协同创新活动。此外，环境因素（技术不确定性）是具有特定背景的，在不同国家的市场中可能具有不同的含义。不同的经济发展水平、不同的法规和法律体系以及独特的文化和价值体系可能会产生不同的相关环境因素，并且它们对创新关系的影响在不同国家也会有所不同。换句话说，为了确认技术不确定性对协同创新影响的外部有效性，必须在中国的背景之外进行额外的研究。具体来说，美国和大多数欧盟国家在知识产权保护和合同执行方面比中国拥有更全面的法规和更强大的执法能力。鉴于这些差异，商业合作伙伴与协同创新之间的关系可能会更好，因为合同破裂和知识产权侵权不太可能成为严重问题。因此，研究商业合作伙伴和非业务伙伴对协同创新的影响的差异将是一个富有成果的研究方向。

第四篇

因势而动：识时通变下的企业转型

本篇主要探究基于动态能力视角的企业技术和管理创新战略。其中，第八章构建了一个基于动态能力、技术范式和创新战略行为之间交互影响的理论框架，用以分析技术范式转变时期企业动态能力对其创新战略行为的支撑机制和作用机理。第九章从动态能力理论的视角分析了企业战略转型的过程传导机制，构建了企业动态能力、战略转型要素和转型绩效之间的关系模型框架。第十章对跨国公司的动态能力、跨国公司对新兴市场的认知和战略选择以及三者之间的关系进行了分析。在此基础上，构建一个跨国公司动态能力、战略选择以及与新兴市场绩效关系的模型框架。第十一章提出企业有效感知和利用数字技术进行数据全生命周期管理，从而实现业务模式和流程数字化转型的理论模型，能够弥补已有文献对于数字化情境下动态能力作用机制研究不足所形成的理论缺口，对数字平台和生态系统的数字化转型也有一定的启示。

第八章 技术范式转变、动态能力与创新战略

本章导读→

  本章力图拓展动态能力的理论内涵，将其界定为企业在技术范式转变时期应对混沌、复杂环境的整合与重构能力。据此架构了一个基于动态能力、技术范式和创新战略行为之间交互影响的理论框架，用以分析技术范式转变时期企业动态能力对其创新战略行为的支撑机制和作用机理。依托这一理论框架，本章对腾讯微信的"整合"与"迭代"微创新战略进行了深度纵向案例研究。研究发现微信微创新战略成功的机理是，在强大的动态能力支撑条件下，抓住了技术范式变化的战略机遇，通过有效的组织学习和知识管理，以及强大的跨界（跨地域、跨行业、跨企业）虚拟整合能力，将从组织内外部搜索、学习到的分散的技术知识，基于用户信息体验消费对创新活动进行快速、反复、精确迭代，领导竞争对手、合作伙伴、先导顾客进行开放式的协同创新，并通过有效的微创新质量控制，降低创新失败的不确定性和风险，成为支撑移动互联网时代第三方服务的平台级产品，最终实现颠覆式创新和价值创造。研究结论丰富了动态能力的理论内涵，从技术范式的角度对互联网企业微创新战略的内在机理进行了开拓性分析，阐释了技术范式转变时期动态能力对创新战略的动力支撑机制，为处在技术范式变革中的互联网企业开展创新活动提供了理论支撑和实践指导。

  "微创新"（Micro-innovation）既不是大规模颠覆性、革命性的激进式创新，也不是小规模持续性、积累性的渐进式创新，而是一种基于新的市场分析范式和技术范式，在关键技术上提供更加灵活、实际的产品开发和服务提供的思路。微创新成功的标志是由量变发展到质变，通过大量的微创新组合对原有主导设计产生冲击，从而实现颠覆性创新。在这里，微创新已经突破组织技术层面的含义，

上升为一种创新方法论。企业实现微创新的目的在于立足市场需求，坚持产业化导向，致力于突破"技术"与"市场"高效衔接的困境。

目前，国内外互联网行业已经普遍认可这种站在信息体验消费市场的角度，针对非常微小的用户需求以及用户需求的微小变化进行不断创新的理念。一些基于跨界整合的微创新活动颠覆了整个行业，不仅对新兴行业，而且对一些传统行业也产生了巨大冲击，甚至在某种程度上模糊着行业的传统边界。周青等（2015）认为，微创新不仅是大中型企业保持自身创新灵活性的一种有效方式，更是小微企业追赶市场领先者、寻求成长和发展的重要策略。吴隽等（2016）通过跨案例研究阐明了从"原型机会"到"框定机会"进而到"进化中机会"的动态演进过程，给予"微创新"现象以新的理论诠释。在国内互联网行业，腾讯基于QQ和微信的变革，新浪基于微博的变革，奇虎基于在线杀毒引擎的变革，暴风影音、千千静音等基于用户在线视听体验的变革等微创新的效果非常显著，创造了诸多互联网行业的经典成功案例。实际上，微创新理念也受到了那些以满足客户需求为目标的传统企业的关注，如海底捞火锅对用户用餐体验不断进行微创新、苏宁易购等家电企业基于在线购物体验的微创新。这些传统企业加入微创新实践，使微创新理念得到广泛扩散，受到人们的普遍关注，日趋活跃的实践也在使微创新成为下一个研究热点。

本章认为，腾讯、新浪、奇虎等互联网企业微创新战略的成功在一定程度上预示着，随着智能手机和平板电脑等移动终端的普及，云计算及大数据的应用，互联网行业的技术范式面临从PC互联网向移动互联网转变的变革。也就是说，从刻画企业创新外部环境的四个维度，即技术机会、收益性、累积性和知识基础来考察，PC互联网的技术范式与移动互联网的技术范式已经在发生转变。技术范式变革作为技术因素和市场因素共同作用的结果，是组织竞争环境变化的直接诱因和表现。罗仲伟、卢彬彬（2011）认为，面对技术范式快速变革引致的外部环境日益不确定，组织不得不提高自身的能力，以应对新的战略困境，从而不断对理论研究提出挑战。

关注能力理论的Leonard-Barton（1992）指出，当面临重大的技术范式转变时，企业精心培育的核心能力可能在瞬间就被市场淘汰，从而成为制约企业发展与成长的核心刚性。但Teece等（1997）认为，基于环境变化适应性的动态能力却可以有效保持企业的竞争优势。然而，吴晓波等（2006）认为，技术系统演化中的组织学习或动态能力研究大多仍停留在一个技术范式周期内，对于技术范式转变这一具有混沌、非线性动力学特征的特殊时期的动态能力研究甚少。其中，一些具体的问题没有得到有效的回答，例如，在技术范式转变时期，支撑企业创新战略成功实施的动态能力具有什么特质，其内涵和外延是什么？在新技术范式下，企业如何实施渐进式创新战略以达到颠覆性创新的目的？特别是在当前的互联网技术范式转变时期，企业的创新战略和创新行为发生了怎样的演变？互联网企业微创新战略成功并实现价值创造的内在机制和支撑要件是什么？这一系列问题表明，在技术范式转变时期，企业的动态能力如何支撑企业的创新战略存在明显的理论缺口，亟待构建一个全新的理论框架对这些问题进行分析和解释。

　　本章基于动态能力的支撑视角，在技术范式转变的背景下，构建了一个基于动态能力、技术范式和创新战略行为之间交互影响的理论框架，分析技术范式转变时期企业动态能力对其创新战略行为的支撑机制和作用机理。基于这一理论框架，本章尝试打开移动互联网业界的"微创新"黑箱，对腾讯微信的"整合"与"迭代"微创新战略进行深度的纵向案例研究和开拓性分析，力图详细解释企业动态能力促进企业迭代微创新战略成功的根本机制和支撑要件。目前，国内学者对微创新的研究主要从以下两个方面展开：第一，微创新的类型维度划分。周青等（2015）从市场创新的角度，基于创新性、市场中断、创新领域的重复性等维度将微创新划分为模仿式微创新、延续式微创新和自主式微创新。第二，微创新的原理。陈云等（2013）提出了微创新的三大原理（无限性原理、潮流性原理和多途性原理）和四种策略（组合策略、混合策略、知识产权保护策略和用户锁定策略）。吴晓波等（2006）认为，现有研究难以深入到学理上的解释和分析，上升到范式高度的微创新研究更是处于空白。因此，本章的理论贡献有两个方面：第一，在技术范式转变阶段深入探讨企业的动态能力对企业技术创新的动态支撑机制，并在此基础上对技术范式转变时期，互联网企业的微创新战略进行了开拓性研究；第二，上升到技术范式的高度，研究企业的微创新战略。

第一节　理论分析和研究框架

　　首先通过文献回顾对技术范式变革和动态能力这两个核心概念进行综述，其次提出一个基于技术范式、动态能力和创新战略三者之间交互影响的分析框架，最后对技术范式、动态能力和创新战略之间的关系进行分析。

一、技术范式相关文献回顾

Dosi（2009）为解决创新动力机制中"技术推动"与"市场拉动"的争论，在借鉴库恩提出的"科学范式"概念的基础上，提出了"技术范式"（Techno-logical Paradigms）和"技术轨道"（Technological Trajectory）的概念，认为技术范式是基于自然科学的选择性原理，对一系列技术问题的展望，是对相关技术经济问题的界定和一系列解决方案的集合，以及有关问题及解决方案的知识，并尽可能防止这些新知识过快扩散到竞争者的特定规则。孙晓华和王林（2014）从技术经济范式转换的视角，分析了战略性新兴产业演化的过程及阶段性特征，考察了技术和市场生态位在新兴产业发展不同时期的作用。Pavitt（1984）将技术范式的思想与内容引入具体的行业和企业活动层面，并指出了技术范式转变过程中所具有的部门差异性，在此基础上提出对创新部门和企业的分类方法。Winter（1984）提出了"技术模式"（Technological Regimes）的概念，并且从组织的创新行为、搜寻行为、知识来源、组织的知识基础等方面界定技术模式。后续一些学者进一步深化了技术范式研究，将技术范式细化为多种层次和维度，如 Malerba 和 Orsenigo（1993）提出了技术范式的四维理论，用技术机会、收益性、累积性及知识基础来描述技术范式的本质特征。因此，技术范式是处理问题的原理、规则、方法、标准、习惯的总称，为设计师、工程师、企业家和管理者所接受与遵循。其特征包括技术所依赖的知识的性质、技术需要的资源类型及其性质、技术应用的主要生产领域、体现了技术特性的产品。

在此基础上，Malerba 等（2008）从宏观层面和行业层面研究了技术范式变革的不同层次和维度对组织行为的影响。但是对于技术范式转化时期，技术范式变革对一些微观层面因素的具体影响，宏观层面和行业层面的研究却无法有效解释。于是 Teece（2007）等逐渐开始关注微观层面的因素，如技术范式变革对组织目标市场选择、资源组织方式、组织知识和能力的影响等。但从客观层面来说，立足微观视角的研究还不是很多。在一定程度上，企业如果要在技术范式转变的混沌时期取得成功，必须通过企业的动态能力对企业的创新战略做出相应的调整和适应。

二、动态能力相关文献回顾

Amit 和 Schoemaker（1993）认为，企业为什么能够保持竞争优势并获得超过行业平均利润的经济租金是战略管理领域研究的基本问题。为了回答这一基本问题，企业所拥有的资源和能力如何与其所处环境相匹配成为研究热点（Andrews，1972）。以 Porter（1985）为代表的战略定位学派（The Positioning School）认为，环境决定企业能力和战略，进而影响企业盈利。但他们过于强调对宏观环境、产业环境及竞争者的分析，反而忽视了对企业自身能力应有的关注。于是，关注于企业内部要素的资源学派和能力学派应运而生。但在发展过程中，资源学派的静态研究视角（Barney，1991）、能力学派的"核心刚性"问题（Leonard-Barton，1992），以及由于路径依赖性所产生的"惯性陷阱"问题（Burgleman，1991），使资源学派、能力学派的理论均凸显出很大的局限性。重要的是，这些理论都无法解释为什么在动态的市场竞争环境下某些企业会比其他企业表现得更好。

为了解决上述问题，Teece（1997）提出了动态能力的概念，认为动态能力是企业整合（Integrate）、建立（Build）以及重构（Reconfigure）企业内外能力（Competence），以便适应快速变化的环境的能力。他认为企业能够获得持续竞争力的关键在于企业拥有能够迅速根据市场变化持续地调整战略、整合企业各种资源的动态能力。作为一种组织过程或战略惯例，动态能力使企业通过获取、释放、整合或重组自己的资源来适应或创造市场变化，或者凭借战略惯例不断更新资源配置以满足环境变化的需要。由此，动态能力被很多学者认为是当代企业获得持续竞争优势的根基（贺小刚等，2006）。不过，不同学者对动态能力的内涵和外延的理解存在一定的差异。

Teece（1997）认为，动态能力包含流程（Process）、位势（Position）和路径（Path）三个构面（3P），即动态能力是嵌入组织的流程中的，而组织的流程是由组织的位势和路径塑造的。后来，Teece（2007）又提出了新的阐释动态能力的框架，将动态能力分解为感知能力（Sensing）、攫取能力（Seizing）和转化能力（Transforming），认为在动态能力的理论框架下，感知、塑造并攫取新的机遇是企业动态能力的支撑。焦豪等（2008）开发出动态能力的四个构成维度，即环境洞察能力、变革更新能力、技术柔性能力与组织柔性能力。以四个构成维度为基础的实证研究发现，组织学习在创业导向和动态能力之间具有正中介效应功能，建议企业应在创新与超前行动性氛围下，通过组织个体层、群体层与组织层的存量学习，前馈层与反馈层的流量学习，构筑并提升企业动态能力。吴航（2016）基于 Teece 学派对动态能力内涵的理解，以整合的内外部视角为分类依据，将动态能力划分为机会识别和机会利用两种能力。唐孝文等（2015）认为，转型背景下动态能力由环境洞察能力、规划设计能力、组织学习能力和变革领导能力构成。江积海和刘敏（2014）从时间与空间动态演化的新视角演绎能力的动态性，即从能力广度、能力深度、能力演化速度三个维度重构动态能力的主导逻辑框架。李彬等（2013）探讨了在动荡的市场环境下企业的动态能力如何作用于操作常规，借鉴主体性理论，从企业中的主体分布层次和时间导向下的能动性发挥两个角度，将动态能力构型区分为管理型动态能力和创业型动态能力两种类型。

从表8-1可以看出，虽然学者基于不同的研究视角对动态能力进行的界定有差异，但是大部分立足动态能力是企业的整合、重构能力，其核心内容是组织学习和知识管理，其目的是有效应对日益动荡复杂的环境。为了进一步丰富动态能力的内涵，本章将视角界定在技术范式层面，认为企业的动态能力可以理解为在技术范式转变时期，企业应对混沌、复杂的动态环境的整合、重构能力。其中，通过响应外部环境变化的组织学习实现对信息的捕捉是动态能力的前提；通过知识管理实现企业产品/服务的更新是动态能力的基础；通过整合、协调与重构企业的资源、能力实现运营能力改变是动态能力的实现手段。

表8-1　动态能力的构成要素

文献	构成要素
Teece 等（1997）	协调、整合、学习、重构、转型
Heeley（1989）	外部知识获取、知识内部消化、技术能力
Eisenhardt 和 Martin（2000）	整合、重构、获取、释放
Zahra 和 George（2002）	获取、消化、转化、利用
Marsh 和 Stock（2003）	知识传播、知识解释、知识保持、知识应用
Caloghirou 等（2004）	学习、协调、变革
Branzei 和 Vertinsky（2006）	吸收、消化、转化、配置
Wang 和 Ahmed（2007）	适应、吸收、创新
Teece（2007）	感知、利用、重构
Ambrosini 和 Bowman（2009）	整合、重构
Cetindama 等（2009）	资源配置方式、创新方式
Teece（2009）	感知环境，抓住机遇，适应、重塑企业所处环境
Barreto（2010）	系统解决问题、感知机遇和威胁、变革资源、适应环境
Drnevich 和 Kriauciunas（2011）	发展新产品、实施新商业流程、创造新顾客、改变公司经营模式
Zheng 等（2011）	知识获取、知识创造、知识联合
Jiao 等（2013）	环境识别、整合重构、组织柔性、技术柔性

续表

文献	构成要素
Schilke（2014）	联盟管理、新产品开发
Birkinshaw 等（2016）	结构分离、行为整合、顺序交替
Prange 等（2017）	并购、创新
Brandon-Jones 和 Knoppen（2018）	战略采购识别、战略采购参与
Gonzalez 和 Melo（2019）	知识吸收、知识产生、知识储存、知识适应
Shang 等（2020）	监测、捕捉、重构

资料来源：笔者根据相关文献整理。

三、技术范式、动态能力与创新战略：一个理论框架

当技术范式转变时，现有的技术被新的技术逐渐代替，技术的进步和更新换代主要表现为突变的、跃迁的、非连续性的过程，强调的是动态性、非秩序性、非线性和难以预测性。Christensen 等（1998）认为，在这样的情境中，产业间的边界模糊，潜在进入者、替代品厂商、购买者、供应商和竞争者是不确定的，外界环境充满着很多的机会和威胁。基于此，郑刚等（2016）认为，技术范式的转变为众多企业打开了一个"学习窗口"（The Window of Learning），动态能力可以帮助企业在应对或利用转变的过程中摆脱路径依赖和结构惯性，革命性地摧毁黏滞在旧范式下的领先者优势，使新生力量脱颖而出。同时，企业动态能力在企业新型技术追赶和较快积累创新能力中起到重要作用，而动态能力本身也可以在运用中不断提升。彭新敏和姚丽婷（2019）发现，技术范式转变开启的机会窗口为后发企业提供了重要的追赶契机。基于动态能力的支撑作用，后发企业感知技术范式转变带来的机会窗口，并通过捕捉和重构能力整合企业内外部资源，实现了从初始追赶向行业前沿的跨越；同时，动态能力支撑了企业在技术范式转变时期内外部知识和资源的协调与整合，企业也需要根据机会窗口的性质促使动态能力由低阶到中阶再到高阶演化。吴先明和苏志文（2014）从动态能力视角构建了后发企业技术追赶模型，发掘出"并购企业初始技术能力""关键技术缺口""有价值的创造性资产""技术融合""技术追赶"五个范畴以及范畴之间的逻辑关系。付丙海等（2016）基于资源基础观和动态能力观，从多层次视角引入动态能力，分析其在不确定性环境中对我国企业创新绩效的影响机理。具体而言，企业可以通过动态能力为渐进式创新与颠覆式创新合理分配资源，进行快速的机会识别，不断地对现有资源进行渐进式改进和剧烈重构，二者互动协同一致能使企业

在动态复杂环境中获得持续竞争优势。在一定程度上，企业通过提升市场地位、优选合作伙伴，适时地拓展网络边界，缩短认知距离和统一制度逻辑进行关系整合，资源重置和协同重构进行资源整合，培养大数据能力强化资源液化、资源密度及活动透明度，共同推进系统的动态整合，并通过扫描外界环境发现技术变化带来的可行性机会，在这个阶段企业家可以实施颠覆式创新的相关活动，最大化地利用新机会带来的先发优势（简兆权和刘念，2019）。当已经通过颠覆式创新开发出新技术和新产品的雏形后，可以通过渐进式创新不断地改进与完善新技术和新产品，最终完全赢得市场（Zollo & Winter，2002）。

Borch 和 Madsen（2007）提出了有利于中小企业占据优势竞争位置的四种动态能力，即内外部配置与整合能力、资源获取能力、网络能力与战略性路径结盟能力。实证研究发现，这些动态能力与企业创新战略具有显著的正向影响关系，会促进其内部的创新与企业的持续成长。马鸿佳等（2014）探究了创业能力和动态能力与竞争优势之间的关系，发现在没有调节因素时，创业能力和动态能力均与新创企业竞争优势呈现正相关关系。卢启程等（2018）深入考察了动态能力及感知响应、整合利用和重构转变等维度对战略学习与组织创新关系的中介效应，发现动态能力在组织学习与组织创新的关系中具有显著的完全中介作用，在知识管理与组织创新的关系中也具有显著的完全中介作用。苏敬勤和刘静（2013）解构了复杂产品系统创新动态能力的三个要素维度：市场感知能力、多组织协同控制能力、组织学习吸收能力，并构建了其与创新战略和创新绩效的理论模型及其相应假设。

由于外界技术环境的急剧变化，适应原有技术范式的资源和战略很难适应新技术范式即将来临的转换期。在技术范式转变的过程中，企业现有的资源不再满足新技术的需要。企业必须力图寻找新的资源，特别是通过新的技术资源来适应新的技术范式。这些新的技术资源和资产与企业过去拥有的资源和技术资产有巨大差异，与企业以往拥有的资源和技术资产不存在必然的互补关系，甚至可能与之存在一定的冲突，因为适应新技术范式的资源和技术资产可能与原有技术范式背景下的资产存在很大的不一致，在很大程度上有可能导致新的资源和技术资产的利用效率降低。在这种情况下，企业动态能力可以实现企业战略路径的非线性跃迁，偏离过去的战略路径，选择适应新的技术范式的创新战略与实施路径。肖静华等（2014）认为，市场环境或技术动荡形成的压力筛选成为构建企业与消费者协同演化动态能力的前提，企业与消费者之间的交互作用成为构建企业与消费者协同演化动态能力的逻辑，信息技术作为技术范式的应用成为构建企业与消费者协同演化动态能力的基础，组织学习和消费者学习成为构建企业与消费者协同演化动态能力的机制。

总之，技术范式的转变不同于原有技术的渐进性改变，而是一系列解决技术问题的思维方式和方法体系的根本性改变，这种转变不仅牵涉技术问题，还需要企业从组织的市场、管理、服务等方面做出全方位的调整，这一全方位调整的动力源泉、生成机制和运作机制就是企业的动态能力。虽然国内外不少学者如Teece 等（1997）、焦豪等（2008）研究了企业动态能力在适应动态变化的环境中所发挥的作用，但是以技术范式转变作为研究背景，研究在技术变化特别是技术范式转变时期，企业动态能力对其战略的支撑和影响的文献却不多。

基于这些分析，本章构建了一个基于动态能力、技术范式和创新战略行为之间交互影响的理论框架，如图8-1所示。本章认为，动态能力是技术范式转变时期企业本身所特有的，动态能力能够创造新的技术机会并帮助企业抓住商业机遇，从而使组织在技术范式转变时立于不败之地。首先，技术范式转变作为外部环境变动的一个重要代理变量，从时间和空间上影响了企业创新战略的调整和具体创新策略的选择（实线①）。动态能力作为企业面对技术范式转变时期的一阶能力，支撑了技术范式转变时期企业的创新战略调整（实线②）。而技术范式转变具有正向调节作用，强化了动态能力对企业创新战略的支撑力度（实线③）。另外，一些学者基于演化观，分析了技术范式转换时期企业动态能力的演化（虚线④），如吴晓波等（2006）指出，在技术范式转换时期，企业要求相应的动态能力与战略匹配，即技术范式转换前和转换后，企业的动态能力应该做出相应的变化。徐宁等（2014）认为，投入能力、产出能力与转化能力三个维度共同构成了技术创新的动态能力。但是本章认为，当今世界的一个显著特征是时间紧缩，随着科技知识的快速创造与累积，创新周期不断缩短，技术范式转化的时间窗口会越来越短暂，要求动态能力在极短的时间内做出转变并不现实。企业的动态能

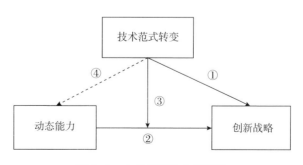

图8-1　本章的理论分析框架

力本身就是应对外部环境动态变化的能力，技术范式转变也是对组织面临的技术环境质的动态变化的一种刻画，如果基于缓慢、渐变的演化观来分析瞬息万变的技术环境下企业动态能力的演变，就明显误解了动态能力的内涵，没有认清动态能力是"创造能力的能力"（Winter，2003）的本质内涵。限于本章的主题与篇幅，关于技术范式转变究竟对动态能力的演化具体有何种影响、如何影响（见图8-1 理论框架中用虚线标识的路径），在此不做深入探究。

第二节　研究方法

一、选择案例研究方法的理由

案例研究属于实证研究中的定性研究，是通过对案例的观察、整理、分析，找到一些未被发现的新变量或关系。案例实证研究在发现新理论、丰富现有理论等方面具有重要意义，这一点为众多学者的研究所证实（Eisenhardt & Martin，2000）。由于案例研究能够考察掌握案例对象的复杂性，对研究对象进行翔实的分析描述（Yin，2009），因此，根据本书的研究主题在现象上的典型性与内容上的复杂性，本章采取案例分析方法。作为探索性案例研究，本章采用有助于提炼规律的对单一案例进行深度纵向分析的研究方法。个案研究的方法有助于捕捉和追踪管理实践中涌现出来的新现象和新问题，同时通过对案例的深入剖析，能够更好地检视研究框架中提出的问题。

此外，纵向案例研究可以在 2 个或 2 个以上不同的时间点研究同样的研究对象。本书通过不同方法收集多种形式的数据，包括访谈、调查问卷、公司内部资料以及公开信息。一方面，可以获得长时间大跨度的宝贵资料（Longitudinal Information），能够对案例公司的动态发展过程以及其独特的情境（Context）达到系统的理解和把握；另一方面，在对某个时期内同一变革进行分析时，本书的覆盖面涉及了一线员工、经理、高级管理人员等多个层面，这是多角度多层次分析同一问题的坚实基础。这两方面的基础工作大大提高了所归纳理论的外部效度，也提高了其在不同情境下的适应程度。

基于这些方面的综合考虑，本章根据 Strauss（1987）的做法，选取单案例纵向研究方法，希冀能够较好地了解案例的背景，并在一定程度上保证案例研究的深度。通过对典型案例的纵向研究，探索技术范式转变时期企业动态能力对其创新战略行为的支撑机制和作用机理，并进行探索性分析与挖掘，进而构建适宜的理论研究框架。

二、案例选择的依据

本章研究的案例是腾讯公司的微信业务。Eisenhardt（1989）指出，对案例研究方法来说，随机样本不仅是不必要的，一般还是不可取的。Pettigrew（1990）甚至一再强调案例研究要选取典型和极端的情形。Yin（1994）也有同样的看法，认为案例研究要求样本选择具有重要性或极端性。此外，研究的问题决定了案例样本企业的选择标准：①所处行业竞争激烈，环境复杂多变；②在其行业具有典型的代表性；③时间10年以上；④相对于竞争对手而言具有明显的竞争优势。因此，本书认为，以腾讯微信为案例研究对象是合适的，主要理由如下：第一，从2011年至今，腾讯微信及其微创新在国内互联网行业一直处于领先地位，具有行业代表性；第二，腾讯微信扩张过程从2011年至今虽然短暂，但已经历了多个阶段，各阶段的特征、问题及其解决方式丰富且有趣，历史数据较完整；第三，腾讯微信的快速发展在很大程度上得益于它的动态能力，作者调研过程中对腾讯微信如何实施迭代微创新战略印象尤为深刻；第四，笔者作为腾讯微信业务部门的核心员工，参与了腾讯微信整个迭代微创新战略的关键进程，保证了所获取相关案例资料的准确性、直接性；第五，追踪中国企业管理创新实践并使其理论化是学术研究的基本使命，至今尚未见到关于微创新专题研究的学术文献，系统诠释微创新战略的理论依据与理论贡献仍属空白。

腾讯微信的创新实践和发展历程是复杂多变的、丰富多彩的，相关因素、机理还未完全厘清，本章的研究目的在于揭示技术范式、动态能力与创新战略的关联性，如果用定量的方法进行研究这些因素的关联性可能较为困难，所以从案例到理论的"分析性归纳"的原理可能更适合检测这一现象（Yin，2003）。

三、案例资料的来源、收集方法与研究程序

在案例研究的过程中，可以使用多样化的数据来源使案例研究基础更加坚实有效（Glaser & Strass，1967）。因此，本书在腾讯微信的纵向案例分析中收集了多样化的数据，用多数据来源保证研究能相互补充和交叉验证。主要有深度访谈分析、基于行业内的数据收集和跟踪研究等方法，这是本书主要的信息来源途径。具体体现在以下四个方面：第一，对腾讯微信各部门人员进行了全面的实地

访谈与问卷调研，整理了近 10 万字的文字记录；第二，研究团队成员之一长期跟踪参与腾讯微信的产品开发，参加公司经营会议，并与腾讯高层管理者接触较多，对微信的研发有深刻的认识；第三，进行了大量中高层访谈并取得了一手数据，同时收集了大量腾讯公司的内刊、资料及公司的管理制度等；第四，关注腾讯公司微信业务的公开报道和其他公开发表的二手资料，包括媒介对腾讯公司微信业务的报道以及公司高管的讲话等。

整个案例研究过程独立于案例企业，研究团队通过不同渠道反复考察、访问了腾讯公司若干相关部门，重点关注创新战略、产品设计、市场推广、技术搜索和迭代微创新等活动。多次召开研讨会议，并将有关问题与发现及时与企业个别高管团队成员交流，不断获取、补充相关信息，核实、论证相关判断和结论。总之，研究团队在各个阶段都保持了研究的独立性、开放性、协同性和建设性，通过不断汇总、分析从多种途径获取的信息，加深对腾讯公司微信业务发展过程以及动态能力对其创新行为影响的认识和理解。

第三节　案例分析与讨论

一、案例简介

2011 年 1 月 21 日，腾讯推出了一款通过移动互联网发送语音短信、图片和文字，实现多人群聊的手机聊天软件——微信。由于在腾讯 QQ 好友关系链之上又叠加了手机通讯录关系链，用户可以在广泛的社交关系链中，以非常低廉的成本，互相发送形式丰富多样的信息。这款产品一经推出就受到了原有腾讯用户的欢迎。在微信投入市场前，国内外已经有多款基于移动互联网的语音聊天软件，以米聊、Talkbox、Kik、Whatsapp 等瓜分了大部分市场份额。可是仅仅经历了一年，微信就远远超越了该领域的所有对手。2011 年，微信共发布了 45 个跨越不同终端的更新版本，平均 1.15 周发布 1 个。借助卓越的产品设计以及迅速而持续不断的版本升级，微信的各项功能不断推陈出新，极大地满足了用户借助手机进行多媒体沟通的需求。只用了 10 个月，微信便发展了 5000 万个注册用户。2012 年 3 月 29 日，微信注册用户已超过 1 亿，2013 年 1 月 15 日，微信宣布用户已达 3 亿。2012 年 4 月，微信开始国际化，英文名称定为"WeChat"，并推出了多语言版本。2012 年 5 月，微信推出了"朋友圈"，允许用户分享自己的生活。"朋友圈"的推出使微信从即时通信软件向社交网络发展。2018 年 2 月，除夕夜共有 6.88 亿用户使用了微信红包，当月，微信的全球活跃用户达到了 10 亿。智研咨询发布的《2020~2026 年中国微信公众号行业市场经营风险及投资战略规划分析报告》显示，截至 2019 年末，微信月活跃已经突破了 11 亿，成为中国用户量最大的 App。

如今，微信生态体系已经成功搭建，依托微信基础平台，以及微信公众号、小程序、微信支付、企业微信、微信搜索等开放平台，为各行各业的智慧化升级提供解决方案和连接能力，同时开发和运营包括邮箱、通讯录、微信读书等产品。微信已经成为一个横跨语音和视频聊天、朋友圈分享、摇一摇社交、地理信息服务、公众账号及开放平台等诸多扩展的移动互联网社交大平台。在功能体验、用户规模等方面，微信把米聊、Talkbox、Kik、Whatsapp 等应用远远地甩在了后面。微信从一个单一的产品，几乎在一瞬间就发展为一个综合性平台产品，颠覆了多个价值区间，成为腾讯公司在移动互联网时代的战略级产品。除未来商业价值被市场看好之外，对于研究者而言，更为看重的是在整个微信发展过程中体现出来的微创新落地价值。

二、具体发展历程

与国内很多其他产品来源于欧美公司的结构性创新产品类似，微信的产品雏形始于加拿大移动 IM 服务提供商 Kik Interactive 公司的移动语言聊天产品 Kik。在中国，最早的同类应用为互动科技在 2010 年 11 月推出的"个信"。小米科技于 1 个月后正式推出"米聊"，并一举获得千万级的用户市场规模，成为该阶段的领先产品。这种忽然诞生的业务类型威胁的不仅是依靠短信获利的电信运营商，其首当其冲的打击对象是借手机 QQ 维持移动社交市场领先的腾讯。微信于 2010 年 11 月 18 日正式立项，它的起源不是来自腾讯移动互联网主力——承担手机 QQ 业务发展的腾讯无线业务系统，而是被腾讯 QQ 邮箱的开发团队——广州研究中心（以下简称"广研"）作为一个兴趣项目启动。2011 年 1 月 21 日，腾讯"广研"推出第一个微信苹果手机的应用版本，随后几天又陆续推出了安卓和塞班手机的应用版本。微信开启了一个由非核心业务团队主导下的微创新大胆实践征程。

1. 技术追赶：基础语音功能的微创新追赶

微信产品第一个版本的核心思路是"能发照片的免费短信"，虽然这与竞争对手趋于同质化的口号并未让用户感到太多的惊喜，但代表了微信启动时最初始的产品诉求。第一个版本没有受到市场的太多关注，然而这个最早版本积攒下来的少数尝试性用户却给产品带来了很多宝贵的建议和反馈。在接下来三个月，微信团队根据这些用户提供的线索不断优化程序，持续改进包括收发信息速度、流量节省等产品细节内容，并根据用户最集中的需求打造新的产品功能。

2011 年 5 月 10 日，发布了微信产品的第二个版本，"广研" 借助手机 QQ 团队开发的语音聊天技术，首次在这个版本里推出了微信语音对讲功能。这个目前依然被使用最多的基础功能，给微信带来了大量的新增用户。这个功能显然也并非微信独创，2011 年 1 月推出的 Talkbox，就已经在主打免费语音。不过，就这种免费语音的具体呈现方式，微信根据用户实际的使用习惯进行了大量的微创新改进。例如，当距离感应器没有发生感应时，语音对讲功能就默认为扬声器播放，而只要把手机贴近耳朵，感应器就马上自动调整为听筒模式，这种细节性的改善，让用户避免了大众场合 "被广播" 的尴尬，方便在会议、地铁等不方便接受扬声器广播的场合进行接听。类似这样的微创新改进还有很多，这使用户接触到的尽管还是底层技术支持下的基础应用，但感受到的产品体验与其他的产品相比却已经不可同日而语了。

2. 基本超越：由强关系链拓展至弱关系链的微创新超越

真正让微信从国内 Kik 类软件中脱颖而出的是其再次以微创新的模式，在微信的语音服务上叠加基于地理定位技术（LBS）实现的距离社交功能。2011 年 8 月 3 日，微信发布了 2.5 版本，在国内率先推出了 "查看附近的人" 功能。另外，QQ 邮箱的漂流瓶功能也延伸至微信。微信借助这两个应用突破熟人沟通的边界，直接进入陌生人交友的应用区间。但是，国内其他技术企业也同时关注到了这个类别的应用。微信 2.5 版本推出的第二天，陌陌这款纯粹定位于 LBS 陌生人交友的应用也在苹果商店上线。LBS 以及基于 LBS 实现的友邻社交应用都不是微信首创，微信只是打通了 LBS 和语音对讲，并且微信也并不是第一个把手机语言聊天和 LBS 相结合的，韩国的一个交友软件已经列出了其他用户和本用户的距离、所在城市，并按照从近到远排列，方便用户交流。

但是，微信产品所采用的模式，则是源自对前几个版本的用户洞察。微信的开发者观察到很多实实在在的陌生人需求，如拼车上下班，用户把拼车的需求写入微信签名栏，以便让有同样需求的朋友联系自己。又如，也可以把二手物品的信息放到微信，以便找到买家。微信的功能需要更加生活化，基于不同的生活需求让更多陌生人产生进一步联系的欲望。满足这种洞察和考虑，微信为用户提供了查看附近人的头像、昵称、签名及距离等功能，并由此把不认识的人圈到了一起，突破熟人的紧密关系链，进入了一种类似微博的由某种共同点维系在一起的弱关系链。由此一来，微信新增好友数和用户数第一次突破了 QQ 原有的用户群边界，并迎来爆发性增长。这种"强弱关系链"的转换把不认识的人圈到了一起，成为微信用户增长的一个重要里程碑。

3. 完全超越：快速微创新实现超越

2011 年 10 月 1 日，微信 3.0 版本率先采用摇一摇功能，借助动作的一致性匹配找到同时晃动手机的人，形成新的随机社交关系。2011 年底，推出的微信 3.5 版本采用了一个极具战略价值的功能——二维码，通过扫描或在其他平台上发布二维码名片，用户可以不断拓展微信好友。摇一摇和二维码功能被业界普遍认为是微信实现绝杀竞争对手的微创新，虽然这两项功能都是微信在国内产品上的首创，但仍在一定程度上复制了国外相关产品的先进技术。例如，2011 年 8 月 16 日发布的日本公司语言聊天产品 LINE，新增了 Shake it（摇手机加好友）和 QR 码（二维码的一种）添加好友的功能。

不过，这两个功能在微信上大获成功且广受用户青睐，还是因为微信在细节上比国外先行者做得要好很多。例如，在摇一摇的第一个版本中，晃动手机之后的效果除了震动，听觉上是响亮的来福枪上膛声，视觉上女性用户呈现为维纳斯雕像，男性用户则是大卫雕像。

4. 国际化拓展：国际化版本和广播电台接驳

中国互联网企业历史上有很多开创性的产品，无论是在理念上还是在模式上均大幅度领先于欧美公司，如百度的问答和百科。然而中国的互联网公司只是将眼光聚焦在国内市场而忽视了拓展国际市场的机遇，因此之前只发布中文版本，从而失去了国际化的最佳契机，但是微信的规划却并非如此。微信的前三个版本都只有中文版，但到了微信 3.5 版本，微信在中文版的基础之上叠加了英语、法语、德语等 12 种语言的国际版，目前已经扩充到 19 种语言。除了语言，微信在用户体验上也跟随语种一并做出诸多微调，以适应当地市场的用户偏好。作为发布国际化版本的直接结果，微信在 2012 年一举拿下 15 个国际市场的社交类苹果商店应用第一位，其中既包括华人聚居的新加坡、马来西亚、泰国，以及我国的港、澳、台地区，也包括华人占比不高的拉丁美洲和中东诸国。目前，微信的海外用户已经超过 4000 万，与美国的 WhatsApp、韩国的 Kakao talk、日本的 Line 并列为全球四大手机即时通信工具。

国际版本的迭代，标志着微信在彻底稳住国内市场领先位置之后，实现了关键一步战略布局，而这种布局是依靠软件已有版本的多语言升级，以及国际用户体验的局部改善来完成的。目前，腾讯正在向各个区域市场派驻地面推广人员，但这是建立在产品本身已经在当地打开局面的基础之上。马化腾甚至认为，微信将是其有生之年能够看到的为数不多的腾讯国际化战略成果。在这个阶段，还有一个有价值的拓展，微信首次借助语音通话的业务本质尝试叠加广播电台运营辅助模式。微信新增加的模块可以让广播电台的主持人通过一个简单的后台，随时发布语言信息并管理听众的反馈信息，实现真正的交互式电台播放。这个模块随后被大量传统广播电台采用，主持人积极主动地持续告诉他们的听众："用微信爆料更方便、安全。"这种状况像极了媒体不断引用微博内容的局面。而开心网、新浪微博、百度百科等的创新惯例告诉人们，一旦传统媒体开始主动地免费宣传，该产品就已经成功了。

5. 平台化创新：以微创新方式将工具变成平台

米聊的"熟人社区"最早将QQ空间在好友关系链上分享图片等信息的功能集成到手机上，微信4.0版本精妙地构建了一个允许用户将文字、图片、音乐、视频等资讯内容基于个人的私密关系链实现小范围流转的模块，微信团队将此模块命名为"朋友圈"。朋友圈的模式同样也不是微信首创的，微信4.0版本发布时，业界一致认为这一模式是抄袭Instagram或Path。但是，几乎所有人都没有发掘微信朋友圈里蕴藏的微创新，也看不到这是在QQ关系链上做社交网络服务的有机尝试，以及微信如何借助各种局部的改善来规避可能极大伤害用户体验的风险。另外，业界也没有看到接口公开介入第三方内容后可能的结构性变化。当业界其他竞争者只是对其他产品的关键功能进行单纯的复制抄袭时，微信与竞争者的距离正在不断拉大。

微信朋友圈最早用图片分享作为最直接的切入点，设置巧妙且好玩，用户在微信上分享照片，进而养成愿意分享所有一切喜欢内容的使用习惯。朋友圈因为好玩而迅速得以推广，大量非私密信息通过朋友圈得到了更大的流转空间；为了将关系链微妙的用户体验处理到位，微信团队对于原本简单的Path模式做了非常精细化的改造。例如，对用户关系进行精密的隔离与控制，强关系链范畴内的好友才可以同时看到并且评论，不同关系链内的内容各项隔断并有准确的衔接点。在微信4.0版本后，可流动的内容拓展到几乎在所有手机上能够阅读的内容，一方面，优质的内容借助可信度很高的微信关系链可以进行高质量的传播；另一方面，微信也通过内容，让不断优化的社交关系链变得更加牢固。

微信朋友圈的兴起，几乎在一瞬间消除了腾讯的两大忧患。除了米聊等同类产品的没落，腾讯另一个竞争对手新浪微博也遭到了重大打击。有关数据显示，2012 年，新浪微博的活跃度同比下滑至少 30%，而 3 亿微信用户的朋友圈活跃度上升到 60% 以上。很多用户前几年养成的去新浪微博分享的习惯，在 2012 年变成了去微信朋友圈分享。

6. 跨界迭代扩张：迭代到更加广泛的价值空间

在这个阶段，微信继续推出的高质量创新服务多到让人眼花缭乱。微信 4.0 版本至微信 4.5 版本，微信先后推出了语音/视频通话功能、微信网页版、企业公众账户关注/信息订阅功能等。这些功能的发布本质上是微信仰仗通信工具的业务基础，进入多个原本不属于腾讯公司的价值区间。微信的语音/视频通话功能直接颠覆的对象是电信运营商，用户不仅不需要支付短信费，也不需要再单独购买视频通话的 3G 服务。2012 年春节，微信通过多姿多彩图文动画形式的拜年信息转瞬间取代了手机短信拜年信息，持续增长 10 多年的中国移动在 2012 年短信收入锐减，整体业绩也步入了零增长阶段。中国移动随后借助舆论弹劾微信，并以"占用了更多的信令"为由，谋求对微信收取更加高昂的移动互联网通道费。然而从长期来看，微信网页版基本替代了中国移动的飞信，实现了打通电脑和手机的功能。微信企业公众号的推出，对新浪微博平台上的口碑营销价值链形成了巨大冲击，大批营销账号开始迁徙微信，新浪的门户（Portal）频道也开始在微信上建立公众号。

7. 移动商业帝国初成：微信商业化时代的到来

2013 年 8 月 9 日，微信 5.0 版本正式在腾讯自由应用市场应用宝发布，尝试功能更为强大的微信商业化要求。微信 5.0 版本围绕着一个中心点——微信商业化如何做，增加了多项新功能，同时调整了多项老功能。如何做到商业化不伤害产品，产品又能托起商业化诉求，是对微信 5.0 版本的最大挑战。从微信产品在以下几个方面的尝试，可以窥探微信团队在寻找这种平衡点时所做的努力：首先是微信支付，作为微信 5.0 版本的新增功能，微信支付支持 Web 扫码支付、App 跳转支付和微信公众号支付。一旦绑定银行卡，以后支付不需要输入繁复信息，仅需输入微信支付密码就可以完成交易。微信支付让开设微信公众号的商家更容易实现交易，而对商业社会规则的震撼性影响是推出的直接扫码支付功能。

另外，扫一扫功能也得到了改进，为微信的商业化想象力提供了无限可能。微信 5.0 版本的"扫一扫"功能包括二维码、条形码、封面、街景、翻译。每个功能都可看成某种商业化尝试。微信游戏也是微信 5.0 版本商业化的一种尝试。微信 5.0 版本的启动页是一款"打飞机"小游戏，这个选择让一些腾讯内部使用测试版的员工也感到惊讶，凸显了微信以游戏平台为开端推进商业化步骤的策略。微信游戏平台具有极大的潜力，行业前景也令人倍感乐观。首要的利好消息便是被百度以 19 亿美元收购 91 无线，该公司已经每月可以从移动游戏业务中获得 1000 万元流水，而移动（手机）游戏方兴未艾，金矿远远没有被挖掘出来。由于微信尝试在移动平台上塑造全新的移动互联网，从微信 5.0 版本中人们看到了移动商业世界的价值。人们在结束游戏后，还可以在微信的信息消费世界里 IM、朋友圈、扫一扫购物等。这个完整的闭环，是腾讯的战略棋局。最后，折叠微信公众号是微信公众平台去媒体化的举措。从 2012 年 8 月公众平台上线到 2013 年 6 月微信产品助理总经理曾鸣提出"微信不是一个纯粹营销工具"为止，公众平台上的账号以媒体传播的方式推送消息愈演愈烈。

2019 年，又进行了微信 7.0 版本的更新。30 秒视频、微信公众号主页大变身、"好物圈"改版、小程序与公众号联动关系改变，还新增了浮窗功能。微信版本更新的方向开始瞄准视频化，随着微信在视频上的不断加码，微信朋友视频发布量的增长空间越来越大。由于小程序对公众号的反哺能力正在不断加强，公众号与小程序的联动关系，由原来的公众号资料页可展示关联小程序，变成小程序资料页可添加相关公众号。这个入口很有可能成为一个广告位，实现小程序流量变现。好物圈是基于社交关系的商品推荐功能，这种基于社交关系进行分发的举动，显然是电商的下一个拐点，为微信生态内的电商品牌提供了新的流量入口和用户运营空间。微信已经成为大众的一个生活方式，它也正在通过继续锻炼这些生态工具间的串联能力，一步步地构建起自己的商业帝国，每一个微小的改变都有可能带来巨大的商业机遇。

三、技术范式转变时期企业动态能力对微创新战略行为的作用机理

在技术范式转变的过程中，新技术为产业结构带来革命性变化，破坏性地改变了竞争的本质，迫使所有企业实行新的战略以求生存。从腾讯微信的发展历程来看，微信自项目开启时就建立了差异化的思维，用差异化的方法解决问题，这在一定程度上说明微创新战略的本质是差异化战略。进一步深入分析可知，微信微创新呈现具有规律意义的两个核心点：一是从小处着眼，体察、贴近用户的需求心理；二是专注一个方向，快速出击，不断试错。微创新并不意味着就能一炮走红、一招制敌，微创新需要持续不断地寻找用户的关注点，然后持续、快速地响应用户反馈，改进产品以满足用户需求，积少成多，实现商业模式创新。

总之，腾讯微信成功的关键是将微创新上升到战略高度，实施了"整合"与"迭代"微创新战略。所谓"整合"微创新战略是指微信不是只使用某种单独模式开展微创新活动，而是将微创新活动建立在基于功能、技术、定位、模式、外观、服务、渠道等多个层面，兼顾各方面的用户体验的持续改善，并整合使用各种微创新模式以保证"整合"战略的实施；所谓"迭代"微创新战略是对微创新活动反复按照一定的步骤进行重复执行、开放操作、迭代升级，在每次展开这些步骤时，并不是简单的循环复制、功能叠加，而是将创新活动始终置于一种开放的、协同的状态，充分利用已有的创新成果、紧紧追踪潜在的适用技术、细致分析所感受的用户需求，要求在每一次重复中实现哪怕是某一微小功能或技术的迭代升级，以保障实现持续创新，并通过规范化的步骤来加速微创新过程。这一"整合"与"迭代"微创新战略具有开放性、协同性、加速性、持续性的特征，保证了腾讯微信能够敏捷地吸附、集纳市场上出现的几乎所有大大小小的相关技术和模式，并在自身平台上反复予以"整合"与"迭代"，从而迅速地超越同类产品，使其由最初一个看似偶然的、并不起眼的垂直类应用项目最终演变成囊括多种功能的移动社交平台，而且跨界颠覆了其他移动产品。可以说，微信的"整合"与"迭代"微创新战略塑造了中国移动互联网行业微创新实践的典型案例，具体体现在以下几个方面：

第一，在腾讯微信业务所处的基础语音功能的微创新追赶阶段，微信已与其竞争产品米聊具备一样的功能，但在内容下载速度和载入方式的体验处理方面则做得更好、更细，表明微信团队已初步拥有内部技术搜索和跨界技术搜索的以组织学习为主要形式的动态能力。同时，借用 QQ 号码登录并查找 QQ 好友，可以通过微信来接收 QQ 离线消息和邮件，这两个细节是腾讯公司内部通道创造出来的全新附加价值体验，使微信比米聊具有稍许的竞争优势。这些基于体验和内部资源的微弱优势，让后起步的微信能够迅速与米聊等产品站在了同一起跑线上。在这个阶段，由于腾讯 CEO 马化腾和高管都是极度热爱互联网产品、技术的人，他们是腾讯里最勤奋的人，决策非常具有效率，身体力行地关注用户反馈和产品改进。他们为腾讯注入的基因，不仅极度关注用户体验，还有"腾讯没有技术上无法实现"的坚定信念和原则。这些都为微创新追赶阶段的微信增加了成功的可能性。

第二，在由强关系链拓展至弱关系链的微创新超越阶段，原来处于创新引领位置的米聊也仿照微信推出了类似"熟人社区"的功能，但在与微信的直接交锋中，米聊的"熟人社区"和微信的"查找附近的人"在资源沉淀以及细节体验上都存在很大的差距。另外，随着用户被陌生人"骚扰"的负面声音不断扩散，"趣味性"陡增的微信迅速而彻底地将米聊的陌生人社交功能击败。在这个阶段，微信能够打败米聊主要是由于腾讯整个公司在文化和制度上，都切实地强化着对产品和用户体验的关注度。由于腾讯企业文化吸引到的人才大部分是热爱互联网产品和技术的，再加上腾讯有很完善的导师制度，产品人员和技术人员也有完备的晋升考核路径，企业员工有足够的欲望和动力注重产品的用户反馈，不断进行改进和完善。

第三，进入快速微创新实现超越阶段，微信已经在这前三个阶段密集推出了十多个版本，最直接的被影响者是微信的竞争产品米聊。米聊在推出之始就受到了业界和市场的广泛关注，因为其代表着资深互联网业者不断开拓新领域，努力实现微创新变革而推出的优秀产品，很多人将米聊看成撼动腾讯互联网霸主地位、战胜腾讯手机 QQ 的利器，甚至有人认为，米聊代表着一种 PC 互联网向移动互联网转移的颠覆性创新，而且米聊是从移动社交的根源入手，引爆了行业更迭的重大发展机遇。但微信连续几个版本迭代下来，米聊的功能体验和用户量迅速被超越，原有用户也不断流失，领先的市场地位被微信替代。在无力挽回颓势的境地之下，米聊创始人雷军既显理智又示无奈，他深有感触地说，功能设计和用户分析方面的理性，结合内容和界面的感性，微信迅速被用户接受，微信选择的这个路径是很准确的，但是没想到腾讯的进展会那么快。面对集精细、体贴和强大功能于一体的微信，米聊于 2012 年末基本上停止了版本的迭代开发。

经历前三个阶段的"整合"与"迭代"微创新后，微信已经遥遥领先于国内其他任意一款同类产品。接下来的微信很快摆脱常规的赶超式竞争，继续以微创新方式迅速展开领跑行业以及主战略的实施过程。微信团队体现在组织学习和知识管理这两个维度的动态能力，在这一过程中得到不断丰富和大幅度提升。

第四，在国际化拓展阶段，腾讯微信国际化版本和广播电台进行接驳。没有了竞争对手的紧迫追赶，微信的产品版本迭代节奏也从原来"碎步快跑"的密集小迭代、小优化更新模式，变成了几个月一个更新，但是每次更新就有大跨越的状态。这种变化的背后，是微信完成了与同类产品就"通信工具"这个最基本的功能诉求的角逐，现在这个工具的王者地位已经奠定，微信开始更加有计划、有节奏地向着自己设定的目标点前进。

第五，在平台化创新阶段，腾讯微信引入微信朋友圈，以微创新方式将工具变成平台。在一定程度上，微信朋友圈的兴起为微信由通信工具变成移动社交平台创造了客观条件。实际上，微信已经从战略上将自己定位于"社交关系和移动通信的管理平台"。而从产品战略角度来看，微信在拥有海量用户之后，将是移动互联网时代的"社交关系管理平台"，而早期定位通信工具已经蜕变为这一平台上最重要的子功能之一。除了移动通信，微信还通过个人相册和朋友圈，构建了一个在小范围流转的基于私密关系链的内容层；并通过开放 API，让广阔的互联网内容在微信庞大的关系链中不断流动，让各种基于第三方的商业模式成为可能，也让各种线下服务通过"二维码"和"附近的人"接入庞大的微信价值链。最后，微信开始实践开放平台，让用户实现各种 App 的相互推荐和调用。这可以说是一个从用户需求点切入的战略选择，这一次变化让微信从工具布局到了社区和平台。

第六，在跨界迭代扩张阶段，腾讯微信的战略布局已经很清晰，通过迭代创新实现更加广泛的价值空间。防守米聊成功后借势击溃新浪微博，然后开始逐步占领电信运营商的市场，进而开启了微信商业化的新时代。目前，腾讯针对商户、媒体创新运营的需要，正在鼓励商户、媒体往移动平台迁移。腾讯希望在微信的闭环平台上，有足够多的商户为足够多的用户提供足够丰富的服务。然而对于腾讯而言，在公众社交平台上以"整合"与"迭代"微创新为基础叠加商户移动服务平台和媒体移动内容发布平台，这是不可逆的。腾讯迈出了第一步，在培养商户和用户、媒体和受众的习惯方面，还会迈出第二步、第三步……对此，腾讯能提供的资源、微信能提供的功能终究是有限的，需要站在更高的起点，以更宽的视野改变微信公众平台的玩法。这对于高质量的第三方辅助运营系统而言，意味着将会迎来新的机遇。对于微信团队而言，则意味着技术范式转换背景下动态能力的进一步开发、培育和拓展。例如，基于云计算、大数据的用户分析和平台管理。

第七，在微信商业化到来的时代，腾讯公司借助微信构建复合式产品平台。

首先，进行的是微信支付，因为其是移动商业帝国的基石。微信支付自 2013年 8 月正式上线以来，从支付开始，逐步深入生活，成为新商业价值的牵引器。如今，微信支付支持付款码支付、JSAPI 支付、小程序支付、Naitve 支付、App跳转支付、H5 支付和刷脸支付，同时支持多家银行的储蓄卡和信用卡支付。

其次，加入"扫一扫"的功能模块，使其变为一个巨大的入口，商业化想象力无限。微信 7.0 版本系列的"扫一扫"取景框已由小方框变为全屏界面，原本的"扫码、封面、街景、翻译"四个选项也被"扫码、识物、翻译"所取代，还新增了一个二维码和一个图片图标，它几乎可以识别任何商品，包括衣服、鞋子、日用品等。识别商品后，微信会显示出商品的价格和相关信息，还会展示相关商品的购买链接，用户在获取相关信息后还可分享至微信好友及朋友圈。其中，微信"扫一扫"功能增加了"识物"能力，它打通了搜狗问问、知乎热榜等资讯类小程序，并会引导进入京东购物、苏宁易购等电商小程序的商品页面，用户不仅可以查询到商品信息，还可以实现一键购买。每个功能都是一个商业化尝试。

再次，微信游戏也是新推出的一个功能，是未来可能熠熠生辉的金矿。QuestMobile 于 2018 年 5 月发布的《微信游戏小程序报告》显示，平均每 5 个微信小程序用户就有 4 个在玩小游戏，小游戏被证明是将微信用户转化为小程序用户的有效方式。微信小游戏主要依托于微信生态，利用用户的碎片化时间，休闲、竞技等具有社交属性的小程序游戏受到用户的青睐。

最后，微信 7.0 版本系列设想构建一个公众平台，进行去媒体化和转向服务平台的尝试。为了迎接微信公众平台的巨大变化——折叠，微信官方已经让外界消化了好长一段时间，将"服务号"和"订阅号"两大分类加入产品的功能中。服务号是针对企业的，服务号的公众号名字在首页以蓝色字体标注，还可以申请自定义菜单。所有公众号默认为"订阅号"，它们可以在微信后台将订阅号修改为"服务号"，订阅号的改版也更多地侧重于拉新以及给现有订阅号拓展新的流量来源。同时，从小程序也可以看出微信要打造平台和生态的野心，时隔两个月的微信 7.0.7 版本新增了小程序返回和回到主页功能，并且可以直接转发给朋友。目前，许多生产内容推送的公众号也相应开发出了自己的小程序，在小程序生态逐渐完善的过程中，可以考虑推送内容和小程序的联动。未来，小程序的建设应当会越来越完善，微信从早期的聊天对话发展到内容分发，再到现在的功能搭建，正在逐渐形成完整的生态。

由此可见，微信团队在不断提升的动态能力支撑下通过微创新的持续积累最终实现了颠覆性创新，各发展阶段微信团队的动态能力及微创新内容总结如表 8-2 所示。从微信的案例来看，持续地微创新最终演变为颠覆创新的具体路径，通常是从当初一个很不起眼的局部体验或者低价值市场切入，通过不断地改善促成质的飞跃，进而实现对原有优势产品和服务的替代。颠覆性创新从来不是在一夜之间发生的，就互联网领域而言，需要把握信息体验消费市场的特征，紧紧围绕用户的碎片化、速变化的动态体验需求进行持续局部改进和细节创新。

表8-2 微信各发展阶段的动态能力及微创新内容

发展阶段	动态能力	微创新具体内容	微创新技术来源	受到影响的竞争对手
初创阶段	内部技术搜索、组织学习、跨界技术搜索	语音对讲功能的距离感应器设计、用QQ号码登录微信并查找QQ好友、通过微信接收QQ离线消息和邮件	Talkbox 免费语音聊天、QQ 语音聊天	Kik、Talkbox、米聊
追赶阶段	外部技术搜索、知识管理、技术变异识别	为用户提供了查看附近人的头像、昵称、签名及距离等功能，并由此把不认识的人圈到了一起，突破熟人的紧密关系链，进入了类似微博的由某种共同点维系在一起的弱关系链	QQ 邮箱漂流瓶、陌陌交友、韩国的一款交友软件	陌陌、EL、米聊
完全赶超阶段	跨界整合响应市场	摇一摇的第一个版本中，晃动手机之后的效果，除了震动，听觉上是响亮的来福枪上膛声，视觉上女性用户呈现为维纳斯雕像，男性用户则是大卫雕像	日本公司语言聊天产品 LINE 的 Shake it! 和 QR 码添加好友功能	米聊
国际化拓展阶段	技术变异识别、跨界扩张	在中文版基础之上又叠加了英文、法语、德文等12种外文的国际版，目前的语种已经扩充到了19种。除了语言，微信在用户体验上也跟随语种一并做出诸多的微调，以适应当地市场的用户偏好	无	美国的 WhatsApp、韩国的 Kakao talk、日本的 Line
平台化创新阶段	协同创新	为了将关系链微妙的用户体验处理到位，微信团队对于原本简单的 Path 模式做了非常精细化的改造。对用户关系进行精密的隔离与控制，强关系链范畴内的好友才可以同时看到并且评论，不同关系链内的内容各项隔断并有准确的衔接点	Instagram 软件；Path 软件	新浪微博、Instagram 软件、Path 软件
跨界扩张阶段	虚拟整合、跨界创新	语音/视频通话功能，微信网页版，企业公众账户关注/信息订阅功能	电信运营商的视频通话3G服务	电信运营商的短信和3G业务、中国移动飞信业务、新浪微博
移动商业帝国形成阶段	颠覆式创新、价值创造	微信游戏、微信支付、服务平台、微信街景、媒体移动平台、小程序、时刻视频	—	阿里巴巴支付宝、商业银行、商业服务中介、网络媒体、游戏运营平台

资料来源：笔者根据腾讯微信发展过程整理。

不过，需要指出的是，微创新未必一定能够累积成为颠覆性创新，如果微创新仅仅是满足某种防守战略的需要，守护原有的市场份额，就很难将微创新的成果累加成系统性、结构性的变革，最终也不会形成颠覆性的革命，企业的微创新将无法开辟新的价值区间，实现颠覆性的价值创造。例如，诺基亚擅长手机交互体验和机型创意设计，当年的"随心换"彩壳和滑板设计都是微创新的经典事例。但是相比较更加擅长推动价值链整合的美国苹果公司而言，诺基亚的松散型微创新无疑会在效果上大打折扣。在这个过程中，诺基亚只是通过微创新来防护原来的领地，没有通过微创新开辟新的价值区间，没有将微创新的成果累加成系统性、结构性的变革，也最终没有能够产生像谷歌安卓和苹果 ios 系统那样的大型统领式技术和功能结构，并由此催生出颠覆性的商业革命。

第四节　进一步的讨论

本章第一节提出的基于技术范式、动态能力和创新战略的交互理论框架指出，技术范式转变是企业发展的重要战略契机，影响了企业创新战略行为的调整；动态能力作为企业应对外部动荡环境的重要能力，支撑了企业在技术范式转变时期的创新战略调整，使致力于创新的领先者得以摆脱跟进者高效的模仿和学习的纠缠，进而保持持续的竞争优势；技术范式的转变还起到重要的调节作用，加剧、强化了动态能力对创新战略调整的支撑。运用这个理论框架来分析微信的成功逻辑可以发现，腾讯微信"整合"与"迭代"微创新战略成功实施的条件，首先是成功抓住了互联网技术范式转变，即 PC 互联网范式向移动互联网范式转变的机遇，利用敏锐的市场洞察力、快速的响应能力，以"迭代微创新"实现技术跨越，获取竞争优势，成为领先企业。其次是基于动态能力的支撑，腾讯微信通过对自身创新战略行为进行调整，从渐进式创新向持续微创新转变，通过"整合"与"迭代"微创新战略迅速切入市场并抢占份额，最终淘汰了米聊等强劲的竞争对手。在移动互联网时代，网络产品创新周期紧缩导致创新收益无法有效取得，意味着创新风险加大，这一外部环境的变化使得基于用户导向开展微创新活动的企业较其他企业具有更明显的竞争优势。这些企业直接进行激进式创新的机会越来越小，而渐进式创新却越来越多。随着大数据和云计算有效地缓解了信息不对称程度，信息体验消费的市场特性逐步被认识，体验性功能和技术产生的多样化，以及技术标准的日益规范化，进一步促使企业从渐进式创新向基于用户体验、快速"整合"与"迭代"的微创新模式演变。另外，技术范式转变加剧、强化了腾讯的动态能力对创新战略调整的支撑力度。如图 8-2 所示。

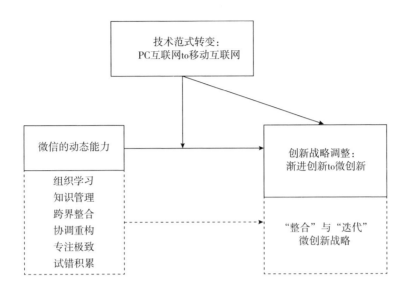

图 8-2 理论框架的延伸

微信实现的这一系列跳跃，捕捉技术范式变化机遇的能力源泉正是其自身的动态能力。微信通过基于用户体验的"整合"与"迭代"机制将多个微创新关联和组合起来，保障了腾讯（整合）微创新战略的成功，也体现了动态能力整合、重构的手段：整合微创新将内外部资源、能力、技术有效整合与构建；迭代微创新将企业整合的内外部资源、能力、技术进行有效重构，推动产品不断迭代升级。

腾讯为发展微信先后投入了数亿元费用，整合了 QQ 通讯录、QQ 邮箱和腾讯微博等产品，将内部的资源完全打通。除了利用技术、产品、市场营销等主要驱动手段，微信还利用了腾讯公司外部一切可以利用的资源，处处体现出其应对动荡环境的强大动态能力。Teece 等（1997）将动态能力视为资源基础观的延伸，微信微创新成功背后的动态能力实际上也有庞大的资源基础和资源支撑：众所周知，目前所有互联网企业的微创新都基于数据积累，精准的优化与改善都需要大数据分析做依托，有数据积累才能尽快地完成"不断试错、初步优化"的微创新过程。从这个层面上讲，超过 6.7 亿的腾讯用户成为其在微创新战略背后动态能力的资源基础。腾讯有庞大的关于用户信息以及用户产品使用记录的数据库，这是企业的核心资产，企业无论是对现有产品的优化还是对新产品的开发，无一不是在深度挖掘数据库数据的基础上实现的。互联网与跨组织信息系统的支持为腾讯微信收集、组织、选择、合成、分配各种业务信息创造了条件，通过大量的客户数据进行挖掘分析，可以获取客户分类、偏好或不同客户群体的差异化需求和潜在需求，并以此制定微创新策略，为客户群体提供不断丰富的差异化服务和产品。

通过深入分析微信的发展历程，本章认为腾讯微信的动态能力主要包含以下内容：第一，通过响应外部环境变化的组织学习实现对市场信息和技术信息的捕捉是动态能力的前提。这些组织学习能力包括腾讯学习型组织的构建与完善、对技术变异的识别能力、对信息体验消费市场敏感的认知能力等。第二，通过知识管理实现产品的迭代更新是微信动态能力的基础。这些知识整合能力包括对分散知识的收集、复制、消化吸收的能力，以及基于基层知识自下而上、由外到内的制度性决策能力和实施能力。第三，通过跨界整合、协调重构能力实现运营能力改变是微信动态能力的实施手段。跨界整合包括跨企业、跨行业、跨地域的技术搜索、整合；协调重构则是在跨界整合的基础上进一步创新提升。专注极致和试错积累能力则是微信动态能力的实现路径。专注而聚焦，长时期盯住某个特定市场，将有限的资源集中于一点并做到极致，小处着眼，滴水穿石，既不期望出手不凡、一鸣惊人，也不刻意追求面面俱到、完美无缺；同时倡导持之以恒的创新，不怕失败，不断试错，快速调整，累进循环，使之积小胜为大胜，直至催生出颠覆性的变革。专注极致和试错积累看似琐碎、平凡、具体，往往被人们所忽视，但却是微信团队在操作层面最重要、最突出且引以为豪的实干能力。

上述动态能力的构成要素和资源基础支撑了腾讯微信的微创新战略，保证其"整合"与"迭代"微创新战略的有效实施，使微信将微创新的成果累加成系统性、结构性的变革，最终形成颠覆性的革命，改变原有的市场格局，为顾客创造了更大的价值。这就要求进一步打开"整合"与"迭代"微创新战略的"黑箱"，深入挖掘腾讯"整合"与"迭代"微创新战略成功实施背后的逻辑机理，特别是微创新战略背后的"迭代"与"整合"机制。通过上述案例分析，本章认为微信微创新战略成功的内在机理是，抓住了技术范式转变的战略机遇，基于动态能力的支撑，通过有效的组织学习和知识管理，以及强大的跨界（跨地域、跨行业、跨企业）虚拟整合能力，将从组织内外部搜索、学习的分散技术知识，基于用户体验对创新活动进行快速、反复、精确迭代，领导竞争对手、合作伙伴、先导顾客进行开放式的协同创新，并通过有效的微创新质量控制，降低创新失败的风险，最终成为支撑移动互联网时代第三方服务的平台级产品，实现颠覆式创新和价值创造。具体的支撑机制和逻辑机理如图 8-3 所示。

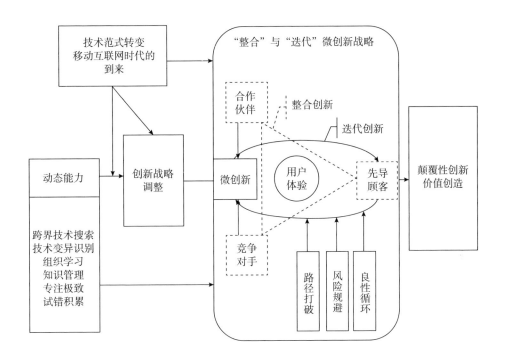

图 8-3　"整合"与"迭代"微创新战略

　　从图 8-3 中可知，"整合"与"迭代"微创新战略的实施，可以有效规避企业创新过程中的许多潜在问题。首先，通过技术搜索和技术复制可以降低创新的不确定性，使企业有效地规避风险，并且不用直接承担开展颠覆性创新的巨大成本；其次，基于用户体验迭代的微创新活动可以有效修正企业的行为偏差，规避企业创新过程中的路径依赖问题；再次，整合竞争对手、先导顾客（Lead Vsers）和合作伙伴的协同创新模式，使微信在开展组织学习和知识管理时，走上了"积极消化吸收"的良性循环的道路；最后，"整合"与"迭代"微创新战略可以避免先进技术的重复研发，降低国外技术的引进成本，有效规避竞争对手的知识产权侵占。微信的微创新系统战略使竞争对手只能部分抄袭复制其特定技术，但"整合"与"迭代"微创新战略的快速实施机制保障了微信无法被系统抄袭。这正是腾讯微信"整合"与"迭代"微创新战略成功的条件之一。

　　接下来，分析腾讯的动态能力对微信"整合"与"迭代"微创新战略的支撑机制。从案例中可以看出，跨界技术搜索和技术变异识别是企业进行技术复制的前提，这种跨企业、行业、区域的激进式搜索建立在腾讯外部的边缘技术上，是微信重要的外部技术来源。另外，这种跨界技术搜索也包括外部边界扩展搜索，即集成了外部其他组织的知识，这种模式也使微信技术部门在自身技术领域内集成利用其他组织的知识。在技术范式转变时期，洞察本领域之外的技术变化趋势，抓住新技术机会的激进式战略搜索模式已成为微信实现颠覆性创新的基础。技术变异识别能力也对腾讯微信的微创新战略提供了有力支撑，基于用户体验和用户数据挖掘，微信团队从众多技术噪声中识别出对产品升级转型有重大影响的微技术，及早地探悉到技术范式变革和技术变异给公司带来的战略转折，从而对微信"整合"与"迭代"微创新战略进行了有效支撑。至于组织学习和知识管理层面的支撑，微信（微创新）成功创新的必要条件之一是基于用户体验，在操作层面专注极致、不断试错的迭代微创新。微信将先导顾客的需求作为了解未来市场需求的一个窗口，从反复的市场测试中积累知识，并根据新知识和新视野修改原有产品，这个过程就是一个"探索与学习的过程"（Probe and Learn Process）。通过贴近市场，并且在腾讯 QQ 庞大客户资源的支撑下实施数据挖掘分析，腾讯微信有效了解了顾客需求。先在市场中导入新产品，然后不断进行产品使用测试与用户试用信息积累，邀请用户参与产品的渐进式创新，这种基于用户体验的累进循环机制使腾讯微创新逐步逼近顾客期望与理想中的成熟产品。而且在这一过程中，组织学习和知识管理为微信微创新提供了坚实的支撑。

第五节　研究结论和展望

本章力图丰富、升华动态能力的内涵，将动态能力界定为在技术范式转变时期，企业应对混沌、复杂环境的整合、重构能力。经由案例分析，认为动态能力包括四个层面的内容：通过响应环境变化的组织学习实现对信息的捕捉是动态能力的前提；通过知识管理实现企业产品或服务的更新是动态能力的基础；通过整合、协调与重构能力实现运营能力改变是动态能力的实施手段；在具体操作层面的独特实干能力是动态能力的实现路径。在此基础上，本章架构了一个基于动态能力、技术范式和创新战略行为之间交互影响的理论框架，认为技术范式转变影响了企业创新战略的调整，动态能力支撑了技术范式转变时期企业的创新战略调整，而技术范式转变具有正向调节作用，加剧、强化了动态能力对企业创新战略的支撑力度。通过这一理论框架，本章厘清了技术范式转变时期企业的动态能力对其创新战略行为的支撑机制和作用机理。本章也尝试运用这一理论框架打开近期移动互联网业界的一个热点问题——微创新战略的"黑箱"，通过对腾讯微信的"整合"与"迭代"微创新战略进行深度纵向案例研究发现，微信微创新战略成功的机理是，抓住了技术范式变化的战略机遇，基于动态能力的支撑，通过有效的组织学习和知识管理，以及强大的跨界（跨地域、跨行业、跨企业）虚拟整合能力，将从组织内外部搜索、学习到的分散的技术知识，基于用户体验对创新活动进行快速、反复、精确迭代，领导竞争对手、合作伙伴、先导顾客进行开放式的协同创新，并通过有效的微创新质量控制，降低创新失败的不确定性和风险，最终成为支撑移动互联网时代第三方服务的平台级产品，实现颠覆式创新和价值创造。

本章的理论贡献在于，丰富了动态能力的理论内涵，研究了当前移动互联网行业技术范式转变时期，动态能力对行业内企业微创新战略的动力支撑机制，这对于处在日益动荡的外部环境，特别是面临时间紧缩背景下技术范式变革的中国企业，有着重要的理论价值和现实意义。目前，我国很多中小企业很难真正开展"创新"实践，微创新对于资源不丰裕的企业，尤其是小微企业而言具有非常强的适用性。用微创新来描述中小企业的一些行为也显得更为恰当，因为微创新可能昭示了互联网时代现代企业的一种先进经营文化和战略导向，其核心理念体现了优秀互联网企业秉承的"用户至上，局部着眼，细微入手，集腋成裘，因小得大"的理念，以简单而真诚的改善行动打动用户的心，以专注细节和聚焦用户体验来推进结构性创新；微创新可以降低风险，使企业不用直接承担开展颠覆性创新的巨大不确定性，可以避免先进技术的重复研发，降低外国技术的引进成本，有效规避竞争对手的知识产权侵占。而且微创新基于用户体验的迭代模式可以有效修正创新过程中的行为偏差，可以规避企业创新过程中的路径依赖问题。另外，基于用户体验的迭代微创新，整合竞争对手、先导客户和合作伙伴的协同微创新可以保障企业走上良性循环的道路。

本章严格遵循了案例研究的方法论，在研究过程中充分考虑了效度与信度问题，但是本章的局限性仍然存在，寻找到了一个较难察觉且西方理论难以诠释的有趣现象，从这一值得关注的管理问题入手，尝试按照"萌芽理论"（Nascent Theory）构建理论模型，在深刻理解现象所处的情境和发生的过程的条件下，回答"如何"和"为什么"的问题。但本章的理论框架仍有不完善的地方，如没有深入探索技术范式从 PC 互联网向移动互联网转变的本质特征，以及技术范式转变前后企业动态能力的演化问题。另外，本章属于探索性研究，目的在于对关键要素的识别，是从案例到理论的"分析性归纳"的原理。虽然本章尽量选择最具代表性的企业案例，但仍然缺少多案例的复制和比较。因此，本章构建的理论框架还有待在未来展开更为充分的实证研究，以证实本章结论的一般性意义。

第九章　动态能力、战略转型要素与转型绩效

本章导读→

　　战略转型作为企业对动态变化环境的一种适应，对企业可持续发展具有重要作用。而企业动态能力作为一种改变能力的能力，对企业战略转型具有重大影响。因此，本章从动态能力理论的视角分析企业战略转型的过程传导机制，认为转型背景下的动态能力由环境洞察能力、学习吸收能力、变革更新能力及整合重构能力构成，提出了企业动态能力、战略转型要素和转型成功之间的关系模型框架。研究表明：第一，企业在动态变化的环境下能够实施战略转型并获得成功的前提与关键是具有与环境变化相匹配的动态能力，动态能力通过影响战略转型的关键要素，进而在很大程度上决定了转型成效；第二，动态能力对战略转型的影响是持续进行、不断提升的过程，企业只有持续培育和提升动态能力，才能顺利推进转型。

　　在全球经济一体化、科技飞速发展及竞争日趋激烈的"超竞争"环境下，企业的持续发展面临着日益严峻的挑战（D'Aveni，1995）。企业经营环境的动态变化及日趋复杂使企业在发展过程中遇到战略计划意图与实施执行不一致而引起战略矛盾和出现战略转折点的可能性大大增加，变化打破了企业原有战略与外部环境及内部能力的匹配状态，战略转型成为企业战略管理实践中一个亟待解决的命题。芮明杰等（2004）认为，企业只有走向战略转型的"再创业"之路，才可以获得持续发展。中国企业正面临着以增强核心竞争力为基础的战略转型期。因此，在一定程度上，战略转型是企业提升组织绩效进而实现持续发展的重要基础，战略转型实践在企业战略管理中的地位越发突出（刘海建，2012）。企业只有走向二次创业的战略转型之路，才可以获得持续竞争优势，如一些服装制

造企业经过战略转型，专注于品牌和设计等附加值高的核心业务，将服装生产等非核心业务外包进行定牌生产，依靠经营模式转型实现了品牌飞跃式发展。

但是，企业战略转型的过程并非一帆风顺，而是存在着较大的风险和陷阱。到底是什么因素促进这些企业通过战略转型使内部能力和外部环境匹配从而获得持续成长值得进行进一步的研究（芮明杰等，2005）。在企业战略转型的实践中，必须关注以下一些亟待研究和解决的问题：①为什么在现实中一些企业成功地实现了战略转型，而相当一部分企业却以失败告终？②哪些因素影响了企业战略转型的过程，从而出现不同的转型结果？③成功实现战略转型需要企业具备哪些关键要素，怎样才能具备这些要素？

相关学者研究了影响战略转型的因素，如 Uhlenbruck 等（2003）从资源基础论的视角研究了转型经济背景下组织变革的相关问题，认为所拥有的资源在战略转型的过程中起着重要的作用。但随着环境的动态变化，已有资源的价值可能会不断被侵蚀，现有的能力会趋于过时。而动态能力是企业整合、构建和重组内外部资源以修正运营操作能力从而适应动态复杂快速变化环境的能力，其能够使企业动态地适应复杂变化的环境（焦豪等，2008）。因此，从动态能力理论的视角研究企业战略转型的过程机制具有重要的理论意义与实践意义。

本章的研究目的就是基于动态能力理论分析企业动态能力对战略转型成功的影响。在此基础上，发展了企业动态能力、战略转型要素和转型成功间的关系模型。同时，运用该理论模型分析浙江物产集团的战略转型历程及随后的绩效表现。最后，总结本章的主要结论并提出了今后进一步研究的方向。

第一节　文献综述

一、企业动态能力的内涵及构成

战略管理领域最基本的问题是企业如何获得以及保持竞争优势。在对战略管理中的竞争力学派、博弈论学派、资源基础论进行分析探讨的基础上，Teece 等（1997）提出了企业动态能力理论，并认为其是企业整合、构建和重组，使其适应快速变化环境的能力。随后有许多学者从自身研究的视角出发，对动态能力进行了多种定义。Helfat 等（2007）在总结以往研究观点的基础上，提出了一个简练而全面的定义，认为动态能力是组织有目的地创造、拓展或改变资源基础的能力。

关于动态能力的构成，并没有形成一致的看法。Teece（2007）认为动态能力可由感知机会与威胁及创造机会的能力、抓住机会的能力、管理威胁及重构的能力组成。Wang 和 Ahmed（2007）认为动态能力可以由适应能力、吸收能力和创新能力三个维度表征。

综合上述观点并结合企业战略转型的实践，本章认为战略转型背景下动态能力可由环境洞察能力、学习吸收能力、变革更新能力和整合重构能力构成，分别为企业对变化环境的敏感程度和识别的能力、企业不断学习，对知识进行获取、消化与利用以产生新知识的能力、企业进行创新与变革的能力以及企业对资源与能力进行整合与重构以适应转型的能力。

二、企业战略转型的内涵及其成功关键要素

环境变化与组织适应是战略管理领域关注的基本问题，企业战略转型以及与其相关的组织变革、战略更新、战略转型等一直是战略管理领域研究的重要理论命题和热点问题。如 Ansoff（1979）从战略制定角度，认为战略转型是包括企业系统和组织结构的调整，以及企业文化的转型。国内学者对战略转型理论的研究起步较晚，但很多观点非常有价值。芮明杰等（2005）将组织与外部环境的关系作为战略转型的研究重点。韵江（2011）认为，战略转型是战略过程与战略内容的融合，需要从内部过程机制挖掘探索制度要素如何渗透影响中国企业战略转型过程。

总结起来，现有研究对战略转型的界定主要从组织理论、组织行为学、战略管理三种角度入手，具体体现在：第一，从组织行为的视角出发，战略转型是指组织在不能像以前那样正常运转时，所做出的一种反应，是组织为了继续生存而在各个领域进行的激烈的重组，同时，战略转型是导致企业多数员工行为变化的过程。田立法和苏中兴（2020）提出，转型升级阵痛中的中国制造业企业必须基于人力资本"视线"实施差异化战略、推进激进式创新，才能变革成功，进而在激烈市场竞争中存活下来并形成核心竞争力。长青等（2020）提出，企业战略转型的路径特征，是其不断利用情境优势跨越合法性阈值的结果；"合法性逻辑—行为逻辑—阈值跨越"构成合法性阈值跨越机制，是企业突破情境约束，进而实现战略转型的有效途径。第二，从战略管理的视角出发，战略转型是企业对某些产品和市场领域的再选择及对其组合模式的重新安排。李小玉等（2015）从

战略内容的变化和战略决策程序的变化两个维度阐述了战略转型的内涵，厘清了公司层、经营层和职能层战略内容变化之间的关系，清晰地界定了战略转型的内涵，即企业战略发生的系统性变化的过程，并且评述了战略转型的度量方法，从资源和能力、外部环境以及管理者特征和动机的角度分析了这些关键要素是如何影响战略转型的。可以看出，组织理论的视角将战略转型描述为一种彻底的、全面的变革，认为战略转型需要解决组织的核心流程、精神、意识、创新能力和进化等方面的问题。组织行为的视角认为，战略转型的一个必要特征是组织中大多数的人的行为要得到改变。战略管理的视角认为，企业为了更好地匹配于环境以维持和提升绩效应对经营模式的变更。

在一定意义上，战略转型一般被认为是战略变革的一种特殊形式，是与"渐进式变革"相对应的"转型式变革"（芮明杰等，2004）。综合以上三种研究视角，在综合已有研究观点的基础上，本章把战略转型界定为企业在环境发生重大变化或经营管理面临关键转折的情况下，为了谋求自身的生存与发展，在业务层面上从经营模式方面发生转换，进而引起组织行为等方面变化，彻底摒弃原有的战略逻辑与框架，从根本上重新制定企业战略并保证战略的有效执行，使之能重新适应环境变化或克服经营危机，实现持续发展的行为与过程。战略转型可以看作企业与变化的环境不断对话的过程，其主要目的是确保企业所拥有的特异性知识与企业经营环境相匹配，从而增强企业的市场竞争优势，促进企业的持续发展（芮明杰等，2005）。战略转型体现了企业战略、组织架构及管理系统的整体性、多层次、非连续及全面的变化（Gouillart & Kelly，1995）。

三、影响企业战略转型的过程机制研究

Rajagopalan 和 Spreitzer（1995）围绕影响企业战略转型的因素进行了富有成效的研究工作，主要包括人员因素、组织因素和环境因素三个方面。针对人员因素的研究，王霞（2017）检验了在制度变迁的动态环境下，企业的竞争战略调整以及 CEO 特征对企业战略转型的影响，研究发现，年轻的 CEO 和有政治关联的 CEO 更具有适应性和创新的能动性，在动态变迁的环境中能够促进企业战略转型。杨林等（2020）认为，高管团队职能经验异质性、团队共享管理经验以及行业经验对企业战略突变产生显著的正向影响。近年来，组织层面的因素逐渐成为研究的重点。一些学者在组织层面探寻了促使企业战略转型成功实施的积极因素，如加强组织学习（Crossan & Berdrow，2003）、提升企业的战略执行力（薛云奎等，2005）、企业所拥有的资源和能力基础、转型时机的把握以及采取的财

务激励政策（庄学敏，2017）、组织认知的整合与组织行动的分离等措施（欧阳桃花等，2016），促进企业进行战略转型的有效实施以改善组织绩效。如 Kilmann（1995）认为，文化、技能、团队工作、愿景、持续改进和流程再造是转型中的关键要素。高学贤等（2020）从行动者网络理论（Actor-Network Theory，ANT）视角，采用纵向案例研究方法，研究表明企业战略转型的过程即关键行动者构建行动者联盟的过程，其中关键行动者的转移对转型的成功起着主导作用，技术作为非人类行动者在其中和人类行动者进行交互并促进或抑制行动者联盟的形成。余菲菲和高霞（2018）认为，其产权性质、转型前基础与技术积累、所属制造行业的技术特性均会影响制造企业生态化转型路径的选择。Francis 等（2003）总结出对转型至关重要的组织和管理能力包括识别所面临挑战的范围、规模和需求、制定转型战略、培育创新能力、管理系统性的变革。Prahalad 和 Oosterveld（1999）总结了企业战略转型成功所需要的条件：第一，战略转型应该是在全新的管理思想和理念指引下对企业现有经营模式和管理方式进行改变；第二，战略转型必须全方位在整个组织内部实施，而不是在组织内部进行局部改良；第三，战略转型必须设计企业文化等深层次的要素；第四，战略转型需要建立适应新的环境的经营业务模式、内部能力要素和运营管理系统。

此外，Barker 和 Irene（1997）从环境—战略转型—绩效关系出发研究发现，企业战略转型的压力主要来自绩效方面的压力和外部环境的变更。也有学者从内部环境出发研究了战略转型的动因。何小钢（2019）探索性地提出"渐进式战略转型与动态组织架构响应"模式成为新兴经济体企业跨产业转型的重要特征，新兴经济体迅速变化的市场需求与技术融合导致企业战略呈渐进式转型特征。Romanelli 和 Tushman（1994）发现，CEO 的变更会增加组织进行转型的可能性。由于新的 CEO 对先前的战略有较低的执行承诺，即使是没有绩效方面的压力，也很有可能会推翻前任的政策，对企业进行变革与转型。Crossan 和 Berdrow（2003）从组织学习与战略转型的关系入手，研究了组织学习对战略更新的影响作用，发现组织学习能够有效地改善企业家心智模式、改变原有的组织惯例与程序、提高知识共享能力和增加新知识积累，从而实现战略转型。

动态能力理论认为，作为竞争优势获取机制的动态能力能够帮助企业通过转型适应复杂多变的环境（Teece，2007）。Helfat 等（2007）认为，企业在动态变化的环境下能够实施战略转型并获得成功的前提与关键是具有与环境变化相匹配的动态能力。在实施战略转型的过程中，企业可以通过动态能力扫描环境不断感知机会与发现威胁，同时清晰地描述环境中的机会与威胁，最后通过提升、组合、保护和重构企业的有形与无形资源实施战略转型。欧阳桃花等（2016）从组织双元能力的视角深入探讨了高科技企业战略转型的过程与内在机理，发现企业在战略转型过程中面临着利润/利用与突破/探索的战略悖论，且悖论元素之间存在相互支持、单向转化的关系，分化与整合机制有助于组织双元能力促进战略转型的实施。Dixon 等（2010）研究了转型经济背景下动态能力在组织转型各个阶段的作用机制，描述了领导风格、组织学习、动态能力和绩效之间的关系。在此基础上，他们认为：第一，在组织转型的前期阶段，变革型领导风格会促进组织意识到外界环境的变化，利用动态能力不断搜寻新的创新手段并进行相应的变革。第二，在组织转型的后期阶段，交易型领导风格会促进组织不断地进行内部学习，对新成长出的惯例进行细枝末节的修改与完善，重新部署组织内部的资源，最终形成适合新环境的能力组合。

四、简要述评

基于战略转型的文献述评，本章以能力驱动下的"战略性或前瞻性"的主动式转型为研究出发点，整体性和动态性的过程视角出发，研究企业战略转型行为的内在机理，并提出企业战略转型的机制和途径。可以看到对于战略转型问题的研究已经发生了从关注外部环境影响要素向关注内部组织能力要素的转变，研究的视角向整体性、动态化的方向发展。企业战略转型实践并不是静止的，随着环境日益复杂多变，非危机状态下的主动式企业战略转型逐渐增多，而对此进行深入探讨的文献较少。因此，随着企业战略转型实践的不断发展和变化，现有研究对当今动态环境下相关问题的分析与解答还不是很充分，需要进一步完善，主要体现在以下两个方面：

第一，现有对企业战略转型的研究主要集中在外部危机驱动下的"自救式或适应性"的被动式战略转型，对内部能力驱动下的"战略性或前瞻性"的主动式战略转型的研究较少。也就是说，现有的关于战略转型的研究普遍忽略了在不确定的动态复杂环境下，企业能力的异质性问题将如何影响战略转型的顺利进行问题。随着企业能力理论的兴起，学者越发认为企业能力的更新是推动企业实施转型的主要因素，本章将进一步从能力更新的视角研究影响企业战略转型的过程机制。

第二，目前对企业战略转型的研究背景出现了从简单、静态而确定的环境转向动态复杂环境的变化，战略转型过程已经从独立分隔的静态模式向分阶段的整体动态模式方向发展。因此，从过程变化的视角研究企业的战略转型问题，特别是寻找在当今动态环境下进行战略转型的新工具和方法，对于指导企业战略转型实践具有重要意义。

总之，为了解决企业战略转型过程中所面临的保留和变革这一基本矛盾，本章试图借鉴当前企业转型的最新研究成果，结合企业特定环境，探索企业战略转型的路径，借此引导企业走出转型困境，实现可持续发展。也就是说，本章借鉴企业动态能力理论和双元性理论，把企业的战略转型过程分成不同的阶段，探讨不同阶段企业活动的保留和变化，从而分析企业战略转型的过程机制和路径。因此，本章关注企业战略转型的过程机制，将会对企业战略转型的路径如何设计、时机如何选择及方向如何确定等问题提供参考和借鉴。

第二节 企业动态能力、战略转型要素和转型绩效间关系模型的构建

关于战略转型的成功要素，芮明杰等（2005）认为转型成功的关键在于获取、培育"企业对外部环境的准确把握能力"和"企业内部要有与外部环境匹配的关键资源"。在上述观点的基础上，本章从动态能力理论的研究视角出发，结合企业战略转型的实践归纳并提炼了以下四个方面的转型成功关键要素：①对转型方向与时机的准确把握；②成功的转型战略及其有效执行；③适应转型战略的组织与文化变革；④足够的资源及其有效配置。通过对企业动态能力对上述转型关键要素的影响，进而实现转型成功过程传导机制的分析，构建了企业动态能力、战略转型要素及转型成功间的关系模型。

从战略转型过程的实质可以看出，企业在动态变化的环境下能够实施战略转型并获得成功的前提与关键是具有与环境变化相匹配的动态能力。唐孝文等（2015）从动态能力视角分析战略转型过程机理，认为转型背景下动态能力由环境洞察能力、规划设计能力、组织学习能力和变革领导能力构成，提出动态能力视角下的战略转型过程机理模型，阐述模型中各维度关系及作用路径，动态能力贯穿转型全过程，能够使企业应对挑战、抓住机遇，有效整合资源，顺利推进转型。企业动态能力首先表现在它对机遇的感知、捕获机遇的能力以及对内部和外部挑战的应变能力，它在很大程度上影响到企业对转型方向与时机的把握、转型战略的制定及战略转型的推进，进而也影响到企业战略转型的成功。一些学者也

有类似观点，如 Helfat 等（2007）认为，动态能力是企业战略转型或变革的前因，它们促使并确保企业战略转型成功。基于上述认识，本章构建了企业动态能力、战略转型要素及转型成功间的关系模型（见图9-1）。

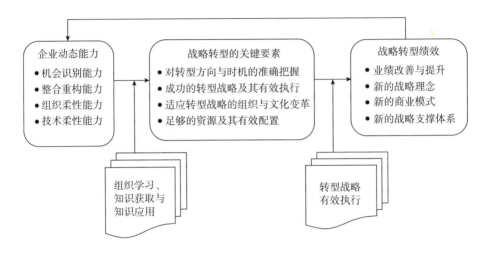

图9-1 企业动态能力、战略转型要素和转型绩效的关系模型

一、动态能力影响着企业家对转型方向的识别及时机把握

企业战略转型一般要经过转型的方向识别与时机把握、转型战略的形成和战略转型的推进三个阶段。转型方向的识别与时机把握涉及企业对内外部环境的扫描与深入分析、外部信息的获取、对自身资源与能力的准确评估、对企业现有战略的重新审视及上述方面的有机整合等过程。在企业战略转型的实践中，许多企业由于在转型的方向识别与时机的把握上力不从心，导致转型大多以失败告终。因此，对战略转型方向的正确识别和时机的准确把握有赖于企业具有相关的能力。

臧树伟和胡左浩（2017）指出，动态能力是确保企业成功实现由市场驱动向驱动市场转型的关键，随着动态能力的不断提升，企业将逐渐完成风险感知、价值重构、持续完善等重要转型阶段，在企业实施驱动市场转型过程中，顶层设计能力、思维革新能力、环境应变能力、渠道拓展能力、技术创新能力、组织变革能力等因素发挥了关键性的作用。简兆权和刘念（2019）发现，完全自发式的组织认知更新（环境感知）是动态能力构建的逻辑起点，包含关注焦点转移（产品转向服务）和因果逻辑升级（效率转向价值共创）两种心理活动。Teece

（2007）在分析动态能力的构成时指出，感知机会与威胁及创造机会的能力是企业动态能力的重要组成部分，本书称之为环境洞察能力。借助环境洞察能力，企业通过环境扫描与分析能够把握国家宏观政策、产业发展趋势、技术发展趋势、竞争格局、利益相关者需求的动态变化，及时感知外部环境中的机会与威胁，同时也能对自身资源与能力进行准确评估，从而能识别战略转型的正确方向，把握转型的恰当时机。

二、动态能力决定着企业转型战略的顺利形成

资源基础观认为，企业的资源与能力是战略制定所考虑的核心问题。张璐等（2018）探讨了企业战略转型过程中资源配置模式与动态能力的相互作用，揭示了资源配置模式与动态能力的演化进阶机制，研究发现：第一，企业利用动态能力捕捉转型动因、促进企业形成与动因适配的资源配置模式，进而保证转型成功；第二，与各阶段动态能力适配的资源配置模式经历了资源转移内化—资源修补拓展—资源传衍共享的演化过程；第三，资源配置模式演进促进动态能力向感知能力—整合能力—学习能力—创新能力不断进阶，确保企业维持动态、可持续竞争优势。动态能力观则为战略的形成引入了动态特征，它强调动态能力对于企业核心竞争力及竞争优势产生与更新的战略价值。战略导向与动态能力交互作用也在不断升级，驱动了企业商业模式由"市场需求型商业模式"向"技术创新型商业模式"，再向"共享开放型商业模式"的创新演化过程。

从企业战略转型的实践来看，转型战略的确立是战略转型的难点和关键。首先，新战略的形成要求企业必须彻底摒弃原来的战略逻辑与框架，转变心智模式与战略理念，借助于学习吸收能力与变革更新能力，企业能够比较容易地实现上述转变，从而为新战略的形成奠定认知与观念基础；其次，战略的形成实质是寻求外部环境与企业内部资源与能力匹配的最佳方案，借助环境洞察能力，企业能够及时感知环境中的机会/威胁、自身的优势/劣势以及它们的动态变化，从而为确定最佳匹配的战略方案奠定知识基础。

三、动态能力促进企业战略转型的推进与实施

新战略需要有新的组织体系和组织惯例来支撑，因此企业战略转型必然要求企业进行相应的组织与文化变革。组织变革的本质是组织惯例与流程的改变，而动态能力实际上是一种高阶的惯例和可识别的特定流程，用以改变企业日常运营的惯例与流程。企业借助学习吸收能力可以使组织成员的内隐知识逐渐转化为对

组织的新认识，产生新的知识，进而通过变革更新能力推动运营流程和经营惯例的变革。

企业战略转型通常也涉及企业商业模式的转变甚至重塑，理论与实践都表明商业模式转变是企业战略转型的核心，是企业能否成功转型的关键。Teece（2007）在阐述动态能力的微观基础时指出，企业成功需要精心构思商业模式，企业创造、调整、完善以及在必要时更替商业模式的能力构成了动态能力的基础。因此，培育企业动态能力，特别是与商业模式的选择、调整、改进甚至重塑相关的动态能力是企业战略转型能否成功推进的关键。

在推进企业战略转型的同时，也要求有相应的资源与能力予以支撑，这就需要对已有的资源和能力进行整合与重构。正如前述，动态能力是改变能力的能力，也是企业整合的能力，它对于企业资源与能力的整合与重构具有举足轻重的作用。因此，可以认为，借助环境洞察能力，企业能够准确把握资源及能力的构成现状以及新的与战略转型相适应的资源及能力的理想架构；整合重构能力则帮助企业对已有的资源及能力进行调整，重新构建新的与战略转型相匹配的资源与能力基础。通过相应动态能力的培育，在组织学习、知识获取及知识应用等机制的作用下，企业战略转型的顺利推进及最终成功将会具备坚实的基础。

综合上述分析，动态能力实际上是通过组织惯例与流程调整、商业模式转变、资源与能力重构等机制促进了战略转型的推进与实施。

第三节　研究方法

一、案例选择的依据

案例研究方法是组织管理学研究的基本方法之一。组织理论的研究学者如Eisenhardt（1989）已经就案例研究方法的一整套原则、步骤和方法等方面取得了共识。案例研究方法尤其适用于对现象的理解、寻找新概念和思路，乃至理论创建。因此，基于动态能力理论的视角研究企业战略转型的过程传导机制，案例研究是一个重要的方法和途径。它有助于更深刻地理解企业动态能力如何帮助企业感知环境变化，从而有效促使组织实施战略转型的机理过程。

本章研究的案例是浙江物产集团。从动态能力理论的角度研究复杂动态环境下企业战略转型的过程传导机制，浙江物产集团是较为理想的典型案例。具体原因是：

第一，复杂动态环境下企业实施战略转型的典型案例。浙江物产集团实施战略转型所面临的外部环境具备复杂动态环境的特征。环境中的机遇与威胁错综复杂地交织在一起，对企业经营提出了更高的要求。因此，抓住环境中的发展机遇，应对威胁，实现企业的持续发展就成为浙江物产集团实施战略转型的主要出发点。

第二，企业战略转型取得阶段性成功，绩效大幅提升。浙江物产集团实施的战略转型已取得阶段性成功，自 2002 年实施战略转型以来，其经营规模、经济效益、综合实力等主要经济指标一直名列全国同行前茅。2008 年，面对全球金融危机对实体经济的影响逐步显现、国内外经济不确定因素增多等严峻形势下仍然保持平稳增长势头，业绩持续提升。

基于上述理由，本章认为选取这样的案例进行研究是恰当的。同时，针对单个案例不足以提供一般化结论的质疑，参照 Eisenhardt（1989）的观点在浙江物产集团案例的框架下又进一步选取了其下属的两家子公司（物产金属、物产燃料）案例进行研究。通过对浙江物产集团案例及其嵌套子案例的研究，可以从动态能力理论的视角分析其战略转型的实践，对企业动态能力、战略转型要素与转型成功间的关系模型进行应用和拓展。

二、案例资料的来源与收集方法

案例研究过程中关于企业的资料主要来自公开资料、内部资料、期刊文献等。另外，通过访谈、电话沟通以及实地走访等方式也获取了大量信息。此外，使用多样化的数据来源以使案例研究基础更加坚实有效。因此，在案例资料的获取中采用了基于行业内的档案数据收集、跟踪观察研究和深度访谈分析三种方法，以下是本章的三类主要信息来源途径：

第一，档案资料。通过查阅企业内部资料，主要包括公司的原始文件、制度、企业高管讲话、企业宣传资料和网站等；一些公开的报道和其他二手资料，如新闻媒体对浙江物产集团的报道和相关行业的分析报告等。具体包括两类：一是公司原始文件，如近年来浙江物产集团战略变革和管理体系规划的文件、公司高管的讲话、公司网页资料等；二是公开报道和其他公开发表的二手资料，如媒介对浙江物产集团的报道、行业分析报告等。

第二，直接观察。调查人员亲临对浙江物产集团及其下属子公司的现场对调查单位的调查项目进行清点、测定、计量，并加以登记，并多次参加集团及子公司有关战略规划的会议，以取得第一手资料的一种方法。同时，在进行直接观察时，要借助先进的记录工具，如录音、录像、照相等器材进行了相关记录。直接观察法能够确保所收集的调查资料的准确性，提高资料的可信性。

第三，访谈。笔者对公司战略变革工作成员、管理人员以及参加战略制定与修订工作的咨询团队成员等采取了口头形式，根据被询问者的答复收集客观的、不带偏见的事实材料。访谈法能够实现与被调查者直接地、面对面地交流，灵活性和适应性较高。针对浙江物产集团及其下属子公司的主要访谈形式有正式访谈、非正式访谈、个别访谈、团体访谈。

三、案例研究程序与过程

案例研究程序主要分为以下四个阶段展开：

第一，对参与过浙江物产集团历次战略规划制定与修订的部分咨询团队成员进行初步的访谈与交流，获取浙江物产集团战略转型的相关背景信息。

第二，研究者参与集团子公司战略规划修订工作，该工作的目的是实现子公司战略与集团战略的对接，从而推动整个集团战略转型的顺利实施。在此阶段，在公司相关人员的帮助下获取了集团战略转型的相关原始资料，同时对集团及子公司有关高层及中层管理者进行了第一轮访谈与交流，其中正式访谈次数约 12 次，每次访谈时间为 1~3 小时。其间，研究团队还针对相关子公司员工发放了有关公司战略的调查问卷。

第三，研究者对集团及相关子公司进行了第二轮访谈与交流以进一步补充相关信息，其中正式访谈约 5 次，每次时间为 1~2 小时。其间，还参与了集团及有关子公司针对战略转型的几次高管会议，并灵活地进行非正式访谈。

第四，汇总从多种来源获取的信息对案例企业战略转型过程进行分析，验证研究关系模型的有效性，并尝试发展理论。

第四节　案例分析

一、案例企业基本情况

浙江物产集团公司是 1996 年由原浙江省物资局成建制转体组建的大型国有

流通企业，浙江物产集团以生产资料流通为主业，经营范围涉及国内外贸易、现代物流、配供配送、流通加工、金融服务等领域。物产金属公司和物产燃料公司是浙江物产集团的主要成员企业之一，分别以金属材料流通和燃料流通为主业。

　　浙江物产集团的战略转型首先始于对战略转型必要性的充分认识和对转型方向与时机的准确把握。在把握企业经营状况及外部环境动态变化的基础上，公司认识到传统的生产资料流通企业正面临着来自上游制造商及下游客户的挤压，生存与发展空间日益狭小，如果继续依赖"搬箱子"式的传统流通商务模式将使企业无以为继。因此，实施战略转型，推动企业从传统的贸易流通商向现代流通领域的服务集成商转型就成为浙江物产集团突破成长极限，实现持续发展的必由之路。然而，在实施战略转型之前，尽管企业发展取得一定的成绩，但企业业绩提升遭遇瓶颈，一直难以取得突破。因此，浙江物产集团管理团队与专业咨询机构在密切配合下共同制定了新的企业转型战略。

　　在新战略的实施过程中，浙江物产集团及其子公司围绕企业愿景，通过"月度、季度、半年及年度工作会议""关于发展战略的文化宣传""知识竞赛""高层培训"等多种途径统一思想、形成共识、推动组织学习；针对新的愿景、战略定位与发展目标努力创新商业模式、实施业务转型、培育相关能力；为保证战略转型的顺利推进，努力打造金融、信息、物流等战略支撑平台，优化资源配置，在组织结构、管理方式及企业文化等方面实施变革，着力构建"管理、组织、文化"三大战略实施保障体系。同时，得益于企业专业研究机构"浙江物产产业发展研究中心"、集团每季度定期召开的"经营形势分析会"以及与外部专业咨询机构的长期合作，公司密切关注并及时感知了环境的动态变化及战略实施中出现的新情况新问题，并对集团发展战略规划进行了全面修订，使之能更好地适应环境变化及企业发展的新要求。在物产集团战略规划方案获得通过并实施之后，物产金属、物产燃料等子公司随后也相继开展了战略修订工作，以实现与集团战略的对接。

二、案例分析与讨论

　　浙江物产集团实施战略转型取得的阶段性成功源自对企业战略转型关键要素的把握。而能够把握战略转型的关键要素则根源于企业的动态能力。基于企业动态能力、战略转型要素及转型成功关系的理论框架，本章对案例企业所处环境的变化特征、与战略转型相关的动态能力、战略转型要素及转型成效进行了比较与分析。

通过分析可以看到，浙江物产集团及其子公司在生产资料流通行业所处的复杂动态环境下，借助企业动态能力及时感知了环境中的机遇与挑战，准确把握了战略转型的方向与时机，通过自身的学习及外部合作，形成了新的转型战略。同时，通过相应的组织与文化变革、资源与能力重构保障了战略转型的顺利推进，从而取得了企业战略转型的阶段性成功。通过对案例企业的研究，在一定程度上验证了本章所提出的关系模型框架。

同时也发现，浙江物产集团的战略转型经历了几个阶段，每个阶段都出现过发展瓶颈以及新的机遇与挑战，但案例企业凭借自身所具有的能力顺利实现了转型的阶段性突破，获得了企业持续发展。因此，本章认为动态能力对战略转型的影响是循环往复、不断提升的过程。企业战略转型并不是一蹴而就的，而是对变化环境的持续适应过程，其中，环境的复杂动态性主要体现在：经济全球化的机遇与挑战；中国经济发展、制造业崛起带来机遇；信息网络化影响加剧；电子商务与制造商自建渠道对企业的冲击；现代物流产业的兴起；民营流通企业竞争加剧；生产资料市场波动加剧；国际金融危机对贸易流通企业影响加剧。

市场和环境在动态变化，企业对环境的认知以及战略也不是一劳永逸的。企业战略转型的阶段性成功很可能会弱化企业对环境的感知并强化已有能力的刚性特征，从而成为战略转型继续推进的障碍。而动态能力的内涵就是改变能力的能力。

首先，通过环境洞察能力，企业能够感知并准确把握生产资料流通企业经营环境的动态变化，确定企业实施战略转型的必要性以及转型方向与时机，以浙江物产集团为例具体表现为"浙江物产产业发展研究中心"的建立、"经营形势分析会"的开展、战略规划及修订中深入的环境分析等。在这个阶段，对转型方向与时机的准确把握是企业战略转型的重要因素。浙江物产明确传统生产资料流通企业的转型方向是提供集成服务的现代流通企业。通过对企业经营状况及外部环境的分析适时把握转型时机。

其次，通过学习吸收能力，企业可以利用培训、学习研讨会等多种形式促进组织学习，鼓励新知识的产生与应用，同时与供应商、客户及专业机构建立紧密关系以积极获取外部知识。以浙江物产集团为例，具体表现为"高管培训""定期工作会议""员工培训""业务部门导师制""部门内训机制"等。在这个阶段，成功的转型战略及其有效执行是企业战略转型的重要因素。浙江物产进行了企业战略投资部与专业机构合作，在企业各层级及各部门的配合下形成新的转型战略与实施方案。

再次，通过变革更新能力，企业能够按照战略转型的目标与要求，积极推动业务转型、商业模式创新、组织与文化变革等。以浙江物产集团为例，具体表现为业务板块调整和优化、推动传统流通商业模式向现代流通及服务集成商业模式转型、组织结构调整与"事业部"体制推进、管理体系完善、企业文化重塑等。在这个阶段，适应转型战略的组织与文化变革是企业战略转型的重要因素。浙江物产集团对组织架构、管理体系、企业文化等进行变革以配合转型战略的实施与推进。

最后，通过整合重构能力，企业可以整合内外资源、重构企业资源与能力以适应战略转型。以浙江物产集团为例，具体表现为"上控资源、下控网络"的战略思路、"金融、物流、信息"等战略平台的构建与强化、集团作为战略管控中心协调优化整个集团范围内的资源配置等。在这个阶段，足够的资源及其有效配置是企业战略转型的重要因素。浙江物产集团通过上控资源、下控网络整合供应链资源，通过构造战略支撑平台及强化集团管控职能协调优化资源配置。

通过不断提升企业动态能力建设及具体实施对企业战略转型过程施加持续影响，企业最终实现了战略转型的具体成效。首先，对于浙江物产集团而言，在大幅提升企业绩效的同时取得以下战略转型成果：形成新的战略理念，即把握现代流通产业的发展趋势，推动企业向一流的现代流通业服务集成商转型；逐步探索并形成生产资料流通业服务集成的商业模式；逐步构筑"金融、物流、信息"等战略平台和"管理、组织、文化"等战略支撑体系。其次，对于物产金属而言，新的战略理念：立足成为中国金属材料流通领域的领先者；实现了商业模式创新，以金属材料流通为主业的现代流通业服务集成商业模式；在集团框架下构建了"信息、金融、人力资源和管理制度"平台及支撑体系。最后，对于物产燃料而言，构建了新的战略理念，立足成为国内一流的能源领域服务集成商；实现了商业模式创新，能源服务集成商业模式；在集团框架下构建"信息、金融、物流"平台，加强人力资源、企业文化及品牌建设。

第五节 研究结论和展望

本章应用动态能力理论的方法分析复杂动态环境下企业战略转型的过程机

制，发展了企业动态能力、战略转型要素和转型成功之间关系的理论模型。同时，采用具有时间跨度的纵向案例研究的方法，聚焦于浙江物产集团及其下属子公司，研究了其在所处的复杂动态环境下实施战略转型的过程。

本章所得出的启示是：培育与企业战略转型相关的动态能力，把握战略转型的关键要素对于企业战略转型的成功与否至关重要。企业战略转型是为了克服经营的危机或应对环境的重大变化而对自身战略进行的方向性变革。因此，企业战略转型首先依赖对转型方向与时机的准确把握。转型方向不明确或错误、转型时机选择不当无疑都会导致战略转型的失败。在此基础上，企业需要对战略转型进行整体谋划，形成转型战略，而新战略的顺利实施又必然要求企业具备与之相适应的资源与能力以及进行相应的组织与文化变革。通过这些转型关键要素的推动，企业战略转型将形成新的战略理念、商业模式以及新的战略支撑体系，包括组织架构、管理方式、资源配置、能力体系、企业文化等，从而帮助企业克服经营危机，适应环境重大变化，实现企业持续发展的终极目标。动态能力在上述过程中无疑发挥着至关重要的作用，具体体现为：

第一，就战略转型的实践来看，与之相关的动态能力主要包括环境洞察能力、学习吸收能力、变革更新能力和整合重构能力。环境洞察能力是指能够感知并准确把握企业经营环境的动态变化，确定企业实施战略转型的必要性以及转型方向与时机的能力。学习吸收能力是指通过培训、学习研讨会等多种形式与供应商、客户及专业机构建立紧密关系以积极获取外部知识，进而促进组织学习，鼓励新知识的产生与应用的能力。变革更新能力是指能够按照战略转型的目标与要求，积极推动业务转型、商业模式创新、组织与文化变革等的能力。整合重构能力是指整合内外资源、重构企业资源与能力以适应战略转型的能力。借助这些能力企业能够把握战略转型的关键要素，从而取得战略转型的成功。

第二，动态能力对战略转型过程的影响是持续进行、不断提升的过程。动态能力不仅影响着企业家对转型方向的识别及时机把握，而且决定着企业转型战略的顺利形成，最终促进企业战略转型的推进与实施。市场和环境在动态变化，只有持续培育并提升企业动态能力才能有效把握转型的关键要素，实现战略转型的终极目标，这恰恰是动态能力核心内涵的体现。

因此，本章从动态能力理论的角度对企业战略转型的过程进行了初步研究，在此基础上发展了企业动态能力、战略转型要素和转型成功之间关系的理论模型。当前，中国企业在国际环境不断动荡的背景下正面临着日益严峻的挑战，实施转型与升级是企业转"危"为"机"，实现可持续发展的重要途径。上述结论与启示对于指导中国国有大中型企业实施战略转型与升级具有参考价值。未来的研究可以以此为基础，拓展到企业战略转型的一般情形以及面向更多类型的企业进行大规模的问卷实证统计研究，从实证角度对企业动态能力、战略转型要素和转型成功间关系模型进行验证和检验。

第十章　跨国公司动态能力、战略选择与新兴市场绩效

本章导读→

　　跨国公司如何在新兴市场进行战略选择已经成为近年来从事跨国公司理论和战略研究的学者关注的焦点问题。本章对跨国公司的动态能力、跨国公司对新兴市场的认知和战略选择以及三者之间的关系进行了分析。在此基础上，提出跨国公司动态能力和在新兴市场的认知、战略选择以及与绩效关系的模型框架，并以韩国三星公司为例进行分析。本章研究表明，跨国公司动态能力影响公司对新兴市场的认知，又决定了公司的产品战略、营销战略以及渠道战略等，最终决定了跨国公司在新兴市场中的绩效。

　　如何了解新兴市场的消费需求、文化特点和产品结构，并且制定相应的市场和产品战略是每一个跨国公司所面临和需要解决的问题。传统的跨国公司理论大多是基于欧美发达国家的市场和案例，运用竞争战略和以资源为基础的方法进行分析。产业结构学派主要强调一个企业能够采取的行动和在与对手竞争时的位置。而资源学派强调企业内在成长和对企业内部资源的积累和作用，以此形成和创造战略优势。虽然以上方法对企业竞争优势来源给予了解释，但没有给出可行的用以识别、培育、维护资源的方法，更没有提出切实可行的途径以有效管理资源的积累和使用（焦豪等，2008）。所以，在动态的新兴市场中，这些分析视角有一定的局限性（Teece et al.，1997）。动态能力是企业根据变化的环境而制定相应战略的能力，也是改变能力的能力和企业整合的能力。从本质上，它是了解新兴市场竞争优势的一种整合的方法。并且动态能力理论能够有效解释跨国公司如何了解新兴市场特性，制定相应战略以及在这个新的竞争环境中制定的战略与业绩的关联（Teece，2007）。

本章的研究目的就是用动态能力理论分析跨国公司在新兴市场的战略选择和相应的绩效。在此基础上，发展了跨国公司如何运用动态能力对新兴市场进行认知，跨国公司在新兴市场的战略选择和新兴市场绩效之间关系的模型。同时，运用该理论模型分析韩国三星公司在新兴市场中的战略选择以及它们的绩效表现。最后，总结了本章的主要结论并提出未来研究方向。

第一节　理论综述和模型构建

一、跨国公司动态能力及其对新兴市场绩效的影响

1. 跨国公司动态能力

企业战略管理的核心问题是企业如何在复杂的、全球化的环境中获得和保持竞争优势（Teece et al.，1997）。动态能力理论强调在动态变化的、不确定的环境下探索企业内部和外部的竞争能力，它在理论和实践上分析了一个企业在商业环境变化的过程中，如何发展企业自身的特殊能力来应对环境的变化和挑战。Teece 和 Pisano（1994）认为，动态能力就是感知并抓住机会的能力，在进一步研究的基础上，认为动态能力是企业整合、构建和重组，使其适应快速变化环境的能力。Luo（2000）在研究跨国公司的扩张时指出，动态能力由拥有能力、使用能力、分配能力和通过学习更新和获得新的能力组成。Griffith 和 Harvey（2001）提出，企业的全球动态能力就是创造别的企业难以模仿的资源组合。焦豪等（2008）在动态能力的综述中强调，在中国独特的背景下，动态能力可以由环境洞察能力、变革更新能力、技术柔性能力、组织柔性能力四个方面组成，它们分别表示所处产业对变化环境的敏感程度和识别的能力、在企业内部进行创新与变革的能力、企业技术的柔韧度以及企业组织的柔性。谢慧娟和王国顺（2012）将动态能力细分为知识获取、知识创造、知识整合三个维度。吴航和陈劲（2014）沿用早期学者对动态能力的定义和理解，认为动态能力包括基于内部和外部导向而形成的机会利用能力和机会识别能力。王益民等（2019）发现，全球价值链重构使企业面临更加复杂的外部环境，需要企业具备有效匹配自身能力、资源与外部环境变化的高阶动态能力。盛斌和杨丽丽（2014）基于企业国际化理论与实践对企业国际化动态能力的内涵与构成进行了探讨，提出了由环境感

知能力、资源获取与整合能力、价值链重构能力和组织结构柔性四个维度构成的国际化动态能力。也就是说，企业以提供利益价值、满足顾客需求为努力目标，依靠环境洞察能力和快速反应能力才能在变革更新动力的作用下，根据企业实际情况洞察环境变化，通过技术柔性能力和组织柔性能力进行价值链的配置与整合，同时利用资源配置与整合，动态地适应复杂变化的环境，最终取得企业所拥有的资源和知识。

单一企业的资源（包括资金、人力和设备）是有限的，如何利用拥有的能力和资源，最大限度地发挥潜能是每一个跨国公司所面临的挑战。近年来，动态能力的研究在原有基础上有了许多新的发展。动态能力的框架已经远远超出了传统的仅仅了解和分析企业的竞争优势和资源，它还涉及企业从感知机遇到抓住机遇，一直到管理和面对新挑战的全过程（Teece，2007）。本质上，它是在原有基础上从企业发展过程、战略制定和实施的动态层面上来阐述动态能力，一是感知和发现机遇和威胁，也就是商业环境中新的机会和挑战；二是充分利用企业的资源和竞争优势来抓住机会；三是通过保护、更新与重组等战略方法来保持其竞争优势，促进企业转型，以达到企业的战略目标。基于以上分析，本章认为跨国公司动态能力主要表现为感知能力、利用能力和重构能力三种形式。

2. 跨国公司动态能力与新兴市场绩效

全球经济越来越开放，投资、革新和制造业越来越多元化，无论是全球战略还是区域战略，都必须采用全方位的投资方法和手段来提升成功的可能（Somaya & Teece，2007）。动态能力理论的分析框架为企业应对这种复杂的环境提供了可行的方法和模型，诸多学者运用动态能力理论探讨了与新兴市场相关的跨国企业绩效问题。

Jantunen 等（2005）通过对 217 家制造型企业和服务性组织进行调查研究，分析了跨国公司动态能力与其国际化绩效的关系，发现动态能力对跨国公司的国际化绩效有显著的影响，从而提出动态能力是企业竞争优势的潜在来源。吴航和陈劲（2014）基于动态能力视角，以中国四家规模以上制造业企业为研究对象进行跨案例研究，探究了企业国际化程度对创新绩效的影响，研究表明企业国际化程度的提高能够增强企业机会识别能力和机会利用能力，进而提高企业创新绩效。杨丽丽等（2015）探讨了国际化动态能力、国际扩张战略及企业绩效之间的关系，研究表明环境感知能力、资源获取与整合能力均有助于企业通过国际化广度和深度提升企业竞争优势，组织结构柔性有助于企业通过国际化广度扩张提升企业经营绩效。汪涛等（2018）研究了动态能力视角下组织结构有机性对企业逆向国际化绩效的影响，结果表明，动态能力作为中介正向影响有机式组织结构与企业国际化绩效间的关系。熊名宁和汪涛（2020）基于动态能力理论，使用中国上市跨国企业 2002~2016 年海外直接投资数据，检验了文化多样性与跨国企业经营绩效之间的机制关系及边界条件，研究表明动态能力机制能够正向促进两者间的关系；同时，跨国企业的海外印记越深、组织冗余越丰富，两者间的正相关关系越强，而跨国企业的股权集中度越高，两者间的正相关关系越弱。

今天的跨国公司面临的是一个动态的、全球化的新兴市场，有效利用企业所拥有的资源从而产生最大的经济效益是实现跨国公司整体战略的一个重要环节。在不断变化的竞争环境中，仅仅拥有核心能力和静态资源还不足以面对新的挑战，通过学习获得对新环境的认识来充实和建立新的能力和发展新的资源，最终更新和获得新的能力是跨国公司在经济全球化中必须具备的能力。因此，尽管已有研究分析了企业动态能力与新兴市场绩效之间的关系，基于动态能力理论视角进一步研究分析跨国公司在新兴市场的战略选择及其与绩效的关系仍是非常必要的。

二、跨国公司对新兴市场的认知

经济的全球化使跨国公司面临跨越国界的挑战，当跨国公司面对一个变化的新兴市场时，它所面临的挑战是多方面的。与此同时，新兴市场的发展也为跨国公司在全球发展提供了更广阔的空间，巨大的市场和消费群体使跨国公司在新兴市场的发展越来越成为其全球战略的重要组成部分。经济发展阶段、发展水平的不同以及政治文化等多方面的差异，使新兴市场与国内市场和传统发达国家市场相比，国际市场竞争有许多特殊性，主要包括以下几个方面：

1. 文化和客户需求

世界是一个多种族和文化的集合，每个国家和地区有不同的文化。新兴市场国家的文化在许多方面不同于西方国家，这也导致不同的消费习惯和对产品需求的巨大差异。在许多西方国家，人均 GDP 是衡量一个国家消费能力的重要尺度。而在新兴市场，由于贫富差距和人口基数的不同，人均 GDP 就不是衡量国家市场的唯一标准。同时，文化背景也影响消费习惯和消费模式。以中国的手机市场和客户需求为例，在西方国家，手机仅仅是一个通信工具，但在中国，手机已经和时尚相结合，导致产生了与西方国家完全不同的销售模式和更新周期。苏敬勤和孙华鹏（2013）认为，并购企业与被并购企业之间的文化对立即跨国并购双方的文化差异性与阻碍两种文化融合的能力即文化刚性程度会影响文化整合。虽然很多企业通过跨国并购成为全球市场的领导者，但是更多的新兴市场企业在跨国并购过程中，由于存在制度、文化等差异，出现了诸多问题，导致企业承担着高昂的成本和跨国并购失败的风险。因此，跨文化管理是跨国公司在新兴市场面临的主要挑战之一，对新兴市场的文化和客户需求的特殊性的了解是跨国公司对市场认知的重要组成部分（Pudelko，2007）。

2. 劳动力成本

新兴国家的劳动力成本大多远远低于发达国家，同时许多新兴国家又有较完善的教育系统和技术人才，这为跨国公司在新兴国家设立制造业和研发机构提供了基础。例如，相对于发达国家，中国的技术人才成本相对较低。因此，越来越多的跨国公司在把廉价的劳动密集环节转移出中国的同时，选择在中国建立研发中心和研发总部。不仅如此，由于劳动力成本的差异，中国本土企业开发的产品和西方国家同类产品的成本结构有很大不同。以通信产品为例，欧美国家开发的通信设备中研发劳动力成本占 50% 以上，而半导体芯片的成本仅占 20%～30%。在中国的通信设备制造商生产的设备中，半导体芯片的成本占整个系统的 50% 以上，而研发劳动力成本为 20% 左右。这种不同的成本结构导致产生不同的产品开发战略和市场战略，也影响了跨国公司在新兴市场的产品结构、市场定位、进入战略和价格体系。

3. 市场的不确定性和特殊性

相对于成熟的西方市场，新兴市场有许多不确定因素，并且具有许多特殊性。新兴市场的战略不能完全照搬西方市场的经验和模式，而必须根据新兴市场的特性在新的认知基础上制定相应的战略。例如，在美国和欧洲国家，第二次世界大战后的电话普及率已经达到了相当高的水平。从电话的普及到无线电话的发展的几十年中，电话答录机在企业和家庭都有了一定的占有率，弥补了有线电话的局限性。然而，在中国和许多其他新兴市场，有线电话的普及几乎是和无线电话的发展同步的，这使电话答录机的市场需求大大减少，特别是家用电话答录机。不认识到这一点，而盲目地照搬西方国家的模式，当电话普及率达到一定的水准后去发展电话答录机，是不可能获得成功的。此外，销售渠道、货币政策、政府关系等，在新兴市场中都有其特殊性。对新兴市场特性的认知不仅和跨国公司的动态能力相关，同时也影响和决定了公司在新兴市场的战略。

三、跨国公司动态能力、对新兴市场的认知与战略选择的关系

跨国公司的动态能力在很大程度上影响了它对新兴市场的认知，也影响了它

的战略选择和在新兴市场上的成败。用动态能力的框架分析，企业的动态能力首先表现在它对机遇的感知以及对外部环境认识和应变的能力，在整个过程中，对机遇的感知能力、利用能力以及根据内部和外部挑战进行重构的能力是动态能力的三个重要步骤。在研究跨国公司在新兴市场的战略时，发现公司的动态能力与对新兴市场的认知有密切联系，从而也影响到它的战略及其战略的实施。

1. 对机会的感知是与新兴市场消费群体的文化密切相关的

对不同文化的认识可以导致对市场截然不同的判断和结论，从而决定了会制定不同的战略。跨国公司的本质是在多个国家开展市场经营活动，对全球商业组合中文化多样性的忽视可能会给跨国公司的多国市场经营带来严重的经济利益损失（熊名宁和汪涛，2020）。如在30多年前，中国决定发展自己的汽车工业。当时，中国的人均GDP只有500美元左右，而在当时的国际市场上，家用汽车的价格在1万美元以上，也就是说，一辆汽车相当于一个中国老百姓20年的收入。即使中国保持每年GDP和人均收入增长10%，在20年内，家用汽车的市场也是微乎其微的，用这种简单的数学模型分析得出的结论是不进入中国的汽车市场，这使许多跨国汽车公司失去了进入中国的最佳时机。其本质原因是它们没有了解到中国在国民分配上的差异，以及比西方国家高几倍的储蓄率和人口基数。

2. 跨国公司动态能力是根据环境进行调整、改变和重构的能力

改变一个企业的产品结构、周期和生产布局是困难的决定，将每国开发的产品直接销售到新兴市场是跨国公司开发市场惯用的做法，但是由于新兴市场的劳动力成本和支付能力与发达国家的差异，跨国公司不可能长期依赖全球化的产品。以中国为例，比西方国家低的研发成本，使许多通信公司为了提高它们对西方跨国公司的半导体芯片价格的讨价还价能力，会同时针对几个供应商的芯片开发系统。即使在它们确定了第一方案并且投入生产后，也不停止对第二方案和第三方案系统的开发。其目的是在提供备用方案的同时，可以对第一方案的供应商施加压力，使它不断改进产品和降低价格，这是许多跨国公司在西方市场中从没有遇到过的挑战，本质上的原因是中国一个研发人员的开销大约是美国研发人员成本的1/5以及中国市场上激烈的价格竞争。跨国公司只有认识到这一点，改变其产品和市场战略，才能把握住机会，在新兴市场获得成功。

四、跨国公司新兴市场中战略选择理论模型构建与分析

动态能力在跨国公司的新兴市场战略中起了十分重要的作用，它决定了公司对新兴市场的特殊性的认知，这种认知影响和改变了公司的产品和市场战略，从

而直接影响了公司的绩效和发展。Tallman 和 Lindquist（2002）根据能力驱动战略的理论提出，跨国公司的内部能力以及能力的动态管理过程决定了其国际化战略的选择和绩效表现。跨国公司的动态能力，也就是对新兴市场机遇的认知、理解和捕获的能力，连同公司管理、应变以及学习能力，在很大程度上影响公司对新兴市场文化的了解，对用户购买能力和成本的认识，以及对客户特殊需求的认识。而对这几方面的认识，决定了其在新兴市场上的战略选择。基于以上分析，本章构建了跨国公司在新兴市场中战略选择的动态模型，如图 10-1 所示。

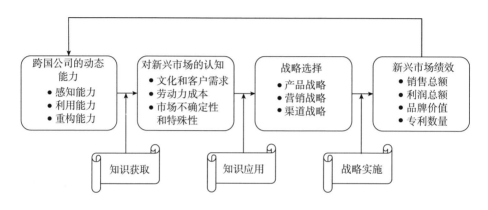

图 10-1 跨国公司新兴市场中战略选择的动态模型

1. 跨国公司的动态能力决定其对新兴市场的认知

如前所述，跨国公司的动态能力，包括感知能力、利用能力和重构能力，这些能力表现在它对机遇的感知、利用机遇、根据内外部挑战进行重构的能力。本质上，跨国公司的动态能力在很大程度上决定了它对新兴市场的认知，这也是一个知识的获取和全球学习的过程。从全球学习的角度解释跨国公司的行为和竞争优势，是对公司战略和环境的正反馈机制的一个新的认识（薛求知，2007）。跨国公司知识获取的过程就是通过各种手段了解和认识新兴市场，包括它的文化、劳动力成本、市场大小、购买力等。这种获取的过程建立了对新兴市场认知的框架。在这当中，感知能力不同会导致对新兴市场认识上的差异，利用能力决定了跨国公司是否能够观察到新兴市场的特性和商机，而重构能力使跨国公司根据新兴市场的需求和特性调整并重构生产、研发和市场的各个环节，使其适应新兴市场，同时也能够对新兴市场有一个更全面的了解。

2. 跨国公司对新兴市场的认知影响其在新兴市场的战略选择

在对新兴市场认知的基础上，通过知识的应用制定在这个市场和产品战略，是一个知识的应用过程。对新兴市场的认知为跨国公司提供了市场需求、产品结构以及文化等知识和信息，它们组成了一个整体的框架。这些知识、信息和框架为跨国公司制定在新兴市场的战略提供了基础。一个有效而成功的战略一定是对市场全面了解，是有整体框架的，而不是闭门造车的战略，而对新兴市场的全面了解为制定有针对性的产品战略、营销战略和渠道战略提供了前提条件。

跨国公司在新兴市场中的战略应该是创新的战略，这种创新不是盲目的，而是在复杂的动态环境中，发现机遇，捕获机遇，发挥企业变革更新的能力来创新。许晖和郭净（2013）发现，在顾客需求多样、复杂动荡的国际市场中，中国国际化企业面临的难题是如何凭借快速适应市场的能力构建其战略定位和优势。同样地，在跨国公司认识到了中国的消费市场和手机终端的特殊性后，它的产品战略就应该设计符合中国消费群体需求的特殊的时尚手机。而且，产品的更新换代周期必须和消费群体的需求同步。同时，由于中国的手机销售不是和运营商捆绑在一起的，相当大比例的手机是通过零售商销售给终端用户的，跨国公司就必须在了解新兴市场的销售渠道、零售商市场的特点基础上，在市场战略上完成转变，制定出全新的战略。这是对跨国公司的挑战，也是公司的动态能力、获取知识和应用知识的能力的体现。从更深一层次来分析，跨国公司在新兴市场的战略还包括进入战略、价格战略、公司的管理结构以及联盟、兼并等，所有这些战略的制定都是基于对新兴市场的认知。没有对市场和消费者特性深入的认知就不可能制定有效的价格战略。而联盟、兼并的过程涉及新兴市场的国家政策、企业文化等因素，成功的联盟和兼并只有在掌握了充分的新兴市场信息后才能完成。

3. 跨国公司的战略选择决定了公司的绩效

Baird 等（1994）认为，跨国公司在新兴市场的绩效主要包括公司在该市场的销售额和利润增长。不同的产品战略、市场定位、进入战略，以及联盟或兼并决定了公司的绩效。在这个过程中，战略的实施和管理起了十分重要的作用。一个正确的战略只有通过有效的实施才能转化为企业的绩效，也就是销售额和利润的增长。新兴市场的战略是根据市场的特殊性而制定的，它对企业和在新兴市场的管理团队可能是全新的。张海波和李彦哲（2020）基于扩展的交易成本理论视角，分析不同情境下跨国企业 ODI 进入模式的理性选择及其对海外经营绩效的影响，研究表明东道国投资环境不确定性风险越大、经济增长潜力越小，跨国企业越倾向于选择合资模式，并且相比于独资模式，合资模式能产生更佳的海外经营绩效。同时，如何实施具有挑战性的战略又是企业动态能力的体现。具有变革更新能力的企业容易执行和有效地实施新的战略，而缺乏变革更新能力的企业，即使有了正确的战略，也很难实施并把战略转化为企业成功的绩效。

4. 对新兴市场的认知是循环往复，不断提高的过程

对新兴市场的认知是一个长时间积累的过程。市场和环境是动态的和变化的，对新兴市场的认知和战略的制定不是一劳永逸的。今天的认知和战略可能不适应明天的市场和客户的需求，这就要求跨国公司不断地学习，更新和重构战略。李自杰等（2014）指出，企业在实施国际化过程中，对外直接投资是持续动态的过程，经验会影响企业初次对外直接投资进入模式的选择，并且这种影响会在企业持续对外直接投资过程中发生变化。吴小节等（2019）认为，企业面临的环境动态性、复杂性和不确定性越高，管理者认知和企业动态能力越重要。正确的认知和战略可以导致成功，同时也会面临更大的挑战，这说明跨国公司需要一个循环不断和否定之否定的过程。在这当中，动态能力，也就是对环境的认识和改变的能力，决定了这个在新兴市场中了解市场、制定战略、实施战略，再了解市场，再制定战略的能力。本质上，它们是感知能力、利用能力和重构能力的具体实施。

第二节　研究设计

一、案例选择依据

案例研究方法是组织管理学研究的基本方法之一。组织理论的研究学者已经在案例研究方法的一整套原则、步骤和方法等方面取得了共识（Strauss，1987）。案例研究方法尤其适用于对现象的理解，寻找新的概念和思路，乃至理论创建（Eisenhardt，1989）。因此，基于动态能力理论的视角研究分析跨国公司在新兴市场的战略选择，案例研究是一个重要的方法和途径，它可以帮助更深刻地理解跨国公司通过动态能力获取知识，对新兴市场进行认知了解，进而应用所了解的知识进行战略选择，最终提升跨国公司在新兴市场中绩效的机理过程。

本书的案例是韩国三星公司。典型案例的选取是基于案例研究的常见做法，对于案例研究来说，随机样本不仅是不必要的，一般还是不可取的。Pettigrew（1990）甚至一再强调案例研究要选取典型和极端的情形才更为合适。本章认为，就基于动态能力理论视角研究分析跨国公司在新兴市场的战略选择而言，韩国三

星公司是较为理想的典型案例。具体原因在于，韩国三星公司在 1997 年的亚洲金融危机中面临倒闭的危险。新的 CEO 上任后，进行了一系列的改革，特别是在产品和市场的定位和战略方面。经过多年的发展，三星公司的许多产品已经跃居世界前列，其通信和消费类电子产品在新兴市场占据十分重要的地位。基于上述分析，本章认为选取该案例进行研究是恰当的。

二、案例资料来源

多样化的研究信息可以使案例研究基础更加坚实有效，因此，在三星公司案例研究中采取了行业内数据收集、跟踪研究和访谈分析三种方法，由此形成了本章的三类主要信息来源：

（1）公司的原始文件。包括近年来韩国三星公司战略规划和管理体系规划的文件、公司高管重要讲话、公司年报、公司网页资料等。

（2）公司内部人员访谈。对韩国三星公司战略规划工作成员、管理人员等进行访谈。

（3）公开报道和其他公开发表的二手资料。包括主要媒体对韩国三星公司战略规划选择事件的报道、公司高管的讲话等。

对案例资料的分析，采取了内容分析和模式匹配等多种方式，并强调多种来源和分析方式的相互印证。

第三节　案例分析

一、案例企业基本情况

1938 年，李秉喆用 30000 韩元在韩国大邱市成立了"三星商会"。李秉喆早期的主要业务是将韩国的干鱼、蔬菜、水果等出口到中国的北京及满洲里。不久之后，三星又拥有了自己的面粉和制糖厂，自己进行生产及销售。经过多年的发展，三星公司已经发展成为韩国最大的企业集团，拥有 85 个下属公司及若干其他法人机构，在近 70 个国家和地区建立了近 300 个法人及办事处，员工总数 25 余万，年产值达 1580 亿美元的大型跨国公司。成立于 1969 年的三星电子是三星公司旗下最大的子公司，2019 年和 2020 年分别位列《财富》世界 500 强第 15 位和第 19 位，其电子通信产品跨越手机、电视、音频、视频、通信、IT、半导体、办公和家电等领域，在许多方面都领先于世界。以手机产品为例，它在中国的市场份额在 2007 年已经进入前三名，成为中国手机中高端产品的主要供应商。

二、案例分析和讨论

动态能力在企业国际化过程中发挥的重要性已得到广泛认同（盛斌和杨丽丽，2014）。全球电子行业领军——三星公司，自成立以来就表现出极强的动态能力，保持着高度的感知能力、利用能力以及重构能力，极好地表征了企业进行国际化发展时所需要的能力。

20 世纪 60 年代初，刚刚经历朝鲜战争不久的韩国政局动荡不定，而三星也在战争期间失去了所有的资产。之后，三星创始人李秉喆在综合考察了技术、劳动、附加价值、出口前景等各方面情况后认为，电子工业是当时最适合韩国国情的产业。三星抓住了这一重要机遇，在磨难中开始并实现了第二次重大的产业进步，于 1969 年成立三星电子公司。1987 年李健熙接替其父李秉喆，成为三星新的掌门人。李健熙同样是一位有着深刻环境感知能力的领导者，他不仅自身时刻保持着强烈的危机意识，而且将这种意识传递给三星，塑造着三星的动态能力。他曾告诉员工："危机总是在你自认为第一的时候降临。"

动态能力使三星在多年的经营发展中始终保持持续创新与变革的动力，拥有应对变化的心态，形成了不断创新、追求卓越的公司理念。结合图 8-1 动态模型对三星进行反向分析：韩国三星公司的成功是由它正确的市场和产品定位所决定的，而这种定位来自它对市场的认知，根源来自它的动态能力。

1. 动态能力与对新兴市场的认知

从本质上来说，认识新兴市场的过程是一个学习新知识的过程，感知能力、利用能力和重构能力赋予了三星公司学习和认知新兴市场特点的优势，从而能够对新兴市场的文化特点和客户需求、劳动力成本、市场环境的特殊性和不确定性等方面拥有深刻的了解和把握。

首先，从感知能力来看，良好的感知能力促进了三星公司对新兴市场文化特点的认知和了解。一方面，为了能够深入了解不同国家和地区的市场特点和消费需求，早在 20 世纪 90 年代，李健熙就倡导建立"地域专家培训制度"，每年派一定数量的员工到国外进行考察和学习，亲身体验当地文化风情，学习到了很多其他国家的文化历史知识，增强了企业员工对不同地域文化的了解，从而提高了企业的国际化经营能力。另一方面，三星集团旗下的三星电子在 47 个国家拥有

87 个机构，这些机构定期调查当地消费者的生活工作情况、人口性别特点、消费设计潮流等信息。因此，三星能够收集到全球多个不同地区的详细资料，包括许多新兴国家的资料，对这些资料的分析和学习，为三星了解新兴市场的文化特点提供了丰富而关键的信息。

其次，从利用能力来看，对机会和信息的利用能力使三星公司能够充分利用新兴市场的优势特征实现快速发展。全球经济浪潮中一个最突出的变化就是新兴市场经济体的大量兴起，通过学习认识到新兴市场具备的大量廉价劳动力以及广阔的市场需求对三星公司的发展具有重要意义。第一，在利用廉价劳动力方面。进入中国市场的早期，三星公司看到了中国的劳动力优势，将中国作为其海外制造中心，实行在中国建立生产基地的战略，利用中国大量价格低廉的劳动力生产彩电、冰箱、数码相机等产品以销售到本国或西方国家，为三星带来了丰厚利润。第二，在利用广阔市场需求方面。中国自改革开放以来，人民收入水平大幅提高，对手机等消费品的需求从无到有、从少到多。2001 年，李健熙在"电子领域社长团战略会议"中指出，中国将成为除美国外的第二大经济大国。极大的潜在市场吸引力使三星对在华事业战略进行重新布置并不断加大对中国的投资。1992 年 8 月，三星电子在中国惠州投资建立了三星电子有限公司。2001 年，三星在中国天津建立首个工厂和研发机构。通过学习各类新兴市场知识和信息，三星公司实现了对机会的把握与利用，取得了良好的业绩。截至 2003 年底，三星实现对华累计投资 29 亿美元，年营业额达 94 亿美元。2013 年，三星共销售 3.1 亿部智能手机，占据了全球 32% 的市场份额，成为世界第一。

最后，从重构能力来看，强大的重构能力使三星公司在面临新兴市场的不确定性和特殊性时能够及时做出反应，并通过学习新兴市场国家的产业、经济等政策来制定和重构新的战略。三星公司在中国市场发展的 20 多年里，紧跟市场环境变化及政府政策导向，适时调整在华发展布局，在实现自身发展的同时也为中国社会经济发展做出巨大贡献。第一，在产业链方面。三星公司刚进入中国市场时，将中国市场视为生产基地，仅布局了生产环节。随着中国经济的发展，为响应中国产业升级号召并进一步实现本土化转型，三星在中国的产业链布局逐渐形成完整体系，包括设计、研发、采购、生产、售后等全产业链过程。全产业链布局战略的实施为三星加快新品推出速度、快速占领市场提供了强大支持。近十余年，三星更是凭借完整的产业链布局和前沿技术实力持续引领智能手机行业的发展方向。相信随着 5G 网络和设施的完善，三星也将凭借完整的产业链布局推动手机行业实现新的跨越式发展。第二，在投资布局方面。三星正式进入中国市场时正处于中国改革开放初期，东部是开放的前沿阵地，全国80%以上的FDI集中在东部沿海。三星审时度势，于1992年在中国惠州投资建立了三星电子有限公司。随着中国内需市场的高速发展以及政府平衡地区发展政策的实施，三星开始逐步扩大对中国中西部投资。2012年，三星在中国西安投资70亿美元，用于建立三星半导体存储芯片一期项目，2017年追加70亿美元投资开始二期项目。这是改革开放以来中国电信行业最大的外商投资项目，这一项目的开展和实施有力地带动了中国西部半导体产业集群的崛起。此外，三星在华业务布局也不断扩张升级，由家用电器、通信设备等领域逐渐集中在以半导体为主的存储、计算机、软件等高新技术领域。

2. 动态能力在三星公司新兴市场中战略选择的作用

中国是三星公司全球发展战略的重要板块，也是除韩国外全球最大的投资对象国。而三星对于中国的资金投放并不是盲目的，对哪些项目是重点、产品如何定位等问题都有细致准确的计划。进入中国市场的20多年，三星始终保持着高度的感知、利用和重构能力，将在新兴市场上学习到的环境变化、消费趋势等知识加以应用，从而能够适时及时地调整在华发展战略，包括产品战略、营销战略、渠道战略等。从知识和学习的角度来看，三星公司在新兴市场中的战略选择，本质上是一个知识应用的过程。

首先，从产品战略来看，三星公司通过感知能力充分地感知到中国消费者对产品质量、品牌形象等方面的知识，并应用获取到的知识制定出符合中国市场需求的产品战略。第一，在产品定位方面。以手机产品为例，三星发现中国市场上拥有大量追求时尚和个性化，希望引领潮流的年轻人，他们既勇于尝试新鲜事物又具有一定的消费能力，是三星手机的主要消费群体，因此三星将手机产品定位于22~35岁的消费者。这一市场定位使三星手机找到了明确的目标群体，在中国的市场份额一度跃居第一。第二，在产品质量方面。1994年，三星电子推出的首款手机由于次品率达到11.8%而备受市场冷落，因此，1995年，提倡"新经营运动"的李健熙为了表明三星"以质取胜"的决心，在员工面前将15万台质量不合格手机当场烧毁。自此，三星会在各种恶劣的环境下对手机进行严格测试，打造出了一系列质量过硬的产品。同时，三星还将先进科技应用到产品中以提高产品质量。2016年，三星电视在三星论坛上推出了SUHD TV第二代量子点电视，将仿生学技术中的蛾眼深黑减反技术应用到了该产品中，使电视画质在亮度、色彩、清晰度上均有所提升，并且可以在任何场景下以最小眩光呈现出画面细节，产品收视效果更好。第三，在产品形象方面。早期三星产品主要是价格低廉的低端产品。然而，随着中国经济发展水平的提高，人们的产品需求不断升级，低端廉价产品逐渐难以适应中国市场，满足消费者需求。认识到这一点后，三星决心扭转其产品的低廉形象。为此，三星集团实施单一品牌战略，砍掉其他品牌，全力打造"三星"品牌，不断推出设计时尚、功能先进的高端产品。最终打造出高端核心品牌，使"三星"品牌成为时尚、高品质的代名词，受到中国消费者的热烈追捧。

其次，从营销战略来看，三星通过利用能力将获得的有关新兴市场的知识应用到中国市场营销中，成功地开展了各种营销战略，使三星产品得到了有效推广，品牌价值也不断提升。第一，三星公司体育营销策略的开展。体育运动是全世界共同的爱好，通过赞助体育活动，三星能够经由各种媒体对体育赛事的报道而得到更多关注，被更多人熟知。2006年，三星便开始对中国体操项目进行赞助，随着中国体操所获国际奖项的增加，三星的品牌影响力也迅速上升。尤其是令人瞩目的2008年北京奥运会，三星更是积极地抓住并利用这一机遇，将北京奥运会当作重要事件来宣传，使三星的品牌影响力进一步扩大，品牌价值不断上升。2008~2012年，得益于体育营销策略的实施，三星的品牌价值由176.89亿美元上升至328.93亿美元，实现了快速增长。第二，三星公司公益营销策略的开展。中国特殊的国情背景和发展水平决定了新农村建设、绿色环境运动、西部教育支援等事项是中国政府和人民关注的重点建设工作。作为在华跨国企业，三星积极响应政府和社会号召，履行社会公民责任和义务。在农村支援、绿色运动、教育等领域开展了大量公益活动，如帮助改善乡村经济的"一心一村"活动，针对中国西部落后地区支教的"西部阳光活动"以及各类环境保护宣传活动。这些公益活动使三星在中国市场上树立了良好的企业公民形象，品牌影响力也不断增强。

最后，从渠道战略来看，三星公司通过强大的变革重构能力将从中国市场上学习到的新政策应用到渠道策略的制定中，探索出适合中国市场的渠道战略，从而抢占到市场份额，获得了竞争优势。第一，三星对渠道模式的探索。"没有最好的渠道模式，只有最合适的"，三星打印机在中国市场上的摸索很好地验证了这句话。2001年6月，已经在中国市场上经历了两次失败的三星打印机"三顾中国"，先后尝试了总代理制渠道模式、区域代理制渠道模式，最终找到了适合自己的渠道俱乐部模式。虽然此次进入仍面临重重阻力，但通过对渠道策略的不断调整和重构，三星打印机终于抢占了超过10%的市场份额，成功挤入中国激光打印市场前三名，成为业内名副其实的"黑马"。第二，三星对渠道模式的进一步调整。尽管三星万海俱乐部模式使三星能够对产品的销售实行集中网络化专业管理，最大化发挥出三星的产品优势，但三星并没有止步于此。2003年末，三星开始实施"渠道扁平化"原则，对渠道模式进行重大调整。2009年，发布针对中国市场的全新渠道和市场拓展策略——"星计划"，加速销售渠道布局和纵深拓展，形成了庞大的立体销售网络。2012年，三星从国美、苏宁等零售商手中将在中国的分销网络控制权拿回并通过自己的门店进行掌控，从而能够获得消费者的直接反馈，不用受限于零售商扩张的脚步，更有利于向北京、上海等大城市及其他城市拓展业务和市场。

3. 动态能力与新兴市场绩效

韩国三星公司具备的感知、利用和重构能力使它深刻认识到新兴市场的特点，根据不同特点制定出相应的应对措施和战略，并认真地执行和实施战略，很好地适应了新兴市场的发展水平，满足了新兴市场消费者的需求，从而在新兴市场上获得了巨大收益。首先，从销售总额来看。1998年，刚刚经历亚洲金融危机的三星电子负债170多亿美元，面临着破产的危险。经过几年的发展，三星集团不仅扭亏为盈，2003年整体销售额已高达620亿美元。2014年，三星年营收超过苹果和谷歌的总和，2018年营业收入超3000亿美元。其次，从利润总额来看。高端化产品战略为三星带来了丰厚的利润，2003年三星集团净利润为56亿美元，2004年净利润为103亿美元。2019年，整个三星集团的净利润接近500亿美元。再次，从品牌价值来看。多种营销战略的实施使三星品牌价值从2000年的52亿美元上升到2005年的150亿美元，全球排名从第43位上升到第20位。2016年，三星集团在全球100大最有价值品牌中排名第七。同时，根据国际品牌咨询公司Interbrand发布的"全球最具价值品牌排行榜"，三星电子自2017年起连续三年位居世界第六，2019年达到611亿美元。最后，从专利数量来看。2010年，三星电子在美国专利授权数以4551项位居第二，仅次于IBM。2018年，三星电子在美国注册的累计专利数量首次超过IBM成为全球第一。

作为一名后来者，三星公司注定是一家追赶型公司，要在激烈的竞争中努力尽快缩短与行业领先者的差距。同时三星公司明白技术模仿之路永远无法真正超越竞争对手，闭门造车也同样行不通，只有形成自己的技术创新发展模式，才能打破格局实现超越。三星公司做到了，通过不断创新学习，变革更新，从"加工厂"到世界知名品牌，从模仿引进到自主创新，不断引领潮流，最终成功实现了从廉价货的代名词到尖端产品、高档次形象的华丽蜕变。

第四节　研究结论与展望

本章应用动态能力理论分析和研究跨国公司在新兴市场中的战略选择问题。同时，采用案例研究的方法研究了韩国三星公司在新兴市场的产品定位和市场战略。本章得出的启示是：新兴市场是一个复杂和动态的环境，对跨国公司是一个巨大的市场和挑战；学习、认识、定位产品和市场、制定战略，再学习，再认识，是跨国公司动态能力的体现。

第一，动态能力包括对环境的感知能力，知识获取和利用能力，变革和重构能力等。本质上，学习和适应能力是一个重要因素。Li等（2009）指出，随着新兴经济体经济改革的深入，其政府职能、经济体制、市场环境、企业所有制结构等制度方面的变化给企业的环境感知和商业机会搜寻带来了严峻挑战。当跨国公司面临动态复杂的新兴市场环境时，学习和了解新的环境是企业制定和调整战略的基础。

第二，知识的获取和利用能力贯穿跨国公司在新兴市场的战略制定和管理的全过程。面对快速变化的超竞争环境，这些能力决定了公司对市场的认知，包括市场结构、客户需求、新兴市场的文化、劳动力成本和政府关系等，而对市场的基本认识决定了公司在新兴市场的短期和长期战略。卢启程和梁琳琳（2018）认为，应该把知识管理融入到企业战略学习中，从战略层面考察知识管理给组织创新带来的影响，将知识管理作为战略学习的核心维度，用以描述为实现组织长期战略利益而搜寻创造知识、管理知识流，并不断促进知识共享和有效应用的过程。

第三，跨国公司动态能力影响了其对新兴市场的认知，又决定了公司产品定位的战略、市场战略、进入战略和价格战略，最终决定了跨国公司在新兴市场中的绩效。这个过程不是一劳永逸的，而是一个循环往复、不断更新的过程。市场和环境在不断地变化，客户需求也在变化，与此同时，经济和政治环境也是动态的，这就要求公司重新认识和制定战略，这也是企业动态能力的重要内涵。衡量企业动态能力的关键维度是能够有效适应快速变化的环境并不断对资源进行重新配置、对流程进行优化协调。

作为一个初步的研究，本章只是研究了动态能力和对新兴市场的认知以及产品和市场战略的关系，在此基础上发展了跨国公司在新兴市场中战略选择的动态模型。动态能力的研究在过去二十几年中有了新的发展，相关研究进一步揭示了企业动态能力的组成变量（Teece，2007）。研究这些变量和对新兴市场认知以及企业战略组成的关系，有利于进一步揭示动态能力与跨国公司在新兴市场战略的关系，后续研究会向这个方向进行并从动态能力的角度更深入地研究一些跨国公司的战略。同时，现有文献中有关动态能力各维度对创新绩效影响的研究尚缺乏对情境条件的考量，因此未来研究应将战略导向、环境动态性等内外部环境条件纳入研究范畴（吴航，2016）。

第十一章 动态能力、数据驱动效应与数字化转型

本章导读→

　　动态能力是企业在数字经济情境下实现业务模式和流程创新的有效途径，如何通过数据管理释放数据效能构建竞争优势值得进一步研究。本章以京东集团为例，基于数据全生命周期管理的视角，探讨动态能力在数字化情境下激发数据驱动效应实现数字化转型的作用机制。研究发现：第一，数据分析、运营和赋能平台发挥不同特性的数据驱动效应，实现了信息、流程、业务、产业及生态的数据化。第二，动态能力激发数据驱动效应推动企业数字化转型的作用机制包括：通过机会感知能力激活数据分析平台，实现数据的采集提取、智能分析和质量监控，感知数字商业机会；通过机会把控能力激活数据运营平台，实现数据的挖掘利用、流动互通和循环反馈，更新业务模式和流程管理；通过变革重构能力激活数据赋能平台，实现数据的内化重构、开放共享和知识创新，重构上下游产业链和建立数字生态系统。本章由此提出的企业有效感知和利用数字技术进行数据全生命周期管理，从而实现业务模式和流程数字化转型的理论模型，能够弥补已有文献对于数字化情境下动态能力作用机制研究不足所形成的理论缺口，也对数字平台和生态系统的数字化转型有一定的启示。

　　随着云计算、大数据、物联网、区块链及人工智能等新兴数字技术的飞速发展，全球经济向数字经济迁移势在必行。2020年4月，中共中央、国务院印发的《关于构建更加完善的要素市场化配置体制机制的意见》提出数据作为生产要素参与收益分配，使大数据成为推动经济高质量发展的新动能。数字经济时代下，大数据成为企业通过数字化转型建立可持续竞争优势和挖掘潜在机会的重要引擎。企业通过大数据管理，可以更好理解商业环境和客户需求（Cappa et al.，

2020）。尽管大数据为企业发展提供了机遇，但如何释放大数据效能，将数据驱动效应转化为企业绩效仍是一项挑战。通用电气不断探索数字化转型，专门成立数字集团（GE Digital），进行一系列数字化变革来改造工业产品的传统销售模式。但由于数字集团的战略方向模糊、预算缩减、管理和架构混乱，导致其深陷收益下滑和股价下挫的困境。然而，也有企业能够抓住大数据红利，实现自我颠覆式的数字化转型。韩都衣舍依托大数据平台，构建了小组制的前中后台架构，通过前台顾客需求灵活反应体系、中台智能数据系统和后台品牌生态体系，主动拥抱数字化变革，成功打造了良性可持续的时尚孵化平台，助推企业数字化转型。可见，尽管大数据具有如此重要的价值，但大数据的使用犹如一把"双刃剑"。对于企业而言，如何有效获取和合理利用大数据以及对其效能进行管理值得深入研究。

动态能力理论为解释这一现象提供了理论依据，同时，从动态能力角度探究数字经济时代数据驱动效应的发挥也可以进一步发展动态能力理论（Karimi & Walter，2015）。动态能力通过机会感知能力、机会把控能力、变革重构能力推动企业持续建立和更新资源与资产，以快速响应外界市场环境的变化（Teece，2007）。这将为企业如何在数字经济中整合数字技术、实现业务流程改进与优化、提高运营效率和增强客户体验、创建新的商业模式等业务创新活动提供思路。此外，数据驱动也改变了动态能力的决策基础和决策方式，进而影响了动态能力的作用机制。一方面，企业决策基础从企业经营积累的有限信息和经验转变为海量数据资源和信息，大数据管理者拥有几乎无限量的详细信息可供使用（Erevelles et al.，2016）。如果企业能够利用动态能力最大化地开发、加工和内化数据资源，将实现组织流程与数据资源的高度契合。另一方面，企业决策方式从依靠管理者经验和直觉的模糊决策转变为大数据辅助经验的科学决策（Wamba et al.，2019）。海量数据不仅减少了管理者由于信息处理能力不足和决策经验惯性产生的选择偏误，也从认知层面重构了管理者的数字化思维。因此，企业需要深入探究大数据带来的管理者决策基础和决策方式的变化，从而对动态能力的作用机制做出适应性调整，这为本章从数据驱动效应角度的研究提供了切入点。

学术界有关数据驱动的动态能力作用机制研究，主要从动态能力影响数据知识和资源、数据管理流程和数字化专有能力构建的研究视角出发，将数据驱动效应视为动态能力提升企业绩效的中介过程机制。一是基于知识和资源的研究视角，动态能力能够帮助企业实现数据知识的有效管理、数据资源的协调整合、数字化人才的高效培养等，实现企业数字化知识和资源组合的有效协同（Angrave et al.，2016；Zeng & Khan，2019）。二是基于流程的研究视角，动态能力有助于数字化转型下的组织流程管理实践，及组织商业决策数字化流程构建等（Mishra et al.，2019）。三是基于能力的研究视角，动态能力能够帮助企业构建信息技术能力和数字化平台能力等数字化专用能力（Karimi & Walter，2015）。

然而，上述研究仍存在重要研究缺口：①现有研究大多关注数据驱动的动态能力对单一管理职能和运营流程的影响机制，而企业数字化转型具备全方位和立体式特征，亟须提出一个系统性的数据驱动的动态能力作用框架（Rialti et al.，2019）；②动态能力与数据管理的阶段性目标应相互协调，然而现有研究忽略了企业进行数据全生命周期管理的阶段性目标差异，以及动态能力不同结构维度所带来的差异化数据驱动效应。为加快落实和推进国务院印发的《促进大数据发展行动纲要》，当前企业的主要任务是打破数据资源壁垒、深化数据资源应用和提高大数据管理水平。因此，细化和区分动态能力不同结构维度、如何释放不同属性的数据驱动效应，进而推动企业具体业务模式和流程的升级，不仅能为现有知识和资源视角、流程视角、能力视角下数据驱动效应发挥的文献补充一个更为系统和细致的理论解释，也能为企业如何基于动态能力构建不同数据管理平台，通过对数据全生命周期管理推动组织业务模式和流程数字化转型提供实践参考。

鉴于此，本章以京东集团为研究对象，因为京东大数据应用与管理处于行业领先水平，且涌现了数据嵌入多元业务和流程，以及赋能产业和生态的丰富实践场景，在具备理论探索价值的同时，也对中国企业实现高质量数字化转型具有重要启示。本章主要关注的问题是：动态能力的不同结构维度如何释放差异化的数据驱动效应，进而推动业务模式改进与流程创新以实现数字化转型？通过回答上述问题，本章区分动态能力不同结构维度的作用机制，基于数据全生命周期管理的视角，通过构建三大数据平台将数据驱动效应嵌入组织各流程和运营活动，促进内外部不同功能资源的重构与整合，以期为组织利用动态能力实现数字化转型提供建议。

第一节　文献综述

一、大数据与数据驱动效应

美国国家科学基金会将大数据定义为：由科学仪器、传感设备、互联网交易、电子邮件、音视频软件、网络点击流等多种数据源生成的大规模、多元化、复杂、长期的分布式数据集。一般而言，大数据需满足"3V"特性，即规模性（Volume）、多样性（Variety）和高速性（Velocity）的特征。随着数字技术的应用与发展，学者也关注到大数据的价值性（Value），形成了"4V"特性（Mayer-Schönberger & Cukier，2013）。后续研究者不断增进理解，进一步扩展到大数据的"5V"乃至"7V"特性，增加了真实性（Veracity）、动态性（Vitality）和可视性（Visualization）等。在一定程度上，大数据的价值并不仅仅在于数据资源本身，更多在于数据与具体流程惯例相结合而产生的驱动效应（孙新波等，2019）。因此，数据驱动的管理决策研究具有重要的理论意义和实践价值。

企业根据实际需求对数据进行收集、编辑、处理、分析，发挥数据驱动效应，充分发掘和利用数据价值，开展科学经营管理决策以构建竞争优势（Van Knippenberg et al.，2015）。现有关于数据驱动效应对企业运营和流程活动的影响研究可以划分为以下两类：一是基于嵌入视角，探究数据驱动嵌入组织结构和组织文化对管理决策的影响机制。数字技术打破传统事业部制组织结构，通过引入具备数据知识和技能的科学家、IT运维团队等，使决策参与者角色发生改变，进而影响企业管理决策（Luscher & Lewis，2008）。数据驱动嵌入组织文化通过影响组织决策的原则和信念模式等，最大化数据分析的商业价值（Kiron et al.，2013）。二是基于流程视角，探究数据驱动对企业运营管理的影响机制。高质量、可扩展和可适应的数据智能系统或数据平台连接了包括供应链管理、客户关系管理、企业资源管理等在内的不同系统，有助于企业实现客户关系个性化管理和供应链敏捷性打造（Eller et al.，2020）。

可以看出，数据驱动效应推动组织对其业务和流程管理进行适应性调整，现有企业正积极实施数据管理来进行市场竞争，但由于缺乏数据驱动嵌入具体流程的经验，许多企业仍处于数字化转型的早期阶段。现有研究尚未对不同生命周期阶段数据应用带来的差异性挑战进行解构，缺乏将其与业务模式和流程创新进行匹配的整合研究（Kretschmer & Khashabi，2020）。因此，深入探究数据全生命周期管理并考察其与企业业务模式和流程创新的相互作用值得进一步研究。

二、动态能力与企业绩效的关系研究

1. 动态能力的结构维度研究

动态能力理论探究企业如何应对快速技术和市场变化，引起了学者的重视并积极开展相关研究（焦豪等，2021）。Teece等（1997）将动态能力定义为企业整合、构建和重新配置内外部资源以适应动态复杂变化环境的能力。通过构建和发展动态能力，企业能够发现和捕捉新出现的市场机会，整合重构所需的内外部资源，内化和吸收新技术与新知识以促进技术创新，构建持续竞争优势（Augier & Teece，2009）。Teece（2007）将动态能力划分为机会感知能力、机会把控能力和变革重构能力。机会感知能力是组织通过扫描外部环境识别可能存在的机会与威胁的能力。在数字经济情境下，机会感知能力是组织不断扫描数字技术带来的外界动荡环境，感知最新数字化趋势和机会，整合集成数据信息，形成数字化思维，以准确预测与快速响应客户需求的能力（Rialti et al.，2019）。机会把控能力是组织能够抓住机遇与应对威胁，调动资源、实现价值、塑造市场的能力。组织一旦感知到新的技术或市场机遇，就可以通过更新产品、服务或流程对其加以把控。在数字经济情境下，机会把控能力是组织分析、利用、加工和处理数字化信息，并实现数据信息嵌入各流程活动的能力（Feldman & Pentland，2003）。变革重构能力是组织持续革新、平衡内外部协作关系，以及重新设计柔性的治理结构，从而持续有效管理变革带来的冲突并完成重大战略调整的能力。在数字经济情境下，变革重构能力在组织内部进行数字化架构变革，在外部构建数字生态网络，从而为实施数字化转型提供支撑保障（Ciampi et al.，2021）。

2. 动态能力对企业绩效的影响研究

Teece 等（1997）探讨了企业动态能力与绩效之间的直接关系，强调动态能力是企业竞争优势的来源。在复杂多变的环境下，如果企业缺乏动态能力，则现有的市场领先地位可能转瞬即逝（Zollo & Winter，2002）。进一步地，Ambrosini 等（2009）探讨了动态能力的中介作用机制。通过梳理有关动态能力对企业绩效影响的中介作用机制研究，可以划分为以下三类：第一，动态能力通过改变企业的资源组合影响企业绩效。动态能力的直接目的是改变资源基础，而资源基础的变化解释了企业的绩效变化（Helfat & Peteraf，2015）。动态能力能够帮助企业发展有价值、稀缺、难以模仿和不可替代的资源来获取竞争优势（Makadok，2001）。在数字经济时代，从数据资源出发，动态能力可以帮助企业有效管理大数据计划中的各类组织资源，提取数据资源，转化数据相关知识，进而帮助企业进行有形资源或无形资源调配，预测顾客行为和满足顾客需求（Erevelles et al.，2016）。第二，动态能力通过重塑企业战略或流程影响企业绩效。一方面，动态能力通过改变战略决策过程及重构资产配置模式实现运营管理方式创新，从而影响组织绩效。在数字经济中，动态能力提升了企业数字化战略的柔性和灵活性，从而对竞争优势产生间接影响（Shan et al.，2019）。另一方面，动态能力通过更新组织流程，影响企业短期财务绩效和长期竞争优势。企业可以利用动态能力实施双元创新行动而提高财务绩效和竞争优势（焦豪，2011）。在大数据时代下，动态能力既能帮助企业进行基于数据原生的流程开发，如大数据服务和孵化流程、大数据预测与分析流程等（Akter et al.，2020），也能帮助企业进行基于现有流程的数字化升级，如供应链敏捷性更新、商业创新过程升级等，进而影响企业竞争优势（Ciampi et al.，2021）。第三，动态能力通过影响组织特定能力影响企业绩效。受动态能力影响的企业能力除知识组合能力、营销能力、技术能力等传统能力外（Mu，2017），还包括大数据决策能力、大数据分析能力、大数据预测能力等数字化专用能力（Wamba et al.，2017）。

综上所述，现有研究考虑动态能力释放数据驱动效应较为笼统，较少有研究将动态能力的不同结构维度和数据全生命周期管理进行契合，区分不同动态能力维度下数据驱动的差别效应。而深化数据驱动的动态能力与组织流程升级的研究，探究动态能力不同结构维度对数据管理、业务模式改进和流程创新的差异化影响机制，在理论层面更贴近复杂的数据驱动的动态能力战略作用过程，能够延伸和拓展数字经济下的数据驱动的动态能力作用机制，在实践层面有利于将动态能力、全生命周期数据要素及对应业务模式和流程进行整合协调，指导企业实现立体式和动态化的数字化转型。

第二节　研究方法

一、方法与案例选择

本章采用案例研究方法，主要出于以下考虑：第一，本章的研究问题是探究数据驱动的企业动态能力作用机制，适合从具体现象到理论的分析性归纳（Eisenhardt & Graebner，2007）；第二，本章分析动态能力如何分阶段利用数据驱动效应推动以业务模式和流程创新为主要内容的数字化转型，采取案例研究有利于分析各个要素间的互动机理与演进逻辑（Yin，2003）。

案例研究的目的是归纳形成观点和理论，所选取的案例应当具有典型性和启发性（Pettigrew，1990）。本章选取京东集团进行案例研究主要有以下两个原因：一是京东大数据应用已成为企业大数据应用中的领跑者，其集群规模、服务器规模、日计算任务能力等均处于行业领先水平；二是京东业务开展具有丰富的数据应用场景，建设了大数据全生态核心产品体系，以及一站式、自助式的大数据处理全流程解决方案，探究其大数据嵌入多元业务的动态过程具有理论价值。

二、资料来源与数据收集

本章采用正式访谈和非正式访谈获得一手数据资料，并以档案文件等二手资料进行"三角验证"来保障数据的真实性和可靠性。自 2016 年开始，本书的研究团队持续对京东集团进行了跟踪调研，并深入企业内部开展访谈。还通过其他途径获得案例数据资料，利用多途径来源对数据的真实性进行交叉验证。

三、研究程序

本章数据分析过程是对数据、文献、构念和理论的不断反复比对的过程。一是数据清洗和大事记整理。将京东数字化发展分为规模化、体系化、实时化、智能化和商业化五个阶段。其中，规模化阶段实现海量数据的正向循环和积累，体系化阶段实现数据的标准化建设及与业务模式的契合，实时化阶段实现指数级数据的实时获取和基于海量数据支撑业务的秒级决策，智能化阶段实现数据的深度理解和对需求的精准分析，商业化阶段实现数据商业价值的释放。在此基础上，通过梳理京东发展阶段和关键事件等原始数据，将不同来源数据进行比对，形成可靠的原始数据文本，随后整合所有数据，形成基础数据库。二是初始构念的形成。从基础数据库中识别出每次京东内外部环境转变的标志性事件，并形成初步的叙事分析。接着，把每次环境转变进行独立分析，并与文献进行比较，以期涌现出初始的概念。然后通过文献对比，将初始概念归纳为更为严谨和抽象的构念。三是理论框架的建立。在这一阶段，结合京东发展历程把所有企业关键事件进行归类。而后，在"数据整合—构念形成—文献对比"之间循环往复，识别不同构念间的关系，最终形成理论框架。

该过程保证了各个研究阶段的独立性、真实性和开放性，通过不断汇总多渠道的信息，从而探索数据驱动效应下的动态能力作用机制。为了对本章的构念效度、内在效度和外在效度进行控制和检验，遵循以下策略：第一，采取多样化的来源数据，形成并掌握证据链，通过多渠道交叉核实与强化研究基础，提高构念效度；第二，在资料分析和研究设计阶段，建立基于时间序列的证据链，针对涌现构念反复进行证据复核，引入组内讨论、组间讨论和外部观察者，根据数据资料持续调整可能的理论模型，提高内在效度；第三，通过文献分析，在理论方面与文献深度对话，同时根据分析类推原则，证实本章构建的理论框架可用于分析除京东外的其他组织现象，提高外在效度。

第三节　案例发现

一、三大数据平台

京东集团构建数据分析平台、数据运营平台和数据赋能平台，作为数据驱动的三大平台主体。三个平台相互协同，发挥不同属性的数据驱动效应，最终汇集多层级企业数据，实现信息数据化、流程数据化、业务数据化、产业数据化和生态数据化。

1. 数据分析平台

为感知最新数字化趋势，京东构建了数据分析平台，利用数据库管理系统将模拟形态的信息转换为数字形态的信息，并将数据传输到数据库聚合成为数据池，通过统一数据标准实现标准化的信息大数据，进而开展初步分析以洞察市场动态趋势，为数据信息后续指引业务决策和分析奠定基础。

第一，数据采集提取，是指利用数字技术对数据进行采集和提取，从"0"到"1"构建数据库。通过统一的采存算大数据平台，京东有节奏地合并了电商、金融、生活和O2O等各领域的海量数据，形成统一的数据集市，为数据分析奠定基础。

第二，数据智能分析，是指企业通过对收集到的数据进行自动汇总和分析，逐步实现资产化。京东通过纠删码技术、数据分级分类、僵尸数据清理和冷数据治理等手段对元数据进行整合，建立分类体系实现数据标准管理，数据有效性大大提高。

第三，数据质量监控，是指对大容量的数据进行质量检验、评估和监控。为了保证数据信息的准确性，数据分析平台还会对数据生产过程进行质量检验，对数据入库过程进行质量评估，并生成数据质量分析报告。

通过以上功能，京东实现了数字形态信息的产生、采集、汇集、储存、分类和监控。信息数据化为企业决策奠定基础，即企业决策基础突破原有信息形态的边界，新增了由标准化数据编码的信息。标准化数据作为信息的具体表现形式，海量且客观地记录了事物属性，是其他数据平台发挥作用的基础。

2. 数据运营平台

在进行数据的采集、处理和监控等之后，如何将数据驱动效应嵌入企业的流程链和各业务单元，实现数据及时利用迫在眉睫。京东构建了数据运营平台，通过将内部流程进行模块化分解，针对性地分配相应数据信息，形成了全流程的数据信息传递和各部门间协作。与数据分析平台产生的具有独立性的标准化数据，以及产生客观数据分析结果不同，数据运营平台重点在于实现数据信息在企业内部全流程和各业务单元的流动、共享和互通，避免"数据孤岛"。

第一，数据挖掘利用，是指企业查询、提取、调度和利用数据分析平台产生的标准化有效数据和初步分析结果，快速应用于运营流程和业务模块。京东数据运营平台通过集成内容搜索、网络开放和多人协同创作的系统，将精准数据提供给相关业务部门，实现数据的深入挖掘分析。

第二，数据流动互通，是指企业利用数据流打通组织内各关键流程，以降低成本，提升效率和质量的过程。京东已构建了一套完整的大数据服务平台驱动链，覆盖从用户登录、搜索、浏览、下单，到配送、评价、客服等环节。

第三，数据循环反馈，是指出于性能和通用性的考虑，企业会着眼于数据驱动业务精细化运营的能力建设，形成数据与业务正向循环促进的关系。京东通过搭建一套公共的数据标签体系，汇聚前台业务部门、运营部门以及搜索等垂直场景，形成了数据与业务、流程的积极互促作用。

通过以上功能，京东实现数据信息在企业内部各流程和业务单元的流动、共享和互通。在数据分析平台信息数据化的基础上，通过数据运营平台，企业决策基础新增了流程数据化和业务数据化。流程数据化是指实现标准化数据与企业内部流程的配合，以满足提高内部运营流程效率的目的。业务数据化是指实现标准化数据与企业各业务单元的配合，以满足传统业务升级和新兴业务开拓的需求。这为企业进一步向产业链或生态系统中传递数据价值创造了机会。

3. 数据赋能平台

单个节点内部数据利用能力与外部网络关系能力的提升触发了网络主体的反馈行为，各个节点能够基于数据协作为用户创造价值。企业的变革重构能力激发组织内部的知识创新与结构变革，同时帮助组织构建外部数字网络。京东通过构建数据赋能平台，利用数据的流动性整合数据网络，通过数据知识创造，打破组织间、产业间的边界，实现数据信息在产业链和生态系统的共享。在该阶段，企业以数据交换节点为基础，以产业数据化和生态系统数据化为特征，形成行业生态数据动态实时的更新与创新应用，实现生态系统的数字化。

第一，数据内化重构，是指通过数据赋能平台的内在结构或功能调整，实现以战略一致性和目标差异化协调平衡的组织合作。京东基于 Hadoop 自主开发的大数据赋能平台提供了高性能的通用服务。

第二，数据开放共享，是指将有价值数据资源传递给外部生态数据网络节点中的需求者，实现数据在多个产业链主体间共享。目前，通过不断向外输出以业务、场景服务和技术为核心内容的数字化建设经验以及多年累积的业务链数据，京东为行业提供了领先的云计算服务与行业解决方案。

第三，数据知识创新，是指商业生态网络内部利益相关者之间实现数据共享机制，推动数据作为知识载体和基础而持续快速更新的过程。京东持续开展基于数据驱动的知识创新活动，目前实现了信息系统的完全自主研发。通过以上功能，京东实现了数据知识创造，推动了数据信息在产业链、生态系统的共享和协同。

通过数据赋能平台的构建，企业决策基础进一步扩展为产业数据化和生态数据化。产业数据化是指以企业内部数据外向赋能为主线，实现数据资源与产业链上下游各主体协同衔接。生态数据化是指企业内部数据资源与生态系统中各主体基础设施层、数据资源层和业务应用层的再造与转型。在打通产业链和生态系统中各主体间的"数据孤岛"后，企业外部主体会促使企业不断优化其数据分析平台、数据运营平台和数据赋能平台的功能，以更好地进行数据驱动效应的协同。

至此，通过数据分析平台、数据运营平台和数据赋能平台的迭代发展，京东实现了大数据全生命周期的管理。数据收集、传输、存储、处理、过滤、分析、挖掘和应用等过程可以称为"数据全生命周期"，不同生命周期阶段的企业面临着差异化的数据开发挑战。京东通过三大数据平台的功能设计，最大化有效利用生命周期各阶段的数据，为后续流程升级优化提供了技术支持。因此，本章认为数据驱动是企业顺应数字技术的发展，以数据作为单位生产要素，通过外部赋能或内部重塑的方式，构建并激活数据平台的不同特性功能，实现企业全流程和运营活动的数据效应释放，进而提升企业数据价值以实现竞争优势的动态过程。三大数据平台如表 11-1 所示。

表 11-1　三大数据平台

平台	数据分析平台	数据运营平台	数据赋能平台
动因	组织进行信息形态的转变，统一数据标准，实现市场机会感知	组织利用数据打通流程，提高运营效率，实现产品和服务升级	组织实现数据知识创新和结构变革，支持和辅助整个产业链协同，实现数字化生态

续表

平台	数据分析平台	数据运营平台	数据赋能平台
内容	信息数据化：企业决策基础突破原有信息形态边界，新增由标准化数据编码的信息	流程数据化：实现标准化数据与企业内部流程的配合，以满足提高内部运营流程效率的目的 业务数据化：实现标准化数据与企业各业务单元的配合，以满足传统业务升级和新兴业务开拓的需求	产业数据化：以企业内部数据外向赋能为主线，实现数据资源与产业链上下游各主体协同衔接 生态数据化：企业内部数据资源与生态系统中各主体基础设施层、数据资源层和业务应用层的再造与转型
方式	数据采集提取、数据智能分析、数据质量监控	数据挖掘利用、数据流动互通、数据循环反馈	数据内化重构、数据开放共享、数据知识创新
效果	实现数据信息的有效产生、采集、储存、分类、监控和初步挖掘	实现数据信息在企业内部全流程和各业务单元的流动、共享和互通	实现数据知识创造，以及数据信息在产业链、生态系统的外溢、交换、共享和协同

二、基于数据分析平台实现商业机会感知

为了对数据进行有效收集与整理，京东构建了数据分析平台，激活数据采集提取、数据智能分析、数据质量监控三大功能，实现了数据信息的有效采集、汇集、储存、分类、提取和监控。通过利用数据分析平台激活功能产生的有效数据，管理者识别环境中潜在数字机会和威胁的准确度得以提高。

第一，利用数据标签定位多类用户画像。为了能从用户行为数据、商品交易数据和调查数据等海量数据中实时观察变化以及预测未来需求，京东利用大数据算法模型，基于数据分析平台采集提取、智能分析和监控产生标准化数据信息，助力企业智能预测。京东发布了平台产品"京洞察"，借助智能算法模型进行消费者分析，通过标签管理、用户分群、市场分析、舆情趋势分析，实现由数据到用户画像的转化。同时，消费者洞察也帮助品牌商识别合适时间和目标消费者，提供互惠交易。除用户画像以外，京东从基础数据中还挖掘其他类型消费者的画像数据，包括小区、商家等画像，全方位地提升现有客户满意度并识别潜在客户。

第二，开展数据分析描绘商品交易场景。为了利用好商品数据，构建智能商品生态，描绘清晰的商品画像，京东对商品交易信息、消费者关注的商品价格与品质信息、商品交易方式信息、商品需求信息等进行挖掘，构建了可供其他核心业务调用的商品知识库。具体而言，京东开发了京东商智，帮助商家了解自己店铺销售商品排名，以及排名靠前商品的关注度、加购数量和下单转化率等。此

外，京东通过推出"京采云""京喜"等产品，从全生命周期采购一体化、企业综合集采、供应链多场景客制化、员工福利、市场营销五大方面为大型企业提供智能采购解决方案。"京采云"不仅能够借助 AI 图像识别技术提供图像搜索服务，还能通过有限数据集训练超过 500 个专业化场景，实现 1000 万商品池的需求智能匹配。

第三，升级智能产品提高客服服务效率。将大数据技术引入客户服务流程，成为提高客户使用产品满意度和确保快速响应客户的有效途径。为了构建智能运营平台，一方面，京东进行了智能服务机器人的升级，通过整合自然语言处理、深度神经网络和机器学习等数字技术，实现对客户情绪的感知，并借助机器学习和语义理解技术在回复表达中蕴含相应的情感，优化用户触点为消费者提供更效率的交易服务；另一方面，京东利用全新场景化的人工智能购物产品，完成了对每一个消费者、产品和品牌的深度洞察，为用户提供了更佳的使用体验和平台触点的导流。全新场景化的人工智能购物产品实现了物和用户的连接，既赋予了产品崭新的功能，又实现了从技术、数据到客户关系的完整闭环。

三、基于数据运营平台实现业务模式和流程管理更新

为了应对感知到的机遇与威胁，实现数据在组织流程链条中的流动互通，京东通过构建数据运营平台，激活数据挖掘利用、数据流动互通、数据循环反馈三大功能，实现了企业业务和流程数据化。通过利用数据运营平台功能产生已嵌入组织流程的数据资源，京东实现数据信息在企业内部全流程和各业务单元的流动、共享和互通，通过有效决策，针对性分配相应数据信息给流程模块，并促成各部门间的协作效应。

第一，分类用户数据实施个性化定制。京东通过积极拓展 C2M（Customer to Manufacturer）模式，帮助企业跳出在"规模化"和"个性化"之间取舍的困境，让消费者和制造企业的连接更加紧密、顺畅和多元化。首先，针对消费端，顾客"微需求"的出现催生了各种具备特定消费需求的产品属性，京东借助大数据进行反向定制，催生众多贴合消费者需求甚至引领消费者需求的新品类。其次，针对生产端，京东针对新品业务推出的"京东小魔方"，通过与华为、戴森和欧莱雅等上百家消费品牌合作，借助数字技术实现正确的商品分类和需求预测，以消费者为中心定制生产融合新技术、新设计、新功能和新体验的产品，引发了新一轮销售高潮。

第二，构建算法模型协同供应链管理。京东应用云计算、大数据、物联网等技术，自主研发算法模型，从智能预测、计划管理、智能库存、订单履约、供应

链协同和智慧物流六个维度入手，提高智能运营效率，助力供应链降本增效。智能预测是基于京东自主研发的算法模型，对财务、单量和销量进行全渠道、全场景的多维度预测。计划管理是形成一体化的财务、销售、生产和运营计划，覆盖预算分析、选品计划、原料采购、库存优化等全供应链环节。智能库存是基于企业计划与具体执行目标，在仓储、补货、调拨、清滞等维度提供决策建议。订单履约是基于智能预测和库存布局优化，丰富履约模式，通过数字技术实现门店智能选址、区域销量预测和智能选品，打造极速达时效产品。供应链协同是从协同管理到智能决策，构建透明高效的供应网络，适配消费升级。智慧物流是京东通过自建物流体系、智能化仓储系统、创新运输系统和高效的配送体系四大模块，实现运输系统的网络化、信息化、组织化和集约化。

第三，基于大数据应用优化消费体验。通过大数据应用，京东实现了产品零售的即时性、个性化、多场景。首先，实现零售的即时性。京东"移动互联网+产品设计+数据挖掘+云计算平台"的组合模式极大地扩展了对用户体验的认知。其次，实现零售的个性化。京东从商品生产环节开始，通过深度学习、大数据和人工智能的方式，对每一个消费者的需求进行深入挖掘，探索个人化、个性化、精确化、智能化的广告推送服务，同时指导品牌商和供应商生产消费者所需的产品。最后，实现零售的多场景。京东基于自建物流体系优势，大力发展"众包物流"，推出"京东到家"，向消费者提供生鲜及超市产品的配送，并基于位置服务实现两小时内快速送达，打造生活服务一体化应用平台，促使传统的社区服务升级，也为消费者营造了立体的和多维的购物场景。

四、基于数据赋能平台实现产业生态重构

为了激发组织内部的知识创造和结构变革，同时构建外部数字网络，京东构建数据赋能平台，并激活内化重构、数据开放共享、数据知识创新三大功能，实现了产业数据化和生态数据化。基于数据赋能平台功能激活，京东的数据信息转化为了可进行对外输出的"技术、思维和模式"，在网络各个节点传递和反馈，实现数据商业生态圈和跨生态圈合作伙伴之间的合作互联，自发、实时和持续地为用户创造价值。

第一，以客户为中心构建数字矩阵结构。京东建立了以大数据为基础、多方受益的数字化矩阵结构。在横向上，一是向合作伙伴开放供应链、物流、技术和金融等核心优势；二是将企业数字化能力和数字化建设经验赋能于合作伙伴，通过商流、物流、资金流和信息流的数字化互通方式，实现资源的有效配置。在纵

向上，京东利用数字化手段搭建了以客户为中心的前台、中台、后台组织架构，由面向客户的行业层、产品服务层和核心能力层串联起整个组织的数字化蓝图。其中，行业层是为客户提供全流程对接的一站式产业数字化解决方案。产品服务层是以金融科技、AI 技术及机器人、数字营销、智能城市为代表的四大核心业务来创新商业模式。核心能力层是建立统一的开放平台，实现内部产品和服务的中台化与组件化，以及外部行业客户的快速接入和产品调用。

第二，数字知识重新编排实现产业上下游链接。为了实现产业链上下游高效链接，京东发布了一系列基于数字知识重新编排的产品。"京采云"作为数字化采购商城解决方案，集成需求管理、寻源招标、供应商管理、自助式商城、履约协同、财务结算等功能，通过智能化采购分析帮助企业将采购需求和方案自动匹配。随后，"京采云"在京东优质供应商资源的基础上发展扩大，形成了横跨20多个行业的供应商库，同时引入第三方征信、风险监控分析等来保障供应商质量。在选择上，"京采云"运用大数据与 AI 学习技术实现供应商供货与采购需求的精准匹配，并提供询价、竞价、招标等多种方式协助议价降本。

第三，应用数字技术架构生态网络。为了构建更有效的生态平台，京东实施了"京腾计划"，打通京东和腾讯的数据，融合社交数据和用户消费行为数据，构建社交电商营销的新模式。一方面，京东通过构建数字化生态平台，基于数据化的驱动精准洞悉用户需求；另一方面，结合线上社交和线下场景，基于用户需求和情感视角帮助品牌商打通与消费者的连接通道。同时，京东云作为京东科技旗下品牌，以社会化云平台的方式为生态建设提供了一体化解决方法，覆盖智慧城市、"互联网+政务"等多个行业和场景，向社会提供稳定、安全、便捷的云服务，促进数字生态的开放。此外，京东研究院作为京东集团的前瞻性研究智库，联合校企科研院所和专家团队进行前沿课题研究以及数据、资讯和深度行业分析，共建科研生态。

第四节　基于数据驱动的企业动态能力作用机制的理论模型

本章基于京东集团的案例分析，构建了企业动态能力激活数据驱动效应实现数字化转型的作用机制模型，如图 11-1 所示。企业可以顺应数字技术的发展，

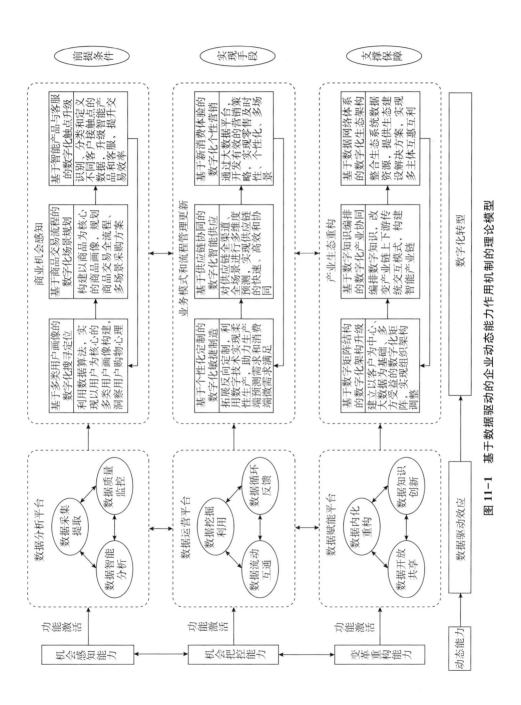

图 11-1 基于数据驱动的企业动态能力作用机制的理论模型

通过机会感知能力、机会把控能力和变革重构能力构建三类不同功能的数据平台。基于不同的数据驱动需求，通过对数据分析平台、数据运营平台、数据赋能平台的闭环构建管理，激活三大平台的数据驱动效应，这个过程体现了数据驱动效应从组织内部到产业生态逐步外溢和扩散的特征。

一、基于数据分析平台驱动的机会感知能力的作用机制

在数字经济情境下，机会感知能力是组织不断扫描外界环境，感知最新数字化趋势，整合集成数据信息，形成数字化思维，以准确预测与快速响应客户需求的能力。这是数据驱动的动态能力作用机制发挥的前提条件，为后续机会把控能力和变革重构能力的作用发挥提供基础数据支持。通过机会感知能力的作用发挥，企业管理者能够通过过滤功能减少外部杂音数据，减轻数据分析负担，提高识别环境中潜在数字机会和威胁的准确度。

为了打通"数据孤岛"，实现数据的采集、处理、存储和分析，企业利用机会感知能力构建了数据分析平台。通过数据采集提取功能实现线上线下元数据信息的采集和提取，数据智能分析功能实现元数据信息的自动汇总和初步分析，数据质量监控功能实现大数据的质量检验和评估，三大功能实现数据分析平台的完整闭环，以及企业数据库的建立和管理，完成了企业信息数据化，完成从"0"到"1"的数字化突破。这是数据处理的基础，也是着眼于企业数据资产汇集、数据算法迭代的根基平台和破除"数据孤岛"的关键策略。基于数据分析平台实现数据的采集提取、智能分析、质量监控三大功能的激活，外部杂音数据得以标准化处理，产生了精度和效度更高的数据，企业能够实时观察变化、洞察变化原因、快速发现规律，实现基于多类用户画像的数字化搜寻定位、基于商品交易流程的数字化场景规划和基于智能产品与客服的数字化触点升级。具体而言：

第一，基于多类用户画像的数字化搜寻定位。用户画像是指把用户的特征抽象出来，以数据标签的形式组合建立能反映用户的人口统计变量、行为、习惯、动机和关注点等信息的虚拟形象。本章发现，利用数字工具分析消费者行为数据，企业可以精准刻画多类用户画像，更好地了解客户需求的变化。尤其是对于面向 C 端的企业，成立专门的数据收集部门，构建数据采集系统和数字化算法模型，通过筛选、过滤和挖掘消费数据，预测并响应客户潜在需求，丰富基于数据的客户旅程具有重要意义。

第二，基于商品交易流程的数字化场景规划。场景规划使管理人员能够在不确定的业务环境中制定业务战略。针对交易场景，本章发现，企业可以重点从参

与者、参与过程、规划工具的选择和结果，构建以产品为核心的商品画像，了解商品交易地域、交易产品分类、交易方式和产品定价等信息，规划商品交易全流程和多场景的连续采购方案。通过对商品类型、产品迭代、商品交易地点等信息集成，借助数字化技术与平台，规划连续的业务场景，将线下和线上业务打通，从而更好地预测与满足消费者需求。

第三，基于智能产品与客服的数字化触点升级。客户触点是顾客与企业任何部分接触的关键时刻。客户在不同的时间点，通过某个渠道"接触"产品、服务、品牌或组织的任何流程部分，创造了独特的客户体验。本章发现，企业通过识别、分类和定义不同接触点的顾客体验中产生的海量数据，可以研发智能产品和智能客服，形成从数字技术、客户数据到客户关系的完整闭环，实现客户体验的人性化转变，全面升级企业数字化接入窗口。

综上所述，企业在通过数据分析平台实现用户画像构建之后，需要进一步描绘出与用户匹配的商品画像和交易场景。在一定程度上，数字化搜寻定位、数字化场景规划和数字化触点升级是层层递进的动态更迭过程。企业通过利用线上线下产生的元数据，能够更好地感知和预测消费者需求，提高识别环境中潜在数字机会和威胁的准确度。根据上述分析，本章提出：

命题1：通过机会感知能力构建数据分析平台，激活数据采集提取、数据智能分析和数据质量监控三大功能，实现基于多类用户画像的数字化搜寻定位、基于商品交易流程的数字化场景规划和基于智能产品与客服的数字化触点升级，这是数据驱动的动态能力作用机制发挥以实现数字化转型的前提条件。

二、基于数据运营平台驱动的机会把控能力的作用机制

在数字经济情境下，机会把控能力是组织分析、利用、加工、处理数字化信息的能力。这是数据驱动下的动态能力作用机制发挥的实现手段。通过机会感知能力，企业成功刻画了客户画像、商品画像、交易触点场景等。机会把控能力进一步通过数据运营平台特征的激活，打通数据流，促进数据在组织流程链条中流动互通，实现服务、交易、流程和管理的数字化，将数据资源整合进组织的各种复杂行动中。

在构建数据分析平台实现数据采集、过滤、分析和管理的基础上，企业通过机会把控能力构建数据运营平台。通过数据提取功能实现有效数据的查询、提取、调度和利用，数据流动互通功能实现数据在组织内各关键流程的流动，数据循环反馈功能实现数据与业务正向自循环，进而业务适应性升级又需要更新数据

的利用，最终三大功能在数据运营平台实现完整闭环。数据运营平台是着眼于企业数据开发利用和数据支撑辅助的主要平台，通过其功能的发挥，帮助企业打破内部各层级界限，联合各个业务单元，实现数据共享共通。同时，企业内部流程的大数据链也为数据运营平台提供了数据支撑。基于数据运营平台实现数据挖掘利用、数据流动互通、数据循环反馈三大功能的激活，组织数据资源和与各类业务活动实现了模块化整合，即实现了基于个性化定制的数字化敏捷制造、基于供应链协同的数字化智能供应和基于新消费体验的数字化个性营销。具体而言：

第一，基于个性化定制的数字化敏捷制造。敏捷制造要求制造系统能够高效地生产各种各样的产品，并且能够重新配置以适应产品组合和产品设计的变化。区别于以往消费者是商品市场上被动的接收方，以及厂商因为冗长的供应链导致信息反馈滞后的情况，当前的"生产端—零售端—消费端"的单向传导已实现逆向传导。本章研究表明，消费者与企业共同参与的数字化敏捷制造策略成为连接消费者和制造商的新选择。制造商可以积极拓展 C2M 模式，利用数字技术实现柔性生产，实施更合理的制造规划和精确的生产控制。

第二，基于供应链协同的数字化智能供应。智能供应链是从孤立的、本地的和单个公司的应用扩展到供应链范围内智能实现的新互联业务系统，进行数值化和网络化的供应链管理。本章发现，企业基于数据算法模型可以从销售预测、计划管理、库存调配、订单履约和智慧物流等供应链过程进行设计，建立需求驱动的和以消费者为中心的智能供应链，实现供应链的快速、高效和协同。

第三，基于新消费体验的数字化个性营销。个性化营销即企业根据事前收集的客户数据，将特定的营销组合推荐给适合的个人。本章研究表明，企业营销正在从以大众市场为中心、以交易为驱动，转向以个人客户为中心、以关系为驱动。企业更需要利用数字平台和应用，开发有效的营销策略，实现零售的及时性、个性化、多场景，创新消费体验。

综上所述，通过数据运营平台实现以客户为中心的个性化制造、供应链的高效协同，以及零售的个性化和精准化，这是基于感知到的数字机会而进行的组织流程数字化转型层面的应用。通过分析、利用、加工、处理数字化信息，企业将数字信息整合进组织的各种复杂行动和流程中，数字化敏捷制造、数字化智能供应和数字化精准零售相互支撑，协同数据在组织流程链条中流动互通，通过相互整合实现数据资源的复杂嵌入。根据上述分析，本章提出：

命题2：通过机会把控能力构建数据运营平台，激活数据挖掘利用、数据流动互通和数据循环反馈三大功能，实现基于个性化定制的数字化敏捷制造、基于供应链协同的数字化智能供应和基于新消费体验的数字化个性营销，这是数据驱动的动态能力作用机制发挥以推动数字化转型的实现手段。

三、基于数据赋能平台驱动的变革重构能力的作用机制

在数字经济情境下，变革重构能力激发组织内部的知识创造和结构变革，同时帮助组织构建外部数字网络从而适应动态复杂环境的变化，这是数据驱动下的动态能力作用机制发挥的支撑保障。具有变革重构能力的组织，能够对内调整数字化组织结构，积极培养敏捷的数字化思维，同时也能广泛地进行外部网络建设（Wilden et al.，2016）。变革重构能力将实现组织内部资源与数字化环境的更加统一协调，从而维持企业在产业链或生态系统中的竞争优势。在该阶段，企业建立数据赋能平台，将数据转化为复杂的，经由企业持续性学习转化而成的技术、思维和模式的资源组合对外输出，实现数据商业生态圈和跨生态圈合作伙伴的紧密合作。

在实现了数字信息嵌入到组织流程和活动后，为了支持和辅助商业生态的数字化转型升级，企业利用变革重构能力建立数据赋能平台，实现内部数字知识创新和组织结构调整，同时实现行业生态数据的动态实时采集、交换、共享、更新与创新应用。通过数据内化重构功能实现组织内部不同部门人员间的合作，数据开放共享的功能实现数据在多个产业链主体间和利益相关者之间的共享，数据知识创新功能实现数据作为知识载体和基础的持续快速更新。最终，生态系统下不同组织节点交互的数据又会反哺到节点企业，三大功能实现数据赋能平台的完整闭环，打破组织和产业边界，形成大数据联盟进行利益共享、风险共担。基于数据赋能平台数据内化重构、数据开放共享、数据知识创新三大功能的激活，组织将内部数据进行转化，形成了技术化和知识化的输出，实现了基于数字矩阵结构的数字化架构升级、基于数字知识编排的数字化产业协同和基于数据网络体系的数字化生态架构。具体而言：

第一，基于数字矩阵结构的数字化架构升级。随着不同数字化技术的使用和不同形式的价值创造，企业调整不同层次的内部运作步骤和流程，最终推动组织架构变革（Kretschmer & Khashabi，2020）。本章研究表明，建立以客户为中心、以大数据为基础、多方受益的数字化矩阵结构，能够帮助企业更有效地进行系统化的资源配置，实现组织结构调整。企业管理者必须致力于重新设计内部结构，关注企业生态的多主体，依托数字化矩阵进行组织结构灵活调整。

第二，基于数字知识编排的数字化产业协同。产业协同是产业中生产要素在

不同主体间的流通和分享（张其仔，2021）。本章案例表明，数字知识编排促使企业成为产业数据的共建者。企业利用数字技术改变了产业链上下游的传统交互模式，通过将新一代网络信息技术与产业深入融合，实现产业链的技术优势、渠道优势和资源优势的协同效应，最终构建高弹性、强协同、强抗压的智能产业链。

第三，基于数据网络体系的数字化生态架构。数字生态系统是通过模块化进行数字连接和启用，并相互影响的组织间松散网络。本章研究表明，大数据技术提升了信息的价值，松散的企业紧密联系在一起构成网络，为生态网络输送数据。大数据时代具有代表性的商业生态模式，就是以平台为中心的模式，通过提供创新产品或服务，实现平台企业与供应商、顾客、政府、研究机构等多主体互惠互利、共同成长，为创造更大价值而进行数据资源整合。

综上所述，企业在通过数据赋能平台实现组织内部跨部门的数字化功能交互，进而将企业自身效能向产业辐射，实现产业链中各主体的高弹性和强协同，最终完成生态系统内部各数据节点的紧密合作，将数据驱动效应不断放大。因此，数字化架构升级、数字化产业协同和数字化生态架构，是数据效应从组织内部向组织外部的扩散过程，通过数据知识化的对外输出，实现数据商业生态圈和跨生态圈合作伙伴之间的紧密合作，以及组织内部结构、产业和生态的三者协调，为数据驱动下的动态能力作用机制发挥提供了支撑保障。根据上述分析，本章提出：

命题3：通过变革重构能力构建数据赋能平台，激活数据内化重构、数据开放共享和数据知识创新三大功能，实现基于数字矩阵结构的数字化架构升级、基于数字知识开发的数字化产业协同和基于数据网络体系的数字化生态架构，这是数据驱动的动态能力作用机制发挥以推动数字化转型的支撑保障。

基于上述对数据驱动的动态能力作用机制的分析表明，与以往研究相比，本章从决策方式、作用维度、前提条件、实现手段、支撑保障和作用结果等方面，立足数据驱动的研究视角，进一步延伸和拓展了动态能力理论，如表11-2所示。

表11-2 以往研究与数据驱动的动态能力作用机制比较

比较维度	非数字化情境的动态能力作用机制	数字化情境的动态能力作用机制	数据驱动的动态能力作用机制
决策方式	基于有限信息和管理者经验的模糊决策	以管理者为主体、数字技术为工具的辅助决策	管理者与海量数据资源、数据平台相互作用的动态协同决策

续表

比较维度	非数字化情境的动态能力作用机制	数字化情境的动态能力作用机制	数据驱动的动态能力作用机制
作用维度	基于非数字化情境下的动态能力整体构念或细分结构维度	基于数字化情境下的动态能力整体构念	基于数据驱动下的动态能力细分结构维度：机会感知能力、机会把控能力和变革重构能力
前提条件	基于非数字化知识的外部环境有限分析	基于非数字化知识，以及数字技术为商业智能分析核心的外部环境海量分析	基于数字化知识，以及数据要素为商业智能分析核心的外部环境海量分析
实现手段	将非数字化资源组合嵌入组织运营流程	将数字技术、数字人才和数字知识等数字化专用资源组合嵌入组织运营流程	将数据要素融入组织数据管理专有流程，以及数字化敏捷制造、数字化智能供应和数字化个性营销等业务模式和流程
支撑保障	只对内部组织结构进行非数字化重组和变革	只对内部组织结构进行数字化重组和变革	基于数据要素从组织内部扩展到产业和生态的数字化
作用结果	动态能力与企业运营流程的匹配，实现企业非数字化情境下绩效提升	动态能力、数字资源与企业运营流程的静态匹配，实现企业单一业务模式和流程的数字化转型	动态能力、数据资源与业务模式和流程创新的动态匹配，实现企业整体业务模式和流程的数字化转型

在决策方式方面，非数字化情境下动态能力的作用机制主要是基于有限信息和管理者经验的模糊决策，具有经验认知的局限性。然而，以人为主体的决策模式难以有效解析技术变革剧烈和市场需求多变的复杂环境。在数字化情境下，以管理者为主体、以数字技术为工具的辅助决策，能够帮助企业快速处理大量的数据，增强在复杂环境中的数据分析和利用能力。本章进一步通过细分数据平台功能，设计全生命周期数据管理体系，构建管理者与海量数据资源相互协同作用的决策模式，强调数据知识与人类主体经验知识的融合效应。

在作用维度方面，针对非数字化情境下动态能力整体构念或细分结构维度的作用机制探究已相对充分。动态能力不同结构维度具有差异化的作用效果，理应加以区分以响应动态能力战略作用过程的复杂性（Wamba et al.，2017）。为弥补现有研究有关细化动态能力不同结构维度如何释放不同属性的数据驱动效应的不足，本章区分机会感知、机会把控和变革重构能力下的数据驱动差别效应，构造数据分析平台、数据运营平台和数据赋能平台，释放不同生命周期阶段的数据功能，适应性匹配企业业务模式和流程管理创新活动。

在前提条件方面，非数字化情境的机会感知能力通过非数字化知识，进行有限且局部的环境扫描分析，以识别机会和威胁。然而数字技术加快了环境变革速度，导致环境复杂性和不确定性加剧，非数字化情境的机会感知能力作用机制面临着难以预测最新数字化趋势的重大挑战。现有研究在非数字化知识的基础上，引入了如人工智能、区块链等数字技术为核心的商业智能分析体系，以开展针对外部环境的机会与威胁分析（Mikalef et al.，2021）。本章进一步引入以数据要素为核心的商业智能分析体系，通过机会感知能力推动数字化搜寻定位、数字化场景规划和数字化触点升级，以帮助企业深化基于大数据的机会和威胁的智能预测。

在实现手段方面，非数字化情境下强调通过机会把控能力，调整非数字化资源组合，并将其嵌入到组织运营流程。而在数字化情境下，已有研究探究了资源编排和创业导向对数字技术、数字人才和数字知识等数字化专用资源组合与组织运营流程的整合作用（Zeng & Khan，2019）。本章进一步挖掘数据要素这一特定资源，发现数据驱动的动态能力作用机制的实现手段是通过机会把控能力，推动数据要素嵌入数据运营平台，实现数据要素与数字化敏捷制造、数字化智能供应和数字化个性营销等运营流程的整合。

在支撑保障方面，非数字化情境下强调通过变革重构能力，对内部组织结构进行非数字化重组和变革。在数字化情境下，已有研究引入以数字活动为核心的数字组织文化、平台型组织架构和网络型组织结构等各类新型数字化组织形式为支撑保障手段，但是也仅限于对内部组织结构进行数字化重组和变革（Karimi & Walter，2015）。本章进一步探究了数据管理作为数字化转型的核心要素在企业内外部各网络节点实现流动互通，发现变革重构能力推动数据要素从组织内部扩展到产业和生态，进而实现基于数字矩阵结构的数字化架构升级等多种形式的组织结构创新，以及数字化产业协同和数字化生态架构等外部变革。

在作用结果方面，非数字化情境下的动态能力作用机制较为关注动态能力与企业运营流程的匹配，以实现企业非数字化情境下的绩效提升。在数字化情境下，现有研究多从动态能力、数字资源与企业运营流程的静态匹配视角出发，探究企业单一业务模式和某一具体流程的数字化转型（Matarazzo，2021）。本章通过区分动态能力的三大细分结构维度，构建不同类型的数据管理平台，能够将组织各层级活动与数据全生命周期管理进行差异化动态匹配，实现数据驱动下企业整体业务模式和流程的数字化转型。

第五节 研究结论与展望

一、研究结论

本章研究发现，在企业数字化转型过程中，动态能力、数据要素、业务模式和流程创新活动三者需相互整合协调。企业通过区分机会感知能力、机会把控能力和变革重构能力三种不同类型动态能力的作用机制，构建数据分析平台、数据运营平台和数据赋能平台等不同类型的数据管理平台，能够将数据采集提取、数据智能分析、数据质量监控、数据挖掘利用、数据流动互通、数据循环反馈、数据内化重构、数据开放共享和数据知识创新于组织各层级业务活动与流程进行差异化动态匹配，推动企业实现数字化转型。具体路径是：通过机会感知能力构建数据分析平台，激活元数据本身的属性，实现商业机会感知；通过机会把控能力构建数据运营平台，推动数据在业务单元和流程链中的流动和互通，实现业务模式和流程管理更新；通过变革重构能力构建数据赋能平台，建立产业和生态系统的数字化网络，实现产业生态重构。综上所述，企业持续感知数字技术变化中潜在的数字商业机会和威胁，采取行动整合数据资源嵌入运营流程，以及重构企业内外部架构实现数字化合作生态圈，最终实现业务模式和流程管理创新的数字化转型。

二、理论贡献

本章的理论贡献主要体现在：

第一，拓展数字化情境下企业动态能力的中介机制研究，深入挖掘基于数据驱动的机会感知能力、机会把控能力和变革重构能力推动业务模式与流程创新的作用机制。以往研究表明，数字经济时代动态能力能够帮助企业实现数字化转型，但中间路径与作用机制多从数据知识和资源、数字技术流程开发或现有流程更新升级等视角切入（Mishra et al.，2019）。本章整合动态能力的数据驱动效应与业务模式和流程升级，强调企业数字化转型过程中，动态能力与数据要素及对应业务模式和流程创新活动需相互整合协调。在大数据环境中，企业需要区分机会感知、机会把控和变革重构三种不同类型动态能力的作用机制，通过构建不同类型的数据管理平台，将组织各层级活动与数据生产、采集、编辑、分析和使用等各生命周期阶段进行匹配。通过流程设计，将数据管理固化为新的组织惯例。因此，本章拓展和深化了数字化情境下企业动态能力的中介机制研究，为深入挖掘不同结构维度的动态能力通过数据驱动效应实现业务模式改进和流程创新的作用机制提供了借鉴。

第二，构建基于动态能力的企业数字化转型模型，对数字平台和生态系统的数字化转型有一定的启示。现有文献更多从动态能力角度进行剖析数字化转型的过程，例如，Vial（2019）在系统综述数字化转型文献后提出的第一个重要研究领域是"动态能力如何贡献于数字化转型"。本章从以下两个方面对其进行了深化：一方面，动态能力是企业应对数字化转型的有效方式，但现有文献对构建何种机制与惯例推动变革一直未能清晰阐述。本章的发现提供了一个非常系统和细致的理论框架来阐述这一过程，即从商业机会感知、业务模式和流程管理更新、产业生态重构三个方面提出数字化转型的框架模型。另一方面，动态能力是支撑数字平台和生态系统构建的重要内容，本章研究结论支撑了这一论断。更重要的是，本章发现了动态能力激活数据分析平台、数据运营平台、数据赋能平台的功能，实现大数据端到端的时序性以及全生命周期管理，帮助企业通过数字知识重新编排实现产业上下游链接、应用数字技术架构生态网络，侧面展示数字平台和生态系统的产生过程，进而深化这一研究主题。

三、实践启示

数字化转型已成为经营议程上的一项战略要务，企业如何使用数字技术，释放数据驱动效应实现业务模式和流程创新，增强客户体验、创建新的商业模式成为管理者亟待解决的问题。本章研究发现，利用动态能力充分释放数据驱动效应，注重数据要素与业务模式和流程创新的协同对企业实现数字化转型具有重大意义，实践启示体现在：

第一，明确企业数字化转型各阶段存在目标差异性，以数据分析、运营和赋能平台的构建与属性激活为重点抓手，提供不同阶段数据管理的内容清单，使数据管理更加敏捷和智能。管理者需要明确内部数据资源所处阶段和数字化转型不同阶段数据管理目标的差异性，通过动态能力实施具体行动来监控、支持和改进企业日常流程和推动运营活动数字化，抓住重点流程进行改造，以点带面实现企业数字化立体转型。

第二，鼓励和支持领先企业发挥在数字化转型与信息产业系统构建中的引领支撑作用。建议通过产业政策支持具有产业链带动能力的领先企业搭建网络化协同数字平台和生态系统，鼓励领先企业将数据管理建设转化成技术、思维和模式的资源组合，培养能从复杂数据中分析出规律的专业人才。本章提供的数据管理方法有利于推进行业内各节点企业之间数据网建设，形成产业链的数字化增量创新，从而促进上下游企业数字化转型。

第三，重视数权保护，充分发挥多元相关利益主体积极性，促进数据多方向的灵活流动。对于企业来说，很难以一己之力推动数据共享，政府、数字技术供应商、研究机构和金融机构等数据生态系统参与者也应积极提供数据服务，以帮助企业构建全生命周期的大数据管理平台和系统。在进行数据生态建设中要重视数权治理，各主体要保持自治，严格把控数据管理，避免因数据所属权或隐私权纠纷阻碍数据生态系统协作。当组织内部数字化能力与环境间统一协调时，会赋能各生态主体，形成数据多向流动，通过数据生态系统中各个合作伙伴之间的紧密合作，实现数据的正外部性。

四、研究展望

本章揭示了动态能力激发数据驱动效应进行数字化转型的作用机制，得出具有一定理论价值和实践启示的结论。由于本章的研究对象自身携带数字基因，针对非数字化企业，尽管不会影响在数据驱动下企业动态能力作用机制模型的整体判断和分析，但过程机制可能会更加复杂，未来研究可以进一步将非数字化企业纳入分析，补充本章作用机制模型适用的情境条件。此外，从企业规模角度来说，京东集团拥有较高的资源禀赋和使用资源的自由裁量权，未来可以进一步考察有限资源条件下动态能力释放数据驱动效应的作用机制。最后，在研究方法上，可考虑采取仿真模拟、大样本问卷、计量经济分析等手段对本章构建的理论模型进一步研究。

参考文献

［1］Adner R, Helfat C E. Corporate Effects and Dynamic Managerial Capabilities ［J］. Strategic Management Journal, 2003, 24（10）: 1011-1025.

［2］Agarwal R, Helfat C E. Strategic Renewal of Organizations ［J］. Organization Science, 2009, 20（2）: 281-293.

［3］Aggarwal R K, Samwick A A. Empire Builders and Shirkers: Investment, Firm Performance and Managerial Incentives ［J］. Journal of Corporate Finance, 2006, 12（3）: 489-515.

［4］Aghion P, Dewatripont M, Rey P. Competition, Financial Discipline and Growth ［J］. Review of Economic Studies, 1999, 66（4）: 825-852.

［5］Ahuja G, Katila R. Technological Acquisitions and the Innovation Performance of Acquiring Firms: A Longitudinal Study ［J］. Strategic Management Journal, 2001, 22（3）: 197-220.

［6］Aiken L S, West S G, Reno R R. Multiple Regression: Testing and Interpreting Interactions ［M］. New York: Sage, 1991.

［7］Akter S, Gunasekaran A, Wamba S F, Babu M M, et al. Reshaping Competitive Advantages with Analytics Capabilities in Service Systems ［J］. Technological Forecasting and Social Change, 2020, 159: 120-180.

［8］Allan A. Dynamic Boundaries of the Firm: Are Firms Better off Being Vertically Integrated in the Face of a Technological Change? ［J］. Academy of Management Journal, 2001, 44（6）: 1211-1228.

［9］Amason A C, Sapienza H J. The Effects of Top Management Team Size and Interaction Norms on Cognitive and Affective Conflict ［J］. Journal of Management, 1997, 23（4）: 495-516.

［10］Ambrosini V, Bowman C, Collier N. Dynamic Capabilities: An Exploration of How Firms Renew Their Resource Base [J]. British Journal of Management, 2009, 20 (1): 9-24.

[11] Amezcua A, Grimes M G, Bradley S W, et al. Organizational Sponsorship and Founding Environments: A Contingency View on the Survival of Business Incubated Firms, 1994-2007 [J]. Academy of Management Journal, 2013, 56 (56): 1628-1654.

[12] Amit R, Schoemaker P J H. Strategic Assets and Organizational Rent [J]. Strategic Management Journal, 1993, 14 (1): 33-46.

[13] Anand J, Oriani R, Vassolo R S. Alliance Activity as A Dynamic Capability in the Face of A Discontinuous Technological Change [J]. Organization Science, 2010, 21 (6): 1213-1232.

[14] Andersson U, Forsgren M, Holm U. The Strategic Impact of External Networks: Subsidiary Performance and Competence Development in the Multinational Corporation [J]. Strategic Management Journal, 2002, 23 (11): 979-996.

[15] Andrews k. The Concept of Corporate Strategy [M]. Homewood, IL: Irwin, 1972.

[16] Angrave D, Charlwood A, Kirkpatrick I, et al. HR and Analytics: Why HR is Set to Fail the Big Data Challenge [J]. Human Resource Management Journal, 2016, 26 (1): 1-11.

[17] Ansoff H I, Strategic Management [M]. New York: Wiley, 1979.

[18] An X, Deng Hepu, Chao L, et al. Knowledge Management in Supporting Collaborative Innovation Community Capacity Building [J]. Journal of Knowledge Management, 2014, 18 (3): 574-590.

[19] Argote L, Ren Y. Transactive Memory Systems: A Microfoundation of Dynamic Capabilities [J]. Journal of Management Studies, 2012, 49 (8): 1375-1382.

[20] Arikan I, Koparan I, Arikan A M, et al. Dynamic Capabilities and Internationalization of Authentic Firms: Role of Heritage Assets, Administrative Heritage, and Signature Processes [J]. Journal of International Business Studies, 2022, 53 (4): 601-635.

[21] Armstrong J S. Overton T S. Estimating Nonresponse Bias in Mail Surveys [J]. Journal of Marketing Research, 1977, 14 (3): 396-402.

［22］ Arthurs J D, Busenitz L W. Dynamic Capabilities and Venture Performance: The Effects of Venture Capitalists ［J］. Journal of Business Venturing, 2006, 21 (2): 195-215.

［23］ Arundel A, Kabla I. What Percentage of Innovations are Patented? Empirical Estimates for European Firms ［J］. Research Policy, 1998, 27 (2): 127-141.

［24］ Atuahene-Gima K, Li H Y. Strategic Decision Comprehensiveness and New Product Development Outcomes in New Technology Ventures ［J］. Academy of Management Journal, 2004, 47 (4): 583-597.

［25］ Atuahene-Gima K. Resolving the Capability-rigidity Paradox in New Product Innovation ［J］. Journal of Marketing, 2005, 69 (4): 61-83.

［26］ Atuahene-Gima K, Slater S F, Olson E M. The Contingent Value of Responsive and Proactive Market Orientations for New Product Program Performance ［J］. Journal of Product Innovation Management, 2005, 22 (6): 464-482.

［27］ Audretsch D B, Acs Z J. Innovation and Size at the Firm Level ［J］. Southern Economic Journal, 1991, 57 (3): 739-744.

［28］ Augier M, Teece D J. Dynamic Capabilities and the Role of Managers in Business Strategy and Economic Performance ［J］. Organization Science, 2009, 20 (2): 410-421.

［29］ Augier M, Teece D J. Strategy As Evolution with Design: The Foundations of Dynamic Capabilities and the Role of Managers in the Economic System ［J］. Organization Studies, 2008, 29 (8-9): 1187-1208.

［30］ Baird, Inga S, Lyles, et al. The Choice of International Strategies by Small Businesses ［J］. Journal of Small Business Management, 1994, 32 (1): 48-59.

［31］ Barker L V. Irene M D. Strategic Change in the Turnaround Process: Theory and Empirical Evidence ［J］. Strategic Management Journal, 1997 (18): 13-39.

［32］ Barney J B. Firm Resources and Sustained Competitive Advantage ［J］. Journal of Management, 1991, 17 (1): 77-112.

［33］ Barney J. Firm Resources and Sustained Competitive Advantage ［J］. Journal of management, 1991, 17 (1): 99-120.

［34］ Barreto I. Dynamic Capabilities: A Review of Past Research and an Agenda for the Future ［J］. Journal of Management, 2010, 36 (1): 256-280.

［35］ Beck M, Lopes-Bento C, Schenker-Wicki A. Radical or Incremental:

Where does R&D Policy Hit? [J]. Research Policy, 2016, 45 (4): 869-883.

[36] Belderbos R, Carree M, Diederen B, et al. Heterogeneity in R&D Cooperation Strategies [J]. International Journal of Industrial Organization, 2004, 22 (8-9): 1237-1263.

[37] Belderbos R, Carree M, Lokshin B. Cooperative R&D and Firm Performance [J]. Research Policy, 2004, 33 (10): 1477-1492.

[38] Berle A A, Means G C. The Modern Corporation and Private Property [M]. London: Routledge, 1932.

[39] Bester H, Hellwig M. Moral Hazard and Equilibrium Credit Rationing: An Overview of the Issues [M] //Bamberg G, Spremann K. Agency Theory, Information and Incentives. Berlin: Heidelberg, 1987.

[40] Bingham C B, Heimeriks K H, Schijven M, et al. Concurrent Learning: How Firms Develop Multiple Dynamic Capabilities in Parallel [J]. Strategic Management Journal, 2015, 36 (12): 1802-1825.

[41] Blyler M, Coff R W. Dynamic Capabilities, Social Capital and Rent Appropriation: Ties That Split Pies [J]. Strategic Management Journal, 2003, 24 (7): 677-686.

[42] Boeing P, Mueller E, Sandner P. China's R&D Explosion—Analyzing Productivity Effects Across Ownership Types and Over Time [J]. Research Policy, 2016, 45 (1): 159-176.

[43] Borch O J, Madsen E L. Dynamic Capabilities Facilitating Innovative Strategies in SMEs [J]. International Journal of Technoentrepreneurship, 2007, 1 (1): 109-125.

[44] Bougrain F., Haudeville B. Innovation, Collaboration and SMEs Internal Research Capacities [J]. Research Policy, 2002, 31 (5): 735-747.

[45] Bowman C, Ambrosini V. How the Resource-based and the Dynamic Capability Views of the Firm Inform Corporate-level Strategy [J]. British Journal of Management, 2003, 14 (4): 289-303.

[46] Brink T. SME Routes for Innovation Collaboration with Larger Enterprises [J]. Industrial Marketing Management, 2017 (64): 122-135.

[47] Bronzini R, Piselli P. The Impact of R&D Subsidies on Firm Innovation [J]. Research Policy, 2016, 45 (2): 442-457.

[48] Bruni D S, Verona G. Dynamic Marketing Capabilities in Science-based Firms: An Exploratory Investigation of the Pharmaceutical Industry [J]. British Journal of Management, 2009 (20): 101-117.

[49] Bstieler L. The Moderating Effect of Environmental Uncertainty on New Product Development and Time Efficiency [J]. Journal of Product Innovation Management, 2005, 22 (3): 267-284.

[50] Burgelman R A. Intraorganizational Ecology of Strategy Making and Organizational Adaptation: Theory and Field Research [J]. Organization Science, 1991, 2 (3): 239-262.

[51] Caloghirou Y, Protogerou A, Spanos Y, et al. Industry-Versus Firm-specific Effects on Performance: Contrasting SMEs and Large-sized Firms. European Management Journal, 2004, 22 (2): 231-243.

[52] Cantrell J E, Kyriazis E, Noble G. Developing CSR Giving as A Dynamic Capability for Salient Stakeholder Management [J]. Journal of Business Ethics, 2015, 130 (2): 403-421.

[53] Cappa F, Oriani R, Peruffo E, McCarthy I. Big Data for Creating and Capturing Value in the Digitalized Environment: Unpacking the Effects of Eolume, Variety, and Veracity on Firm performance [J]. Journal of Product Innovation Management, 2020, 38 (1): 49-67.

[54] Carpenter M A, Fredrickson J W. Top Management Teams, Global Strategic Posture, and the Moderating Role of Uncertainty [J]. Academy of Management Journal, 2001, 44 (3): 533-545.

[55] Chakraborty P. Judicial Quality and Regional Firm Performance: The Case of Indian States [J]. Journal of Comparative Economics, 2016, 44 (4): 902-918.

[56] Chapman G, Hewitt-Dundas N. The Effect of Public Support on Senior Manager Attitudes to Innovation [J]. Technovation, 2018 (69): 28-39.

[57] Chatterji A, Patro A. Dynamic Capabilities and Managing Human Capital [J]. Academy of Management Perspectivess, 2014, 28 (4): 395-408.

[58] Chen A, Cao H, Zhang D, et al. The Impact of Shareholding Structure on Firm Investment: Evidence from Chinese Listed Companies [J]. Pacific-Basin Finance Journal, 2013 (25): 85-100.

[59] Chen E L, Katila R, McDonald R, et al. Life in the Fast Lane: Origins of

Competitive Interaction in New vs. Established Markets [J]. Strategic Management Journal, 2010, 31 (13): 1527-1547.

[60] Chen R, Ghoul S, Guedhami O, et al. Do State and Foreign Ownership Affect Investment Efficiency? Evidence from Privatizations [J]. Journal of Corporate Finance, 2017 (42): 408-421.

[61] Chen T J, Ku Y H. Indigenous Innovation vs. Teng-long Huan-niao: Policy Conflicts in the Development of China's Flat Panel Industry [J]. Industrial & Corporate Change, 2014, 23 (6): 1445-1467.

[62] Chen Y S, Chang C H. The Determinants of Green Product Development Performance: Green Dynamic Capabilities, Green Transformational Leadership, and Green Creativity [J]. Journal of Business Ethics, 2013, 116 (1): 107-119.

[63] Chesbrough H. The Logic of Open Innovation: Managing Intellectual Property [J]. California Management Review, 2003, 45 (3): 33-58.

[64] Chin W W, Marcolin B L, Newsted P R. A Partial Least Squares Latent Variable Modeling Approach for Measuring Interaction Effects: Results from a Monte Carlo Simulation Study and an Electronic-mail Emotion/adoption Study [J]. Information Systems Research, 2003, 14 (2): 189-217.

[65] Chi T, Seth T. A Dynamic Model of the Choice of Mode for Exploiting Complementary Capabilities [J]. Journal of International Business Studies, 2009, 40 (3): 365-387.

[66] Christensen C M, Suarez F F, Utterback James. Strategies for Survival in Fast Changing Industries [J]. Management Seienee, 1998, 44 (12): 207-220.

[67] Ciampi F, Demi S, Magrini A, et al. Exploring the Impact of Big Data Analytics Capabilities on Business Model Innovation: The Mediating Role of Entrepreneurial Orientation [J]. Journal of Business Research, 2021, 123: 1-13.

[68] Coen C A, Maritan C A. Investing in Capabilities: The Dynamics of Resource Allocation [J]. Organization Science, 2011, 22 (1): 99-117.

[69] Cohen W M, Levinthal D A. Absorptive Capacity: A New Perspective on Learning and Innovation [J]. Administrative Science Quarterly, 1990, 35 (1): 128-152.

[70] Cohen W M, Nelson R R, Walsh J P. Links and Impacts: The Influence of Public Research on Industrial R&D [J]. Management Science, 2002, 48 (1): 1-23.

[71] Coleman J S. Social Theory, Social Research, and a Theory of Action [J]. American Journal of Sociology, 1986, 91 (6): 1309-1335.

[72] Cooke P N, Lazzeretti L. Creative Cities, Cultural Clusters and Local Economic Development [M]. Cheltenham Edward Elgar Publishing, 2008.

[73] Cooke P, Propris L D. A Policy Agenda for EU Smart Growth: The Role of Creative and Cultural Industries [J]. Policy Studies, 2011, 32 (4): 365-375.

[74] Crossan M M, Berdrow I. Organizational Learning and Strategic Renewal [J]. Strategic Management Journal, 2003, 24 (11): 1087-1105.

[75] Crowdhury I N, Gruber T, Zolkiewski J. Every Cloud has a Silver Lining-Exploring the Dark side of Value Co-creation in B2B Service Networks [J]. Industrial Marketing Management, 2016 (55): 97-109.

[76] Cuervo-Cazuna A., Who Cares about Corruption? [J]. Journal of International Business Studies, 2006, 37 (6): 807-822.

[77] Cui A, Conner G. Alliance Portfolio Resource Diversity and Firm Innovation [J]. Journal of Marketing, 2012, 76 (4): 24-43.

[78] Damanpour F. Organizational Innovation: A Meta-analysis of Effects of Determinants and Moderators [J]. Academy of Management Journal, 1991, 34 (3): 555-590.

[79] Damanpour F, Gopalakrishnan S. The Dynamics of the Adoption of Product and Process Innovations in Organizations [J]. Journal of Management Studies, 2001, 38 (1): 45-65.

[80] David F. Leveraging Knowledge Learning and Innovation in Forming Strategic R&D Partnerships in the US, Germany and France [J]. Technovation, 2009, 20 (9): 477-488.

[81] Deeds D L, DeCarolis D, Coombs J. Dynamic Capabilities and New Product Development in High Technology Ventures: An Empirical Analysis of New Biotechnology Firms [J]. Journal of Business Venturing, 2000, 15 (3): 211-229.

[82] Delios A, Henisz W J. Political Hazards, Experience, and Sequential Entry Strategies: The International Expansion of Japanese Firms, 1980-1998 [J]. Strategic Management Journal, 2003, 24 (11): 1153-1164.

[83] Dentoni D, Bitzer V, Pascucci S. Cross-sector Partnerships and the Cocreation of Dynamic Capabilities for Stakeholder Orientation [J]. Journal of Business

Ethics, 2016, 135 (1): 35-53.

[84] Desarbo W S, Di Benedetto C A, Song M, Sinha I. Revisiting the Miles and Snow Strategic Framework: Uncovering Interrelationships between Strategic Types, Capabilities, Environmental Uncertainty, and Firm Performance [J]. Strategic Management Journal, 2005, 26 (1): 47-74.

[85] Dimos C, Pugh G. The Effectiveness of R&D Subsidies: A Meta-regression Analysis of the Evaluation Literature [J]. Research Policy, 2016, 45 (4): 797-815.

[86] Di Stefano G, M Peteraf, G Verona. Dynamic Capabilities Deconstructed: A Bibliographic Investigation Into the Origins, Development, and Future Directions of the Research Domain [J]. Industrial and Corporate Change, 2010, 19 (4): 1187-1204.

[87] Distel A P, Sofka W, De Faria P, et al. Dynamic Capabilities for Hire-How Former Host-country Entrepreneurs as MNC Subsidiary Managers Affect Performance [J]. Journal of International Business Studies, 2022, 53 (4): 657-688.

[88] Dixit A. Power of Incentives in Private Versus Public Organizations [J]. American Economic Review, 1997, 87 (2): 378-382.

[89] Dixon S E A, Meyer K E, Day M. Stages of Organizational Transformation in Transition Economies: A Dynamic Capabilities Approach [J]. Journal of Management Studies, 2010, 47 (3): 416-436.

[90] Dodgson M. Collaboration and Innovation Management [M]. Oxford: Oxford University Press, 2014.

[91] Doh S, Kim B. Government Support for SME Innovations in the Regional Industries: The Case of Government Financial Support Program in South Korea [J]. Research Policy, 2014, 43 (9): 1557-1569.

[92] Dosi G. Technological Paradigms and Technological Trajectories: A Suggested Interpretation of the Determinants and Directions of Technical Change [J]. Research Policy, 1982, 11 (3): 147-162.

[93] Dosi G. Technological Paradigms and Technological Trajectories: A Suggested Interpretation of the Determinants and Directions of Technical Change [J]. Research Policy, 2009, 11 (3): 147-162.

[94] Douma S, George R, Kabir R. Foreign and Domestic Ownership, Business

Groups and Firm Performance: Evidence from a Large Emerging Market [J]. Strategic Management Journal, 2006, 27 (7): 637-657.

[95] Drnevich P L, Kriauciunas A P. Clarifying the Conditions and Limits of the Contribution of Ordinary and Dynamic Capabilities to Relative Firm Performance [J]. Strategic Management Journal, 2011, 32 (3): 254-279.

[96] Du J, Leten B, Vanhaverbeke W, et al. When Research Meets Development: Antecedents and Implications of Transfer Speed [J]. Journal of Product Innovation Management, 2014, 31 (6): 1181-1198.

[97] Duncan R B. The Ambidextrous Organization: Designing Dual Structures for Innovation [M]//Kilman R H, Pondy L R, Slevin D P (Eds). The Management of Organization Design. New York: North-Holland Elsevier, 1976.

[98] Duysters G, Lokshin B. Determinants of Alliance Portfolio Complexity and Its Effect on Innovation Performance of Companies [J]. Journal of Product Innovation Management, 2011, 28 (4): 570-585.

[99] D'Aveni R A. Coping with Hyper-competition: Utilizing the New 7S's Framework" [J]. Academy of Management Executive, 1995, 9 (3): 45-57.

[100] Eisenhardt K M. Building Theories from Case Study Research [J]. Academy of Management Review, 1989, 14 (4): 532-550.

[101] Eisenhardt K M, Graebner M E. Theory Building From Cases: Opportunities and Challenges [J]. Academy of Management Journal, 2007, 50 (1): 25-32.

[102] Eisenhardt K M, Martin J A. Dynamic Capabilities: What are They? [J]. Strategic Management Journal, 2000, 21 (10-11): 1105-1121.

[103] Eisenhardt K M, Schoonhoven C B. Resource-based View of Strategic Alliance Formation: Strategic and Social Effects in Entrepreneurial Firms [J]. Organization Science, 1996, 7 (2): 136-150.

[104] Eller R, Alford P, Kallmunzer A, Peters M. Antecedents, Consequences, and Challenges of Small and Medium-sized Enterprise Digitalization [J]. Journal of Business Research, 2008, 112: 119-127.

[105] Erevelles S, Fukawa N, Swayne L. Big Data Consumer Analytics and the Transformation of Marketing [J]. Journal of Business Research, 2016, 69 (2): 897-904.

[106] Faccio M. Politically Connected Firms [J]. Social Science Electronic Pub-

lishing, 2006, 96 (1): 369-386.

[107] Fainshmidt S, Pezeshkan A, Frazier M L, et al. Dynamic Capabilities and Organizational Performance: A Meta-analytic Evaluation and Extension [J]. Journal of Management Studies, 2016, 53 (8): 1348-1380.

[108] Fainshmidt S, Wenger L, Pezeshkan A, et al. When do Dynamic Capabilities Lead to Competitive Advantage? The Importance of Strategic Fit [J]. Journal of Management Studies, 2019, 56 (4): 758-787.

[109] Fama E, Jensen M. Agency Problems and Residuals Claims [J]. Journal of Law and Economics, 1983, 26 (2): 327-349.

[110] Fang E, Zou S. Antecedents and Consequences of Marketing Dynamic Capabilities in International Joint Ventures [J]. Journal of International Business Studies, 2009, 40 (5): 742-761.

[111] Fan P H, Wei K C, Xu X. Corporate Finance and Governance in Emerging Markets: A Selective Review and an Agenda for Future Research [J]. Journal of Corporate Finance, 2011, 17 (2): 207-214.

[112] Feldman M S, Pentland B T. Reconceptualizing Organizational Routines as a Source of Flexibility and Change [J]. Administrative Science Quarterly, 2003, 48 (1): 94-118.

[113] Ferraris A, Santoro G, Dezi L. How MNC's Subsidiaries May Improve Their Innovative Performance? The Role of External Sources and Knowledge Management Capabilities [J]. Journal of Knowledge Management, 2017, 21 (3): 540-552.

[114] Fornell C, Johnson M D, Anderson E W, et al. The American Customer Satisfaction Index: Nature, Purpose and Findings [J]. Journal of Marketing, 1996, 60 (4): 7-18.

[115] Francis D J, Bessant M Hobday. Managing Radical Organizational Transformation [J]. Management Decision, 2003, 41 (1): 18-31.

[116] Frow P, McColl-Kennedy J R, Payne A. Co-creation Practices: Their Role in Shaping a Health Care Ecosystem [J]. Industrial Marketing Management, 2016 (56): 24-39.

[117] Gaimon C, Ozkan G F, Napoleon K. Dynamic Resource Capabilities: Managing Workforce Knowledge with A Technology Upgrade [J]. Organization Science,

2011, 22 (6): 1560-1578.

[118] Galbraith B, McAdam R, Woods J, et al. Putting Policy into Practice: An Exploratory Study of SME Innovation Support in a Peripheral UK Region [J]. Entrepreneurship & Regional Development, 2017, 29 (7/8): 668-691.

[119] Galbraith C S. Transferring Core Manufacturing Technologies in High-technology Firms [J]. California Management Review, 1990, 32 (4): 56-70.

[120] Galloway S, Dunlop S. A Critique of Definitions of the Cultural and Creative Industries in Public Policy [J]. International Journal of Cultural Policy, 2007, 13 (1): 17-31.

[121] Gander J P. Cooperative Research, Government Involvement, and Timing of Innovations [J]. Technological Forecasting and Social Change, 1985, 28 (2): 159-172.

[122] Gatignon H, Xuereb J M. Strategic Orientation of the Firm and New Product Performance [J]. Journal of Marketing Research, 1997, 34 (1): 77-90.

[123] Geisser S. Predictive Sample Reuse Method with Applications [J]. Journal of the American Statistical Association, 1975, 70 (350): 320-328.

[124] Gereffi G. International Trade and Industrial Upgrading in the Apparel Commodity Chain [J]. Journal of International Economics, 1999, 48 (1): 37-70.

[125] Gereffi G. The Organization of Buyer-driven Global Commodity Chains: How U. S. Retailers Shape Overseas Production Networks [R]. Commodity Chains and Global Capitalism, Westport: Praeger, 1994.

[126] Gibson C B, Birkinshaw J. The Antecedents, Consequences and Mediating Role of Organizational Ambidexterity [J]. Academy of Management Journal, 2004, 47 (1): 209-226.

[127] Girod S J G, Whittington R. Reconfiguration, Restructuring and Firm Performance: Dynamic Capabilities and Environmental Dynamism [J]. Strategic Management Journal, 2017, 38 (5): 1121-1133.

[128] Glaser J, Strass A. The Discovery of Grounded Theory [M]. Chicago: Aldine, 1967.

[129] Goerzen A, Beamish P W. The Effect of Alliance Network Diversity on Multinational Enterprise Performance [J]. Strategic Management Journal, 2005, 26 (4): 333-354.

[130] Gouillart F J, Kelly J N. Transforming the Organization [M]. McGraw-Hill, Inc, 1995.

[131] Gramlich E M. Infrastructure Investment: A Review Essay [J]. Journal of Economic Literature, 1994, 32 (3): 1176-1196.

[132] Griffith D A, Harvey M G. A Resource Perspective of Global Dynamic Capabilities [J]. Journal of International Business Studies, 2001, 32 (3): 597-606.

[133] Gruner K E., Homburg C. Does Customer Interaction Enhance New Product Success? [J]. Journal of Business Research, 2000, 49 (1): 1-14.

[134] Guo D, Guo Y, Jiang K. Governance and Effects of Public R&D Subsidies: Evidence From China [J]. Technovation, 2018 (74/75): 18-31.

[135] Haans R F, Pieters C, He Z L. Thinking About U: Theorizing and Testing U-and Inverted U-shaped Relationships in Strategy Research [J]. Strategic Management Journal, 2016, 37 (7): 1177-1195.

[136] Haapanen L, Hurmelinna-Laukkanen P, Nikkila S, et al. The Function-specific Microfoundations of Dynamic Capabilities in Cross-border Mergers and Acquisitions [J]. International Business Review, 2019, 28 (4): 766-784.

[137] Hagedoorn J. Organizational Modes of Interfirm Cooperation and Technology-transfer [J]. Technovation, 1990, 10 (1): 17-30.

[138] Hagedoorn J. Understanding the Rationale of Strategic Technology Partnering Interorganizational Modes of Cooperation and Sectoral Differences [J]. Strategic Management Journal, 1993, 14 (5): 371-385.

[139] Hambrick D C, Mason P A. Upper Echelons: The Organization as a Reflection of its Top Managers [J]. Academy of Management Review, 1984, 9 (2): 193-207.

[140] Hamel G. Competition for Competence and Inter-partner Learning within International Strategic Alliances [J]. Strategic Management Journal, 1991, (12): 83-103.

[141] Harhoff D, Henkel J, von Hippel E. Profiting from Voluntary Information Spillovers: How Users Benefit by Freely Revealing Their Innovations [J]. Research Policy, 2003, 32 (10): 1753-1769.

[142] Heavy C, Simsek Z. Top Management Compositional Effects on Corporate

Entrepreneurship: The Moderating Role of Perceived Technological Uncertainty [J]. Journal of Product Innovation Management, 2013, 30 (5): 837-855.

[143] Hekkert M P, Negro S O. Functions of Innovation Systems As A Framework to Understand Sustainable Technological Change: Empirical Evidence for Earlier Claims [J]. Technological Forecasting and Social Change, 2009, 76 (4): 584-594.

[144] Helfat C E. Know-how and Asset Complementarity and Dynamic Capability Accumulation: The Case of R&D [J]. Strategic Management Journal, 1997, 18 (5): 339-360.

[145] Helfat C E, Winter S G, Untangling Dynamic and Operational Capabilities: Strategy for the (n) Ever-Changing World [J]. Strategic Management Journal, 2011, 32 (11): 1243-1250.

[146] Helfat C E, Finkelstein S, Mitchell W, et al. Dynamic Capabilities: Understanding Strategic Change in Organisations [M]. MA: Blackwell, 2007.

[147] Helfat C E, Peteraf M A. Managerial Cognitive Capabilities and the Microfoundations of Dynamic Capabilities [J]. Strategic Management Journal, 2015, 36 (6): 831-850.

[148] Helfat C E, Peteraf M A. The Dynamic Resource-based View: Capability Lifecycles [J]. Strategic Management Journal, 2003, 24 (10): 997-1010.

[149] Helfat C E, Peteraf M A. Understanding Dynamic Capabilities: Progress Along A Developmental Path [J]. Strategic Organization, 2009, 7 (1): 91-102.

[150] Helfat C E, Raubitschek R S. Dynamic and Integrative Capabilities for Profiting from Innovation in Digital Platform-based Ecosystems [J]. Research Policy, 2018, 47 (8): 1391-1399.

[151] Helfat C E, Winter S G. Untangling Dynamic and Operational Capabilities: Strategy for the Never-Changing World [J]. Strategic Management Journal, 2011, 32 (11): 1243-1250.

[152] Henisz W J. The Dynamic Capability of Corporate Diplomacy [J]. Global Strategy Journal, 2016, 6 (3): 183-196.

[153] Hodgkinson G P, Healey M P. Psychological Foundation of Dynamic Capabilities: Reflexion and Reflection in Strategic Management [J]. Strategic Management Journal, 2011, 32 (13): 1500-1516.

[154] Hoecht A, Trott P. Innovation Risks of Strategic Outsourcing [J]. Technovation, 2006 (26): 672-681.

[155] Holburn G L, Zelner B A. Political Capabilities, Policy Risk, and International Investment Strategy: Evidence from the Global Electric Power Generation Industry [J]. Strategic Management Journal, 2010, 31 (12): 1290-1315.

[156] Howell A. Picking "winners" in China: Do Subsidies Matter for Indigenous Innovation and Firm Productivity? [J]. China Economic Review, 2017 (44): 154-165.

[157] Hsu L C, Wang C H. Clarifying the Effect of Intellectual Capital on Performance: The Mediating Role of Dynamic Capability [J]. British Journal of Management, 2012, 23 (2): 179-205.

[158] Humphrey J, Schmitz H. Governance and Upgrading: Linking Industrial Cluster and Global Value Chain Research [M]. Brighton: Institute of Development Studies, University of Sussex, 2000.

[159] Huy Q, Zott C. Exploring the Affective Underpinnings of Dynamic Managerial Capabilities: How Managers' Emotion Regulation Behaviors Mobilize Resources for Their Firms [J]. Strategic Management Journal, 2019, 40 (1): 28-54.

[160] Jantunen A, et al. Entrepreneurial orientation, dynamic capabilities and International Performance [J]. Journal of International Entrepreneurship, 2005, 3 (3): 223-243.

[161] Jiao H, Alon I, Koo C, et al. When should Organizational Change be Implemented? The Moderating Effect of Environmental Dynamism between Dynamic Capabilities and New Venture Performance [J]. Journal of Engineering and Technology Management, 2013, 30 (2): 188-205.

[162] Jiao H, Koo C, Cui Y. Legal Environment, Government Effectiveness and Firms' Innovation in China: Examining the Moderating Influence of Government Ownership [J]. Technological Forecasting and Social Change, 2015 (96): 15-24.

[163] Jiao H, Yang J, Zhou J, et al. Commercial Partnerships and Collaborative Innovation in China: The Moderating Effect of Technological Uncertainty and Dynamic Capabilities [J]. Journal of Knowledge Management, 2019, 23 (7): 1429-1454.

[164] Josune S, Andrea P B. Interaction with External Agents, Innovation Networks, and Innovation Capability: The Case of Uruguayan Software Firms [J]. Journal

of Knowledge Management, 2014, 18 (2): 447-468.

[165] Jourdan J, Kivleniece I. Too much of a Good Thing? The Dual Effect of Public Sponsorship on Organizational Performance [J]. Academy of Management Journal, 2017, 60 (1): 55-77.

[166] Jugend D, Jabbour C J C, Alves Scaliza J A, Relationships among Open Innovation, Innovative Performance, Government Support and Firm Size: Comparing Brazilian Firms Embracing Different Levels of Radicalism in Innovation [J]. Technovation, 2018 (74/75): 54-65.

[167] Kale P, Singh H. Managing Strategic Alliances: What do We Know Now, and Where do We Go from Here? [J]. Academy of Management Perspectives, 2009, 23 (3): 45-62.

[168] Karimi J, Walter Z. The Role of Dynamic Capabilities in Responding to Digital Disruption: A Factor-based Study of the Newspaper Industry [J]. Journal of Management Information Systems, 2015, 32 (1): 39-81.

[169] Killing G J. How to Make a Global Joint Venture Work [J]. Harvard Business Review, 1982, 61 (3): 120-127.

[170] Kilmann R A. Holistic Program and Critical Success Factors of Corporate Transformation [J]. European Management Journal, 1995, 13 (2): 175-187.

[171] King A A, Tucci C L. Incumbent Entry Into New Market Niches: The Role of Experience and Managerial Choice in the Creation of Dynamic Capabilities [J]. Management Science, 2002, 48 (2): 171-186.

[172] Kiron D, Ferguson R B, Prentice P K. From Value to Vision: Reimagining the Possible with Data Analytics [J]. MIT Sloan Management Review, 2013, 54 (3): 1-19.

[173] Koberg C S. Resource Scarcity, Environmental Uncertainty, and Adaptive Organizational-behavior [J]. Academy of Management Journal, 1987, 30 (4): 798-807.

[174] Kong L. From Cultural Industries to Creative Industries and Back? Towards Clarifying Theory and Rethinking Policy [J]. Inter-Asia Cultural Studies, 2014, 15 (4): 593-607.

[175] Kor Y Y, Mesko A. Dynamic Managerial Capabilities: Configuration and Orchestration of Top Executives' Capabilities and the Firm's Dominant Logic [J].

Strategic Management Journal, 2013, 34 (2): 233-244.

[176] Kosová R, Lafontaine F, et al. Organizational form and Performance: Evidence from the Hotel Industry [J]. Review of Economics and Statistics, 2013, 95 (4): 1303-1323.

[177] Kotabe M, Jiang C X, Murray J Y. Managerial ties, Knowledge Acquisition, Realized Absorptive Capacity and New Product Market Performance of Emerging Multinational Companies: A case of China [J]. Journal of World Business, 2011, 46 (2): 166-176.

[178] Kotabe M, Swan K S. The Role of Strategic Alliances in High-technology New Product Development [J]. Strategic Management Journal, 1995, 16 (8): 621-636.

[179] Koufteros X A, Edwin Cheng T C, Lai K. "Black-box" and "Gray-box" Supplier Integration in Product Development: Antecedents, Consequences and the Moderating Role of Firm Size [J]. Journal of Operations Management, 2007, 25 (4): 847-870.

[180] Kretschmer T, Khashabi P. Digital Transformation and Organization Design: An Integrated Approach [J]. California Management Review, 2020, 62 (4): 86-104.

[181] Krijnen H G. The Flexible Firm [J]. Long Range Planning, 1979, 12 (2): 63-75.

[182] Kump B, Engelmann A, Kessler A, et al. Toward A Dynamic Capabilities Scale: Measuring Organizational Sensing, Seizing, and Transforming Capacities [J]. Industrial and Corporate Change, 2019, 28 (5): 1149-1172.

[183] Laamanen T, Wallin J. Cognitive Dynamics of Capability Development Paths [J]. Journal of Management Studies, 2009, 46 (6): 950-981.

[184] Laeven L, Woodruff C. The Quality of the Legal System, Firm Ownership, and Firm Size [J]. The Review of Economics and Statistics, 2007, 89 (4): 601-614.

[185] Lafontaine F, Perrigot R, Wilson N. The Quality of Institutions and Organizational form Decisions: Evidence from within the Firm [J]. Journal of Economics & Management Strategy, 2017, 26 (2): 375-402.

[186] La Porta R, F Lopez-de-Silanes, Schleifer A, et al. The Effectiveness of

Government [J]. Journal of Law, Economics and Organizations, 1999 (15): 222-279.

[187] Laursen K, Salter A J. The Paradox of Openness: Appropriability, External Search and Collaboration [J]. Research Policy, 2014, 43 (5): 867-878.

[188] Lavie D. Alliance Portfolios and Firm Performance: A Study of Value Creation and Appropriation in the us Software Industry [J]. Strategic Management Journal, 2007, 28 (12): 1187-1212.

[189] Lee J, Mansfield E. Intellectual Property Protection and U. S. Foreign Direct Investment [J]. Review of Economics and Statistics, 1996, 78 (2): 181-186.

[190] Lee J, Slater J. Dynamic Capabilities, Entrepreneurial Rent-seeking and the Investment Development Path: The Case of Samsung [J]. Journal of International Mangement, 2007, 13 (3): 241-257.

[191] Leiponen A, Drejer I. What Exactly are Technological Regimes? Intra-industry Heterogeneity in the Organization of Innovation Activities [J]. Research Policy, 2007, 36 (8): 1221-1238.

[192] Leonard-Barton D. Core Capabilities and Core Rigidities: A Paradox in Managing New Product Development [J]. Strategic Management Journal, 1992 (13): 111-125.

[193] Lester R H, Hillman A, Zardkoohi A, et al. Former Government Officials as Outside Directors: The Role of Human and Social Capital [J]. Academy of Management Journal, 2008, 51 (5): 999-1013.

[194] Lewin A Y, Volberda H. Prolegomena on Co-evolution: A Framework for Research on Strategy and New Organizational Forms [J]. Organization Science, 1999, 10 (5): 519-534.

[195] Lhuillery S, Pfister E. R&D Cooperation and Failures in Innovation Projects: Empirical Evidence from French Cis Data [J]. Research Policy, 2009, 38 (1): 45-57.

[196] Li F. The Digital Transformation of Business Models in the Creative Industries: A Holistic Framework and Emerging Trends [J]. Technovation, 2020 (92/93): 607-622.

[197] Li J J, Shao Z A T. Competitive Position, Managerial Ties, and Profit-

ability of Foreign Firms in China: An Interactive Perspective [J]. Journal of International Business Studies, 2009, 40 (2): 339-352.

[198] Li J, Xia J, Zajac E J. On the Duality of Political and Economic Stakeholder Influence on Firm Innovation Performance: Theory and Evidence from Chinese Firms [J]. Strategic Management Journal, 2018, 39 (1): 193-216.

[199] Lim J H, Stratopoulos T C, Wirjanto T S. Path Dependence of Dynamic Information Technology Capability: An Empirical Investigation [J]. Journal of Management Information Systems, 2011, 28 (3): 45-84.

[200] Lin B W. Technology Transfer as Technological Learning: A Source of Competitive Advantage for Firms with Limited R&D Resources [J]. R & D Management, 2003, 33 (3): 327-341.

[201] Lin C, Lin P, Song F, et al. Managerial Incentives, CEO Characteristics and Corporate Innovation in China's Private Sector [J]. Journal of Comparative Economics, 2009, 39 (2): 176-190.

[202] Lin Y N, Wu L Y. Exploring the Role of Dynamic Capabilities in Firm Performance Under the Resource-based View Framework [J]. Journal of Business Research, 2014, 67 (3): 407-413.

[203] Liu C, Xie H. The Main Influencing Factors of Enterprise Knowledge Absorptive Capacity [J]. Studies in Science of Science, 2003, 3 (18): 307-310.

[204] Liu G S, Sun P. The Class of Shareholdings and Its Impacts on Corporate Performance: A Case of State Shareholding Composition in Chinese Public Corporations [J]. Corporate Governance: An International Review, 2005, 13 (1): 46-59.

[205] Lopez-Cabrales A, Bornay-Barrachina M, Diaz-Fernandez M. Leadership and Dynamic Capabilities: The Role of HR Systems [J]. Personnel Review, 2017, 46 (2): 255-276.

[206] Luo J, Gale A. The Evolution of the Chinese Construction Industry [J]. Building Research & Information, 2010, 28 (1): 51-58.

[207] Luo Y D. Dynamic Capabilities in International Expansion [J]. Journal of World Business, 2000, 35 (4): 355-378.

[208] Luo Y, Rui H. An Ambidexterity Perspective Toward Multinational Enterprises from Emerging Economies [J]. Academy of Management Perspectives, 2009, 23 (4): 49-70.

[209] Lu Q, Lazonick W. The Organization of Innovation in A Transitional Economy: Business and Government in Chinese Electronic Publishing [J]. Research Policy, 2001, 30 (1): 55-77.

[210] Luscher L S, Lewis M W. Organizational Change and Managerial Sensemaking: Working Through Paradox [J]. Academy of Management Journal, 2008, 51 (2): 221-240.

[211] Majumdar S K. Sluggish Giants, Sticky Cultures and Dynamic Capability Transformation [J]. Journal of Business Venturing, 2000, 15 (1): 59-78.

[212] Makadok R. Toward A Synthesis of the Resource-based and Dynamic-capability Views of Rent Creation [J]. Strategic Management Journal, 2001, 22 (5): 387-401.

[213] Malerba F, Nelson R, Orsenigo L et al. Vertical Integration and Disintegration of Computer Firms: A History-friendly Model of the Coevolution of the Computer and Semiconductor Industries [J]. Industrial and Corporate Change, 2008, 17 (2): 197-231.

[214] Malerba F, Orsenigo L. Technological Regimes and Firm Bebavior [J]. Industrial and Corporate Change, 1993, 2 (1): 45-71.

[215] Malik O R, Kotabe M. Dynamic Capabilities, Government Policies and Performance in Firms From Emerging Economies: Evidence from India and Pakistan [J]. Journal of Management Studies, 2009, 46 (3): 421-450.

[216] Mamédio D, Rocha C, Szczepanik D, et al. Strategic Alliances and Dynamic Capabilities: A Systematic Review [J]. Journal of Strategy and Management, 2019, 12 (1): 83-102.

[217] March J G, Exploration and Exploitation in Organizational Learning [J]. Organization Science, 1991, 2 (1): 71-87.

[218] Marino M, Lhuillery S, Parrotta P, et al. Additionality or Crowding-out? An Overall Evaluation of Public R&D Subsidy on Private R&D Expenditure [J]. Research Policy, 2016, 45 (9): 1715-1730.

[219] Marsh S J, Stock G N. Building Dynamic Capabilities in New Product Development through Intertemporal Integration [J]. Journal of Product Innovation Management, 2003, 20 (2): 136-148.

[220] Martin J A. Dynamic Managerial Capabilities and the Multibusiness Team:

The Role of Episodic Teams in Executive Leadership Groups [J]. Organization Science, 2011, 22 (1): 118-140.

[221] Martin R, Moodysson J, Zukauskaite E. Regional Innovation Policy Beyond Best Practice: Lessons from Sweden [J]. Journal of the Knowledge Economy, 2011, 2 (4): 550-568.

[222] Martin R, Trippl M. System Failures, Knowledge Bases and Regional Innovation Policies [J]. The Planning Review, 2014, 50 (1): 24-32.

[223] Matarazzo M, Penco L, Profumo G, et al. Digital Transformation and Customer Value Creation in Made in Italy SMEs: A Dynamic Capabilities Perspective [J]. Journal of Business Research, 2021, 123: 642-656.

[224] Mauro P. Corruption and Growth [J]. The Quarterly Journal of Economics, 1995, 110 (3): 681-712.

[225] Mayer-Schönberger Hodgkinson G P, Healey M P. Psychological Foundations of Dynamic Capabilities: Reflexion and Reflection in Strategic Management [J]. Strategic Management Journal, 2011, 32 (13): 1500-1516.

[226] Mayer-Schönberger V, Cukier K. Big Data: A Revolution that Will Transform How We Live, Work and Think [M]. UK: John Murray, 2013.

[227] Megginson W L, Nash R C, Mathias R. The Financial and Operating Performance of Newly Privatized Firms [J]. Journal of Finance, 1994, 49 (2): 403-452.

[228] Menguc B, Auh S. Creating A Firm-level Dynamic Capability Through Capitalizing on Market Orientation and Innovativeness [J]. Journal of the Academy of Marketing Science, 2006, 34 (1): 63-73.

[229] Messeni Petruzzelli A, Savino T. Reinterpreting Tradition to Innovate: The Case of Italian Haute Cuisine [J]. Industry and Innovation, 2015, 22 (8): 677-702.

[230] Meyera P W, Athaide G A. Strategic Mutual Learning between Producing and Buying firms During Product Innovation [J]. Journal of Product Innovation Management, 1991, 8 (3): 155-169.

[231] Mikalef P, Conboy K, Krogstie J. Artificial Intelligence as an Enabler of B2B Marketing: A Dynamic Capabilities Micro-foundations Approach [J]. Industrial Marketing Management, 2021, 98: 80-92.

［232］ Milliken F J, Martins L L. Searching for Common Threads: Understanding the Multiple Effects of Diversity in Organizational Groups ［J］. Academy of Management Review, 1996, 21 (2): 402-433.

［233］ Miotti L, Sachwald F. Co-operative R&D: Why and with Whom? An Integrated Framework of Analysis ［J］. Research Policy, 2003, 32 (8): 1481-1499.

［234］ Mishra A A, Shah R. In Union lies Strength: Collaborative Competence in New Product Development and Its Performance Effects ［J］. Journal of Operations Management, 2009, 27 (4): 324-338.

［235］ Mishra D, Luo Z W, Hazen B, et al. Organizational Capabilities that Enable Big Data and Predictive Analytics Diffusion and Organizational Performance a Resource-based Perspective ［J］. Management Decision, 2019, 57 (8): 1734-1755.

［236］ Mitchell M, Skrzypacz A. A Theory of Market Pioneers, Dynamic Capabilities and Industry Evolution ［J］. Management Science, 2015, 61 (7): 1598-1614.

［237］ Mudalige D, Ismail N A, Malek M A. Exploring the Role of Individual Level and Firm Level Dynamic Capabilities in SMEs' Internationalization ［J］. Journal of International Entrepreneurship, 2019, 17 (1): 41-74.

［238］ Mu J F. Dynamic Capability and Firm Performance: The Role of Marketing Capability and Operations Capability ［J］. IEEE Transactions on Engineering Management, 2017, 64 (4): 554-565.

［239］ Müller K, Rammer C, Trüby J. The Role of Creative Industries in Industrial Innovation ［J］. Innovation, 2009, 11 (2): 148-168.

［240］ Nakamur A M. Joint Venture Instability, Learning and the Relative Bargaining Power of the Parent Firms ［J］. International Business Review, 2005, 14 (4): 465-493.

［241］ Oakley K. The Disappearing Arts: Creativity and Innovation after the Creative Industries ［J］. International Journal of Cultural Policy, 2009, 15 (4): 403-413.

［242］ Oliver C, Holzinger I. The Effectiveness of Strategic Political Management: A Dynamic Capabilities Framework ［J］. Academy of Management Review, 2008, 33

（2）: 496-520.

［243］Osborn R N, Hagedoorn J. The Institutionalization and Evolutionary Dynamics of Interorganizational Alliances and Networks ［J］. Academy of Management Journal, 1997, 40 （2）: 261-278.

［244］O'Connor J, Gu X. A New Modernity? The Arrival of "Creative industries" in China ［J］. International Journal of Cultural Studies, 2006, 9 （3）: 271-283.

［245］O'Hagan J W. The State and the Arts: An Analysis of Key Economic Policy Issues in Europe and the United States ［J］. Cheltenham: Edward Elgar Publishing, 1998.

［246］Pablo A L, Reay T, Dewald J R, et al. Identifying, Enabling and Managing Dynamic Capabilities in the Public Sector ［J］. Journal of Management Studies, 2007, 44 （5）: 687-708.

［247］Parkhe A. Strategic Alliance Structuring a Game-theoretic and Transaction Cost Examination of Interfirm Cooperation ［J］. Academy of Management Journal, 1993, 36 （4）: 794-829.

［248］Park S, Luo Y. Guanxi and Organizational Dynamics: Organizational Networking in Chinese Firms ［J］. Strategic Management Journal, 2001, 22 （5）: 455-477.

［249］Pavitt K. Sectoral Patterns of Technical Change: Towards a Taxomony and A Theory ［J］. Research Policy, 1984, 6 （13）: 343-373.

［250］Pavlou P A, E I Sawy O A. Understanding the Elusive Black Box of Dynamic Capabilities ［J］. Decision Sciences, 2011, 42 （1）: 239-273.

［251］Peteraf M, Di Stefano G, Verona G. The Elephant in the Room of Dynamic Capabilities: Bringing two Diverging Conversations Together ［J］. Strategic Management Journal, 2013, 34 （12）: 1389-1410.

［252］Petersen K J, Handfield R B, Ragatz G L. Supplier Integration into New Product Development: Coordinating Product, Process and Supply Chain Design ［J］. Journal of Operations Management, 2005, 23 （3-4）: 371-388.

［253］Pettigrew A M. Longitudinal Field Research on Change: Theory and Practice ［J］. Organization Science, 1990, 1 （3）: 267-292.

［254］Pfeffer J, Salancik G R. The External Control of Organizations: A

Resource Dependence Approach [M]. New York: Harper and Row Publishers, 1978.

[255] Podsakoff P M. , Organ D W. Self-reports in Organizational Research-problems and Prospects [J]. Journal of Management, 1986, 12 (4): 531-544.

[256] Porter M E, Competitive Strategy: Techniques for Analyzing Industries and Competitors [M]. Free Press, 1980.

[257] Porter M E. Competitive Advantage [M]. New York, Free Press, 1985.

[258] Potts J, Cunningham S, Hartley J, et al. Social Network Markets: A New Definition of the Creative Industries [J]. Journal of Cultural Economics, 2008, 32 (3): 167-185.

[259] Prahalad C K, Oosterveld J P. Transforming Internal Governance-challenges for Multi-nationals [J]. Sloan Management Review, 1999, 40 (3): 31-40.

[260] Pratt A C. The Cultural Contradictions of the Creative City [J]. City Culture & Society, 2011, 2 (3): 123-130.

[261] Preacher K J, Rucker D D, Hayes A F. Addressing Moderated Mediation Hypotheses: Theory, Methods, and Prescriptions [J]. Multivariate Behavioral Research, 2007, 42 (1): 185-227.

[262] Pudelko M. Globalization and Its Effects on International Strategy and Cross-cultural Management [J]. International Strategy and Cross-cultural Management, 2007, 36 (4): 3-8.

[263] Qian Y, Roland G. Federalism and the Soft Budget Constraint [J]. American Economic Review, 1998, 88 (5): 1143-1162.

[264] Qian Y, Weingast B R. Federalism as a Commitment to Perserving Market Incentives [J]. The Journal of Economic Perspectives, 1997, 11 (4): 83-92.

[265] Rajagopalan N, Spreitzer G M. Toward a Theory of Strategic Change: A Multi-lens Perspective and Integrative Framework [J]. Academy of Management Review, 1997, 22 (1): 48-79.

[266] Ramachandran V. Strategic Corporate Social Responsibility: A Dynamic Capabilities' Perspective [J]. Corporate Social Responsibility and Environmental Management, 2011, 18 (8): 285-293.

[267] Rangan S, Samii R, Wassenhove L N V. Constructive Partnerships: When Alliances between Private Firms and Public Actors can Enable Creative Strategies [J]. Academy of Management Review, 1991, 31 (3): 738-751.

［268］Rialti R, Marzi G, Ciappei C, et al. Big Data and Dynamic Capabilities: A Bibliometric Analysis and Systematic Literature Review ［R］. Management Decision, 2019, 57 (8): 2052-2068.

［269］Rindova V P, Kotha S. Continuous 'morphing': Competing Through Dynamic Capabilities, Form and Function ［J］. Academy of Management Journal, 2001, 44 (6): 1263-1280.

［270］Ritala P, Hurmelinna-Laukkanen P. Incremental and Radical Innovation in Coopetition—the Role of Absorptive Capacity and Appropriability ［J］. Journal of Product Innovation Management, 2013, 30 (1): 154-169.

［271］Roberts N, Campbell D E, Vijayasarathy L R. Using Information Systems to Sense Opportunities for Innovation: Integrating Postadoptive use Behaviors with the Dynamic Managerial Capability Perspective ［J］. Journal of Management Information Systems, 2016, 33 (1): 45-69.

［272］Romanelli E, Tushman M. Organizational Transformation as Punctuated Equilibrium: An Empirical Test ［J］. Academy of Management Journal, 1994, 37 (5): 1141-1166.

［273］Romer P. Endogenous Technological Change ［J］. Journal of Political Economy, 1990, 98 (5): 71-102.

［274］Rothaermel F T, Hess A M. Building Dynamic Capabilities: Innovation Driven by Individual, Firm and Network-level Effects ［J］. Organization Science, 2007, 18 (6): 898-921.

［275］Rothaermel F T, Hitt M A, Jobe L A. Balancing Vertical Integration and Strategic Outsourcing: Effects on Product Portfolio, Product Success, and Firm Performance ［J］. Strategic Management Journal, 2006, 27 (11): 1033-1056.

［276］Salvato C, Vassolo R. The Sources of Dynamism in Dynamic Capabilities ［J］. Strategic Management Journal, 2018, 39 (6): 1728-1752.

［277］Santoro G, Bresciani S, Papa A. Collaborative Modes with Cultural and Creative Industries and Innovation Performance: The Moderating Role of Heterogeneous Sources of Knowledge and Absorptive Capacity ［J］. Technovation, 2020 (92/93): 1-9.

［278］Sapienza H J, Autio E, George G, et al. A Capabilities Perspective on the Effects of Early Internationalization on Firm Survival and Growth ［J］. Academy of

Management Review, 2006, 31 (4): 914-933.

[279] Scherer F M. Firm Size, Market-structure, Opportunity, and the Output of Patented Inventions [J]. American Economic Review, 1965, 55 (5): 1097-1125.

[280] Schilke O. The Contingent Value of Dynamic Capabilities for Competitive Advantage: The Nonlinear Moderating Effect of Environmental Dynamism [J]. Strategic Management Journal, 2014, 35 (2): 179-203.

[281] Schilke O, Hu S, Helfat C E. Quo Vadis, Dynamic Capabilities? A Content-analytic Review of the Current State of Knowledgeand Recommendations for Future Research [J]. Academy of Management Annals, 2018, 12 (1): 390-439.

[282] Schreyoegg G, Kliesch-Eberl M. How Dynamic can Organizational Capabilities be? Towards A Dual-process Model of Capability Dynamization [J]. Strategic Management Journal, 2007, 28 (9): 913-933.

[283] Schumpeter J A. The Theory of Competitive Price [J]. American Economic Review, 1934, 32 (4): 844-847.

[284] Schumpeter J A. The Theory of Economic Development: An Inquiry Into Profits, Capital, Credit, Interest, and the Business Cycle [M]. New Brunswick: Transaction Publishers, 1934.

[285] Scott A J. Entrepreneurship, Innovation and Industrial Development: Geography and the Creative Field Revisited [J]. Small Business Economics, 2006, 26 (1): 1-24.

[286] Shamsie J, Martin X, Miller D. In With the Old, in with the New: Capabilities, Strategies and Performance Among the Hollywood Studios [J]. Strategic Management Journal, 2009, 30 (13): 1440-1452.

[287] Shan S Q, Luo Y T, Zhou Y, et al. Big Data Analysis Adaptation and Enterprises' Competitive Advantages: The Perspective of Dynamic Capability and Resource-based Theories [J]. Technology Analysis & Strategic Management, 2019, 31 (4): 406-420.

[288] Shleifer A, Vishny R. A Survey of Corporate Governance [J]. Journal of Finance, 1997, 52 (2): 737-783.

[289] Shleifer A, Vishny R W. The Grabbing Hand: Government Pathologies and Their Cures [J]. American Economic Association Papers & Proceedings, 1998, 87 (2): 354-358.

［290］Shleifer A，Vishny R W. The Politics of Market Socialism ［J］. Journal of Economic Perspectives，1994，8（2）：165-176.

［291］Simsek Z. CEO Tenure and Organizational Performance：An Intervening Model ［J］. Strategic Management Journal，2007，28（6）：653-662.

［292］Sirmon D G，Hitt M A. Contingencies Within Dynamic Managerial Capabilities：Interdependent Effect of Resource Investment and Deployment on Firm Performance ［J］. Strategic Management Journal，2009，30（13）：1375-1394.

［293］Sivarajah U，Kamal M M，Irani Z，et al. Critical Analysis of Big Data Challenges and Analytical Methods ［J］. Journal of Business Research，2017，70：263-286.

［294］Somaya D，Teece D J. Patents，Licensing and Entrepreneurship：Effectuating Innovation in Multi-invention Contexts ［M］. Princeton University Press，2007.

［295］Song M，Bij H V D，Weggeman M. Determinants of the Level of Knowledge Application：A Knowledge-based and Information-processing Perspective ［J］. Journal of Product Innovation Management，2005，22（5）：430-444.

［296］Song M，Montoya-Weiss M M. The Effect of Perceived Technological Uncertainty on Japanese New Product Development ［J］. Academy of Management Journal，2001，44（1）：61.

［297］Stadler C，Helfat C E，Verona G. The Impact of Dynamic Capabilities on Resource Access and Development ［J］. Organization Science，2013，24（6）：1782-1804.

［298］Steinbach A L，Holcomb T R，Holmes R M，et al. Top Management Team Incentive Heterogeneity，Strategic Investment Behavior，and Performance：A Contingency Theory of Incentive Alignment ［J］. Strategic Management Journal，2017，38（8）：1701-1720.

［299］Stone M. Cross-validatory Choice and Assessment of Statistical Predictions ［J］. Journal of the Royal Statistical Society Series B-statistical Methodology，1974，36（2）：111-147.

［300］Strauss A. Qualitative Analysis for Social Science ［M］. Cambridge：Cambridge University Press，1987.

［301］Stuart T E，Podolny J M Local Search and the Evolution of Technological Capabilities ［J］. Strategic Management Journal，1996（17）：21-38.

[302] Suddaby R, Coraiola E, Harvey C, et al. History and the Micro-foundations of Dynamic Capabilities [J]. Strategic Management Journal, 2020, 41 (3): 530-556.

[303] Tallman S, Fladmoe – Lindquist K. Internationalization, Globalization, and Capability-Based Strategy [J]. California Management Review, 2002, 45 (1): 116-135.

[304] Tao F, Qi Q L, Liu A, et al. Data-driven Smart Manufacturing [J]. Journal of Manufacturing Systems, 2018, 48: 157-169.

[305] Tashman P, Marano V. Dynamic Capabilities and Base of the Pyramid Business Strategies [J]. Journal of Business Ethics, 2009 (89): 495-514.

[306] Tatikonda M V, Montoya-Weiss M M. Integrating Operations and Marketing Perspectives of Product Innovation: The Influence of Organizational Process Factors and Capabilities on Development Performance [J]. Management Science, 2001, 47 (1): 151-172.

[307] Teece D J. A Dynamic Capabilities-based Entrepreneurial Theory of the Multinational Enterprise [J]. Journal of International Business Studies, 2014a, 45 (1): 8-37.

[308] Teece D J. Dynamic Capabilities: Routines Versus Entrepreneurial Action [J]. Journal of Management Studies, 2012, 49 (8): 1395-1401.

[309] Teece D J. Explicating Dynamic Capabilities: The Nature and Microfoundations of (Sustainable) Enterprise Performance [J]. Strategic Management Journal, 2007, 28 (13): 1319-1350.

[310] Teece D J. The Foundations of Enterprise Performance: Dynamic and Ordinary Capabilities in an (Economic) Theory of Firms [J]. Academy of Management Perspectives, 2014b, 28 (4): 328-352.

[311] Teece D J, Pisano G, Shuen A. Dynamic Capabilities and Strategic Management [J]. Strategic Management Journal, 1997, 18 (7): 509-533.

[312] Teece D, Pisano G. The Dynamic Capabilities of Firms: An Introduction [J]. Industrial and Corporate Change, 1994, 3 (3): 537-556.

[313] Tether B S. Who Co-operates for Innovation, and Why an Empirical Analysis. Research Policy, 2002, 31 (6): 947-967.

[314] Tether B S, Tajar A. The Organisational-cooperation Mode of Innovation

and Its Prominence Amongst European Service Firms [J]. Research Policy, 2008, 37 (4): 720-739.

[315] Thomsen Z, Pedersen T. Ownership Structure and Performance in the Largest European Companies [J]. Strategic Management Journal, 1997, 21 (1): 5-17.

[316] Tidd J, Trewhella M J. Organizational and Technological Antecedents for Knowledge Acquisition and Learning [J]. R&D Management, 1997, 27 (4): 359-375.

[317] Tommaso S, Antonio M P, Vito A. Teams and Lead Creators in Cultural and Creative Industries: Evidence From the Italian Haute Cuisine [J]. Journal of Knowledge Management, 2017, 21 (3): 607-622.

[318] Townsend D M, Busenitz L W. Turning Water Into Wine? Exploring the Role of Dynamic Capabilities in Early-stage Capitalization Processes [J]. Journal of Business Venturing, 2015, 30 (2): 292-306.

[319] Trounstine J. All Politics is Local: The Reemergence of the Study of City Politics [J]. Perspectives on Politics, 2009, 7 (3): 611-618.

[320] Tsai K. Collaborative Networks and Product Innovation Performance: Toward A Contingency Perspective [J]. Research Policy, 2009, 38 (5): 765-778.

[321] Tschmuck P. How Creative are the Creative Industries? A Case of the Music Industry [J]. The Journal of Arts Management, Law, and Society, 2003, 33 (2): 127-141.

[322] Tushman M L, Anderson P. Technological Discontinuities and Organizational Environments [J]. Administrative Science Quarterly, 1986, 31 (3): 439-465.

[323] Tushman M L, O'Reilly C A. Ambidextrous Organizations: Managing Evolutionary and Revolutionary Change [J]. California Management Review, 1996, 38 (4): 8-30.

[324] Uhlenbruck K, Meyer K E, Hitt M A. Organizational Transformation in Transition Economies: Resource-based and Organizational Learning Perspectives [J]. Journal of Management Studies, 2003, 40 (2): 257-282.

[325] Umesh K B, Nisha B. Organizational Resources, KM Process Capability and Strategic Flexibility: A Dynamic Resource-capability Perspective [J]. Journal of Knowledge Management, 2018, 22 (7): 1555-1572.

[326] Un C A, Asakawa K. Types of R&D Collaborations and Process Innova-

tion: The Benefit of Collaborating Upstream in the Knowledge Chain [J]. Journal of Product Innovation Management, 2015, 32 (1): 138-153.

[327] Van Knippenberg Dahlander D L, Haas M R, et al. Information, Attention, and Decision Making [J]. Academy of Management Journal, 2015, 58 (3): 649-657.

[328] Vanpoucke E, Vereecke A, Wetzels M. Developing Supplier Integration Capabilities for Sustainable Competitive Advantage: A Dynamic Capabilities Approach [J]. Journal of Operations Management, 2014, 32 (7-8): 446-461.

[329] Vargo S L, Lusch R F. From Goodsto Service (s): Divergences and Convergences of Logics [J]. Industrial Marketing Management, 2008, 37 (3): 254-259.

[330] Vecchiato R. Disruptive Innovation, Managerial Cognition, and Technology Competition Outcomes [J]. Technological Forecasting and Social Change, 2017 (116): 116-128.

[331] Verona G, Ravasi D. Unbundling Dynamic Capabilities: An Exploratory Study of Continuous Product Innovation [J]. Industrial and Corporate Change, 2003, 12 (3): 577-606.

[332] Vial G. Understanding Digital Transformation: A Review and a Research Agenda [J]. Journal of Strategic Information Systems, 2019, 28 (2): 118-144.

[333] Vogel R, Güttel W. The Dynamic Capability View in Strategic Management: A Bibliometric Review [J]. International Journal of Management Reviews, 2013, 15 (4): 426-446.

[334] Vrontis D, Thrassou A, Santoro G, et al. Ambidexterity, External Knowledge and Performance in Knowledge-intensive Firms [J]. Journal of Technology Transfer, 2017, 42 (2): 374-388.

[335] Walder A G. Local Governments as Industrial Firms: An Organizational Analysis of China's Transitional Economy [J]. American Journal of Sociology, 1995, 101 (2): 263-301.

[336] Wamba S F, Akter S, Trinchera L, De Bourmont M. Turning Information Quality into Firm Performance in the Big Data Economy [J]. Management Decision, 2019, 57 (8): 1756-1783.

[337] Wamba S F, Gunasekaran A, Akter S, et al. Big Data Analytics and

Firm Performance: Effects of Dynamic Capabilities [J]. Journal of Business Research, 2017, 70: 356-365.

[338] Wang C L, Ahmed P K. Dynamic Capabilities: A Review and Research Agenda [J]. International Journal of Management Reviews, 2007, 9 (1): 31-51.

[339] Wang Y, Li J, Furman J L. Firm Performance and State Innovation Funding: Evidence From China's Innofund Program [J]. Research Policy, 2017, 46 (6): 1142-1161.

[340] Wanzenböck I, Scherngell T, Fischer M M. How do Firm Characteristics Affect Behavioural Additionalities of Public R&D Subsidies? Evidence for the Austrian Transport Sector [J]. Technovation, 2013, 33 (2/3): 66-77.

[341] Warner K S R, Wager M. Building Dynamic Capabilities for Digital Transformation: An Ongoing Process of Strategic Renewal [J]. Long Range Planning, 2019, 52 (3): 326-349.

[342] Weerawardena J, Mort G S, Salunke S, et al. The Role of the Market Sub-system and the Socio-technical Sub-system in Innovation and Firm Performance: A Dynamic Capabilities Approach [J]. Journal of the Academy of Marketing Science, 2015, 43 (2): 221-239.

[343] Wei Q, Fei X U. Industry-University-Research Institute Alliance Motivation, Conduct and Alliance Performance [J]. Science and Technology Management Research, 2014, 116 (8): 107-111.

[344] Wheeler B C. NEBIC: A Dynamic Capabilities Theory for Assessing Net-enablement [J]. Information Systems Research, 2002, 13 (2): 125-146.

[345] Whitley R. Developing Innovative Competences: The Role of Institutional Frameworks [J]. Industrial and Corporate Change, 2002, 11 (3): 497-528.

[346] Wilden R, Devinney T M, Dowling G R. The Architecture of Dynamic Capability Research: Identifying the Building Blocks of a Configurational Approach [J]. Academy of Management Annals, 2016, 10 (1): 997-1076.

[347] Wilden R, Gudergan S P. The Impact of Dynamic Capabilities on Operational Marketing and Technological Capabilities: Investigating the Role of Environmental Turbulence [J]. Journal of the Academy of Marketing Science, 2015, 43 (2): 181-199.

[348] Winter S. Schumpeterian Competition in Alternative Technological Regimes

[J]. Journal of Economic Behavior Organization, 1984, 5 (3): 287-320.

[349] Winter S G. Understanding Dynamic Capabilities [J]. Strategic Management Journal, 2003, 24 (10): 991-995.

[350] Woldesenbet K, Ram M, Jones T. Supplying Large Firms: The Role of Entrepreneurial and Dynamic Capabilities in Small Businesses [J]. International Small Business Journal, 2012, 30 (5): 493-512.

[351] Wollersheim J, Heimeriks K H. Dynamic Capabilities and Their Characteristic Qualities: Insights from a Lab Experiment [J]. Organization Science, 2016, 27 (2): 233-248.

[352] Wu L Y. Entrepreneurial Resources, Dynamic Capabilities and Start-up Performance of Taiwan's High-tech Firms [J]. Journal of Business Research, 2007, 60 (5): 549-555.

[353] Yayavaram S, Chen W R. Changes in firm Knowledge Couplings and Firm Innovation Performance: The Moderating Role of Technological Complexity [J]. Strategic Management Journal, 2015, 36 (3): 377-396.

[354] Yeo Y Y, Pearson M. Regulating Decen-tralized State Industries: China's Auto Industry [J]. China Review, 2008, 8 (2): 231-259.

[355] Yin R K. Case Study Research: Design and Methods (2nd Edition) [M]. London: Sage Publications, 1994.

[356] Yin R K. Case Study Research: Design and Methods (3rd Edition) [M]. London: Sage Publications, 2003.

[357] Yin R K. Case Study Research: Design and Methods (4th Edition) [M]. London: Sage Publications, 2009.

[358] Yin R K. Case Study Research: Design and Methods [M]. London: Sage Publications, 2003.

[359] Yin R K. Case Study Research: Design and Methods [R]. Sage Publications, 2013.

[360] Yu J T, Hu C H. Study on Partner Selection of Synergy Innovation in Technology Alliance [J]. Science Management Research, 2015, 33 (1): 13-16.

[361] Zahra S A, George G. The Net-enabled Business Innovation Cycle and the Evolution of Dynamic Capabilities [J]. Information Systems Research, 2002, 13 (2): 147-151.

［362］Zahra S A，Sapienza H J and Davidsson P. Entrepreneurship and Dynamic Capabilities：A Review，Model and Research Agenda ［J］. Journal of Management Studies，2006，43（4）：917-955.

［363］Zeng J，Khan Z. Value Creation through Big Data in Emerging Economies the Role of Resource Orchestration and Entrepreneurial Orientation ［J］. Management Decision，2019，57（8）：1818-1838.

［364］Zheng W，Singh K，Mitchell W. Buffering and Enabling：The Impact of Interlocking Political Ties on Firm Survival and Sales Growth ［J］. Strategic Management Journal，2015，36（11）：1615-1636.

［365］Zhou J，Li J，Jiao H，et al. The More Funding the Better? The Moderating Role of Knowledge Stock on the Effects of Different Government-funded Research Projects on Firm Innovation in Chinese Cultural and Creative Industries ［J］. Technovation. ，2020，92-93：102059.

［366］Zhou K Z，Gao G Y，Zhao H. State Ownership and Firm Innovation in China：An Integrated View of Institutional and Efficiency Logics ［J］. Administrative Science Quarterly，2017，62（2）：375-404.

［367］Zhou K Z，Li C B. How Knowledge Affects Radical Innovation：Knowledge Base，Market Knowledge Acquisition，and Internal Knowledge Sharing ［J］. Strategic Management Journal，2012，33（9）：1090-1102.

［368］Zhou K Z，Li J J，Sheng S，et al. The Evolving Role of Managerial Ties and Firm Capabilities in an Emerging Economy：Evidence from China ［J］. Journal of the Academy of Marketing Science，2014，42（6）：581-595.

［369］Zollo M，Winter S G. Deliberate Learning and the Evolution of Dynamic Capabilities ［J］. Organization Science，2002，13（3）：339-351.

［370］Zott C. Dynamic Capabilities and the Emergence of Intraindustry Differential Firm Performance：Insights from a Simulation Study ［J］. Strategic Management Journal，2003，24（2）：97-125.

［371］安同良. 中国企业的技术选择 ［J］.经济研究，2003（7）：76-84.

［372］安同良，周绍东，皮建才. R&D 补贴对中国企业自主创新的激励效应 ［J］.经济研究，2009（10）：87-98.

［373］白重恩，刘俏，陆洲，等. 中国上市公司治理结构的实证研究 ［J］.经济研究，2005（2）：81-91.

[374] 包玉泽，谭力文，刘林青.全球价值链背景下的企业升级研究——基于企业技术能力视角［J］.外国经济与管理，2009（14）：37-43.

[375] 曹红军，赵剑波.动态能力如何影响企业绩效——基于中国企业的实证研究［J］.南开管理评论，2008（6）：54-65.

[376] 长青，孙宁，张强，等.机会窗口、合法性阈值与互联网创业企业战略转型——支付宝2004~2019年纵向案例研究［J］.管理学报，2020（2）：177-185.

[377] 陈德球，李思飞，王丛.政府质量、终极产权与公司现金持有［J］.管理世界，2011（11）：121-141.

[378] 陈德球，李思飞，钟昀珈.政府质量、投资与资本配置效率［J］.世界经济，2012（3）：89-110.

[379] 陈云，谢科范，王雅琪.微创新的原理与策略研究：以手机行业为例［J］.清华管理评论，2019（3）：46-52.

[380] 戴静，刘放，张豪，等.周期交错、政策不确定和企业R&D投资——基于官员任期和五年计划的证据［J］.管理评论，2019（12）：100-114.

[381] 邓宏图，康伟.地方政府、制度、技术外溢与企业集群的默示性知识——以转轨期天津自行车企业集群的演化为例［J］.管理世界，2006（2）：63-70.

[382] 邓少军，焦豪，冯臻.复杂动态环境下企业战略转型的过程机制研究［J］.科研管理，2011（1）：60-67.

[383] 董保宝，葛宝山，王侃.资源整合过程、动态能力与竞争优势：机理与路径［J］.管理世界，2011（3）：92-101.

[384] 董俊武，黄江圳，陈震红.动态能力演化的知识模型与一个中国企业的案例分析［J］.管理世界，2004（4）：117-127.

[385] 范承泽，胡一帆，郑红亮.FDI对国内企业技术创新影响的理论与实证研究［J］.经济研究，2008（1）：89-102.

[386] 付丙海，谢富纪，韩雨卿，等.动态能力一定会带来创新绩效吗?——不确定环境下的多层次分析［J］.科学学与科学技术管理，2016（12）：41-52.

[387] 高洁，徐茗丽，孔东民.地区法律保护与企业创新［J］.科研管理，2015（3）：92-102.

[388] 高明华.中国公司治理分类指数报告［M］.上海：中国出版集团东方

出版中心，2016.

［389］高学贤，郑海东，苏辉，等.基于 ANT 视角的能源企业战略转型实施路径研究 ［J］.科研管理，2020（6）：119-129.

［390］耿新，张体勤.企业家社会资本对组织动态能力的影响——以组织宽裕为调节变量 ［J］.管理世界，2010（6）：109-121.

［391］顾夏铭，陈勇民，潘士远.经济政策不确定性与创新——基于我国上市公司的实证分析 ［J］.经济研究，2018（2）：109-123.

［392］郭庆旺，贾俊雪.地方政府行为、投资冲动与宏观经济稳定 ［J］.管理世界，2006（5）：19-25.

［393］郭玥.政府创新补助的信号传递机制与企业创新 ［J］.中国工业经济，2018（9）：98-116.

［394］郝项超，梁琪，李政.融资融券与企业创新：基于数量与质量视角的分析 ［J］.经济研究，2018（6）：127-141.

［395］何熙琼，尹长萍，毛洪涛.产业政策对企业投资效率的影响及其作用机制研究——基于银行信贷的中介作用与市场竞争的调节作用 ［J］.南开管理评论，2016（5）：161-170.

［396］何小钢.跨产业升级、战略转型与组织响应 ［J］.科学学研究，2019（7）：1238-1248.

［397］何瑛，于文蕾，戴逸驰，等.高管职业经历与企业创新 ［J］.管理世界，2019（11）：174-192.

［398］贺小刚，李新春，方海鹰.动态能力的测量与功效：基于中国经验的实证研究 ［J］.管理世界，2006（3）：94-103.

［399］简兆权，刘念.动态能力构建机理与服务创新绩效——基于佛朗斯的服务平台转型研究 ［J］.科学学与科学技术管理，2019（12）：84-101.

［400］江积海.动态能力是"皇帝的新装"吗：构成、功效及理论基础 ［J］.经济管理，2012（12）：129-142.

［401］江积海，刘敏.动态能力重构及其与竞争优势关系实证研究 ［J］.科研管理，2014（8）：75-82.

［402］江轩宇.政府放权与国有企业创新——基于地方国企金字塔结构视角的研究 ［J］.管理世界，2016（9）：120-135.

［403］焦豪.双元型组织竞争优势的构建路径：基于动态能力理论的实证研究 ［J］.管理世界，2011（11）：76-91.

[404] 焦豪，焦捷，刘瑞明.政府质量、公司治理结构与投资决策——基于世界银行企业调查数据的经验研究 [J].管理世界，2017（10）：66-78.

[405] 焦豪，魏江，崔瑜.企业动态能力构建路径分析：基于创业导向和组织学习的视角 [J].管理世界，2008（4）：91-106.

[406] 焦豪，杨季枫，王培暖，等.数据驱动的企业动态能力作用机制——基于数据全生命周期管理的数字化转型过程分析 [J].中国工业经济，2021（11）：174-192.

[407] 焦豪，杨季枫，应瑛.动态能力研究述评及开展中国情境化研究的建议 [J].管理世界，2021（5）：191-210.

[408] 李彬，王凤彬，秦宇.动态能力如何影响组织操作常规？——一项双案例比较研究 [J].管理世界，2013（8）：136-153.

[409] 李晨光，赵继新.产学研合作创新网络随机交互连通性研究——角色和地域多网络视角 [J].管理评论，2019（8）：110-122.

[410] 李春涛，宋敏.中国制造业企业的创新活动：所有制和CEO激励的作用 [J].经济研究，2010（5）：55-67.

[411] 李大元，项保华，陈应龙.企业动态能力及其功效：环境不确定性的影响 [J].南开管理评论，2009（6）：60-68.

[412] 李梅，余天骄.研发国际化和母公司创新绩效：文献评述和未来研究展望 [J].管理评论，2020（10）：106-119.

[413] 李强，朱宝清.投资水平与经济高质量发展：挤出效应真的存在吗 [J].财经科学，2019（11）：39-53.

[414] 李万福，林斌，宋璐.内部控制在公司投资中的角色：效率促进还是抑制 [J].管理世界，2011（2）：81-99.

[415] 李文贵，余明桂.民营化企业的股权结构与企业创新 [J].管理世界，2015（4）：112-125.

[416] 李小玉，薛有志，牛建波.企业战略转型研究述评与基本框架构建 [J].外国经济与管理，2015（12）：3-15.

[417] 李晓，杨弋.东道国政府自律性对跨国公司投资模式的影响研究 [J].世界经济研究，2019（3）：108-121.

[418] 李政，杨思莹.财政分权、政府创新偏好与区域创新效率 [J].管理世界，2018（12）：29-42.

[419] 李自杰，刘畅，李刚.新兴国家企业持续对外直接投资的经验驱动 [J].

管理科学学报，2014（7）：35-49.

[420] 廖仁斌.转型中的电信企业商业模式重构探索［J］.管理工程学报，2006（4）：130-134.

[421] 林跃勤，周文.金砖国家经济社会发展报告（2011）［M］.社会科学文献出版社，2011.

[422] 凌鸿，赵付春，邓少军.双元性理论和概念批判性回顾与未来研究展望［J］.外国经济与管理，2010（1）：25-33.

[423] 刘海建.红色战略还是灰色战略：针对我国制度转型中企业战略迷失的实证研究［J］.中国工业经济，2012（7）：147-159.

[424] 刘啟仁，赵灿，黄建忠.税收优惠、供给侧改革与企业投资［J］.管理世界，2019（1）：78-96.

[425] 刘小玄.中国工业企业的所有制结构对效率差异的影响——1995年全国工业企业普查数据的实证分析［J］.经济研究，2000（2）：17-25.

[426] 刘学元，丁雯婧，赵先德.企业创新网络中关系强度、吸收能力与创新绩效的关系研究［J］.南开管理评论，2016（1）：30-42.

[427] 柳建华，卢锐，孙亮.公司章程中董事会对外投资权限的设置与企业投资效率——基于公司章程自治的视角［J］.管理世界，2015（7）：130-142.

[428] 卢启程，梁琳琳，贾非.战略学习如何影响组织创新——基于动态能力的视角［J］.管理世界，2018（9）：109-129.

[429] 陆愚，焦豪，张夷君.新兴市场中跨国公司的战略选择研究——基于动态能力理论的视角［J］.科学学与科学技术管理，2008（11）：127-134.

[430] 罗仲伟，卢彬彬.技术范式变革环境下组织的战略适应性［J］.经济管理，2011（12）：33-42.

[431] 罗仲伟，任国良，焦豪，等.动态能力、技术范式转变与创新战略——基于腾讯微信"整合"与"迭代"微创新的纵向案例分析［J］.管理世界，2014（8）：152-168.

[432] 马传栋.可持续发展经济学［M］.济南：山东人民出版社，2003.

[433] 马鸿佳，董保宝，葛宝山.创业能力、动态能力与企业竞争优势的关系研究［J］.科学学研究，2014（3）：431-440.

[434] 毛其淋.外资进入自由化如何影响了中国本土企业创新？［J］.金融研究，2019（1）：94-107.

[435] 毛其淋，许家云.政府补贴对企业新产品创新的影响——基于补贴强

度"适度区间"的视角［J］.中国工业经济，2015（6）：94-107.

［436］欧阳桃花，曾德麟，崔争艳，等.基于能力重塑的互联网企业战略转型研究：百度案例［J］.管理学报，2016（12）：1745-1755.

［437］欧阳桃花，崔争艳，张迪.多层级双元能力的组合促进高科技企业战略转型研究：以联想移动为案例［J］.管理评论，2016（1）：219-228.

［438］潘越，戴亦一，吴超鹏，等.社会资本、政治关系与公司投资决策［J］.经济研究，2009（11）：82-94.

［439］彭新敏，姚丽婷.机会窗口、动态能力与后发企业的技术追赶［J］.科学学与科学技术管理，2019（6）：68-82.

［440］皮建才.所有权结构、自私性努力与投资阻塞问题［J］.经济研究，2007（5）：82-94.

［441］戚聿东，肖旭.数字经济时代的企业管理变革［J］.管理世界，2020（6）：135-152.

［442］钱锡红，杨永福，徐万里.企业网络位置、吸收能力与创新绩效——一个交互效应模型［J］.管理世界，2010（5）：118-129.

［443］屈文洲，谢雅璐，叶玉妹.信息不对称、融资约束与投资—现金流敏感性——基于市场微观结构理论的实证研究［J］.经济研究，2011（6）：105-117.

［444］任曙明，李馨漪，王艳玲，等.民营参股、制度环境与企业创新［J］.研究与发展管理，2019（3）：59-71.

［445］芮明杰，等.再创业［M］.北京：经济管理出版社，2004.

［446］芮明杰，胡金星，张良森.企业战略转型中组织学习的效用分析［J］.研究与发展管理，2005（4）：94-118.

［447］盛斌，杨丽丽.企业国际化动态能力的维度及绩效作用机理：一个概念模型［J］.东南大学学报（哲学社会科学版），2014（6）：48-53.

［448］苏敬勤，刘静.复杂产品系统中动态能力与创新绩效关系研究［J］.科研管理，2013（10）：75-83.

［449］苏敬勤，孙华鹏.中国企业跨国并购的文化整合路径——以联想并购IBM PC为例［J］.技术经济，2013（9）：15-21.

［450］孙晓华，王林.范式转换、新兴产业演化与市场生态位培育——以新能源汽车为例［J］.经济学家，2014（5）：54-62.

［451］孙新波，钱雨，张明超，等.大数据驱动企业供应链敏捷性的实现机理研究［J］.管理世界，2019（9）：133-151.

［452］唐孝文，刘敦虎，肖进.动态能力视角下的战略转型过程机理研究［J］.科研管理，2015（1）：90-96.

［453］田立法，苏中兴.竞争驱动战略转型的人力资本视线研究——以天津中小制造业企业为例［J］.中国管理科学，2020（5）：200-211.

［454］田伟.考虑地方政府因素的企业决策模型——基于企业微观视角的中国宏观经济现象解读［J］.管理世界，2007（5）：16-23.

［455］田轩，孟清扬.股权激励计划能促进企业创新吗［J］.南开管理评论，2018（3）：176-190.

［456］童盼，陆正飞.负债融资、负债来源与企业投资行为——来自中国上市公司的经验证据［J］.经济研究，2005（5）：75-84.

［457］汪涛，陆雨心，金珞欣.动态能力视角下组织结构有机性对逆向国际化绩效的影响研究［J］.管理学报，2018（2）：174-182.

［458］王锋正，姜涛，郭晓川.政府质量、环境规制与企业绿色技术创新［J］.科研管理，2018（1）：26-33.

［459］王华，赖明勇，柒江艺.国际技术转移、异质性与中国企业技术创新研究［J］.管理世界，2010（12）：131-142.

［460］王珺，岳芳敏.技术服务组织与集群企业技术创新能力的形成——以南海西樵纺织产业集群为例［J］.管理世界，2009（6）：72-81.

［461］王克敏，刘静，李晓溪.产业政策、政府支持与公司投资效率研究［J］.管理世界，2017（3）：113-124.

［462］王兰芳，胡悦.创业投资促进了创新绩效吗？——基于中国企业面板数据的实证检验［J］.金融研究，2017（1）：177-190.

［463］王霞.制度变迁、CEO特征与企业战略转型——基于"三公消费"敏感型上市公司的经验证据［J］.中南财经政法大学学报，2017（1）：106-114.

［464］王益民，赵志彬，徐猛.链内攀升与跨链嵌入：EMS企业动态能力协同演化——基于Sanmina公司的纵向案例研究［J］.管理评论，2019（1）：279-292.

［465］王正位，朱武祥.市场非有效与公司投机及过度融资［J］.管理科学学报，2010（2）：50-57.

［466］卫武，夏清华，资海喜，等.企业的可见性和脆弱性有助于提升对利益相关者压力的认知及其反应吗？——动态能力的调节作用［J］.管理世界，2013（11）：101-117.

［467］卫旭华，刘咏梅，岳柳青.高管团队权力不平等对企业创新强度的影响：有调节的中介效应［J］.南开管理评论，2015（3）：24-33.

［468］温军.法律、投资者保护与企业自主创新［J］.当代经济科学，2011（5）：50-58.

［469］吴超鹏，唐菂.知识产权保护执法力度、技术创新与企业绩效——来自中国上市公司的证据［J］.经济研究，2016（11）：125-139.

［470］吴超鹏，张媛.风险投资对上市公司股利政策影响的实证研究［J］.金融研究，2017（9）：178-191.

［471］吴航.动态能力的维度划分及对创新绩效的影响——对 Teece 经典定义的思考［J］.管理评论，2016（3）：76-83.

［472］吴航，陈劲.新兴经济国家企业国际化模式影响创新绩效机制——动态能力理论视角［J］.科学学研究，2014（8）：1262-1270.

［473］吴隽，刘衡，刘鹏，等.机会进化、效果推理与移动互联微创新——对手机 App 新创企业的多案例研究［J］.管理学报，2016（2）：173-183.

［474］吴先明、苏志文.将跨国并购作为技术追赶的杠杆：动态能力视角［J］.管理世界，2014（4）：146-164.

［475］吴小节，陈晓纯，彭韵妍，等.制度环境不确定性对企业纵向整合模式的影响机制：认知偏差与动态能力的作用［J］.管理评论，2019（6）：169-185.

［476］吴晓波，刘雪锋，许冠南.技术范式转换期的企业动态能力匹配研究——以三星公司为例［J］.重庆大学学报，2006（4）：40-45.

［477］吴晓波，马如飞，毛茜民.基于二次创新动态过程的组织学习模式演进——杭氧 1996~2008 纵向案例研究［J］.管理世界，2009（2）：152-164.

［478］吴晓波，苗文斌，郭雯.应对技术范式转变挑战：知识管理动态模型［J］.科学学研究，2006（10）：727-733.

［479］吴瑶，夏正豪，胡杨颂，等.基于数字化技术共建"和而不同"动态能力——2011~2020 年索菲亚与经销商的纵向案例研究［J］.管理世界，2022（1）：144-163 页.

［480］夏后学，谭清美，白俊红.营商环境、企业寻租与市场创新——来自中国企业营商环境调查的经验证据［J］.经济研究，2019（4）：84-98.

［481］夏立军，陆铭，余为政.政企纽带与跨省投资——来自中国上市公司的经验证据［J］.管理世界，2011（7）：128-140.

［482］向东，余玉苗.国有企业引入非国有资本对投资效率的影响［J］.经济管理，2020（1）：25-41.

［483］肖静华，谢康，吴瑶，等.企业与消费者协同演化动态能力构建：B2C电商梦芭莎案例研究［J］.管理世界，2014（8）：134-151.

［484］肖飔，卢晓，芮明杰.企业遗产对持续竞争优势的影响研究：品牌资产的中介作用和动态能力的调节作用［J］.南开管理评论，2019（2）：155-164.

［485］谢洪明，王成，罗惠玲，等.学习、知识整合与创新的关系研究［J］.南开管理评论，2007（2）：105-112.

［486］谢慧娟，王国顺.社会资本，组织学习对物流服务企业动态能力的影响研究［J］.管理评论，2012（10）：133-142.

［487］熊虎，沈坤荣.地方政府债务对非国有企业投资效率的影响研究［J］.当代财经，2019（2）：37-48.

［488］熊名宁，汪涛.文化多样性会影响跨国企业的经营绩效吗？——基于动态能力理论的视角［J］.经济管理，2020（6）：61-78.

［489］徐光伟，孙铮，刘星.经济政策不确定性对企业投资结构偏向的影响——基于中国EPU指数的经验证据［J］.管理评论，2020（1）：246-261.

［490］徐浩.制度环境影响技术创新的典型机制：理论解读与空间检验［J］.南开经济研究，2018（5）：133-154.

［491］徐宁，徐鹏，吴创.技术创新动态能力建构及其价值创造效应——来自中小上市公司的经验证据［J］.科学学与科学技术管理，2014（8）：125-134.

［492］徐细雄，占恒，李万利.党组织嵌入、政策感知与民营企业新增投资［J］.外国经济与管理，2020（10）：3-16.

［493］徐业坤，钱先航，李维安.政治不确定性、政治关联与民营企业投资——来自市委书记更替的证据［J］.管理世界，2013（5）116-130.

［494］许德音，周长辉.中国战略管理学研究现状评估［J］.管理世界，2004（5）：76-87.

［495］许晖，郭净.中国国际化企业能力—战略匹配关系研究：管理者国际注意力的调节作用［J］.南开管理评论，2013（4）：133-142.

［496］许伟，陈斌开.税收激励和企业投资——基于2004~2009年增值税转型的自然实验［J］.管理世界，2016（5）：9-17.

［497］许宪春，王宝滨，徐雄飞.中国的投资增长及其与财政政策的关系［J］.管理世界，2013（6）：1-11.

[498] 宣烨，孔群喜，李思慧.加工配套企业升级模式及行动特征——基于企业动态能力的分析视角 [J].管理世界，2011（8）：102-114.

[499] 薛求知.当代跨国公司新理论 [M].上海：复旦大学出版社，2007.

[500] 薛云奎，齐大庆，韦华宁.中国企业战略执行现状及执行力决定因素分析 [J].管理世界，2005（9）：88-98，172.

[501] 杨博旭，王玉荣，党建伟.技术多元化促进了合作创新吗？——阴阳范式的实证研究 [J].经济管理，2019（4）：57-74.

[502] 杨剑，方易新，杜少甫.考虑参照依赖的企业合作创新演化博弈分析 [J].中国管理科学，2020（1）：191-200.

[503] 杨俊，田莉，张玉利，等.创新还是模仿：创业团队经验异质性与冲突特征的角色 [J].管理世界，2010（3）：84-96.

[504] 杨丽丽，盛斌，赵进.国际化动态能力、国际扩张战略与企业绩效：基于江苏制造业企业的经验研究 [J].国际商务（对外经济贸易大学学报），2015（3）：151-160.

[505] 杨林，和欣，顾红芳.高管团队经验、动态能力与企业战略突变：管理自主权的调节效应 [J].管理世界，2020（6）：168-188.

[506] 杨全发，韩樱.知识产权保护与跨国公司对外直接投资策略 [J].经济研究，2006（4）：28-34.

[507] 杨洋，魏江，罗来军.谁在利用政府补贴进行创新？——所有制和要素市场扭曲的联合调节效应 [J].管理世界，2015（1）：75-86.

[508] 姚洋，章奇.中国工业企业技术效率分析 [J].经济研究，2001（10）：13-19.

[509] 易靖韬，张修平，王化成.企业异质性、高管过度自信与企业创新绩效 [J].南开管理评论，2015（6）：101-112.

[510] 余菲菲，高霞.产业互联网下中国制造企业战略转型路径探究 [J].科学学研究，2018（10）：1770-1778.

[511] 余明桂，范蕊，钟慧洁.中国产业政策与企业技术创新 [J].中国工业经济，2016（12）：5-22.

[512] 俞湘珍，陈劲.企业设计创新能力的构成及培养研究——产品语义学视角 [J].科研管理，2017（1）：37-45.

[513] 虞义华，赵奇锋，鞠晓生.发明家高管与企业创新 [J].中国工业经济，2018（3）：136-154.

［514］韵江.战略过程的研究进路与论争：一个回溯与检视［J］.管理世界，2011（11）：142-163.

［515］臧树伟，胡左浩.动态能力视角下的企业转型研究：从市场驱动到驱动市场［J］.科学学与科学技术管理，2017（12）：84-96.

［516］张成思，刘贯春.中国实业部门投融资决策机制研究——基于经济政策不确定性和融资约束异质性视角［J］.经济研究，2018（12）：51-67.

［517］张海波，李彦哲.ODI进入模式对跨国企业海外经营绩效影响研究［J］.科研管理，2020（9）：209-218.

［518］张辉.全球价值链理论与我国产业链发展研究［J］.中国工业经济，2004（5）：38-46.

［519］张杰，陈志远，杨连星，等.中国创新补贴政策的绩效评估：理论与证据［J］.经济研究，2015（10）：4-17.

［520］张婧，段艳玲.市场导向均衡对制造型企业产品创新绩效影响的实证研究［J］.管理世界，2010（12）：119-130.

［521］张璐，周琪，苏敬勤，等.基于战略导向与动态能力的商业模式创新演化路径研究——以蒙草生态为例［J］.管理学报，2018（11）：1581-1590.

［522］张美莎，徐浩，冯涛.营商环境、关系型借贷与中小企业技术创新［J］.山西财经大学学报，2019（2）：35-49.

［523］张梦晓，高良谋.基于Meta分析的主体因素与跨组织合作创新绩效的关系研究［J］.管理学报，2019（11）：1670-1676.

［524］张其仔.提升产业链供应链现代化水平路径研究［J］.中国工业经济，2021（2）：80-97.

［525］张庆垒，施建军，刘春林，等.技术多元化、行业竞争互动与双元创新能力［J］.外国经济与管理，2018（9）：71-83.

［526］张向阳，朱有为.基于全球价值链视角的产业升级研究［J］.外国经济与管理，2005（5）：21-27.

［527］张骁，吴琴，余欣.互联网时代企业跨界颠覆式创新的逻辑［J］.中国工业经济，2019（3）：156-174.

［528］张玉娟，汤湘希.股权结构、高管激励与企业创新——基于不同产权性质A股上市公司的数据［J］.山西财经大学学报，2018（9）：76-93.

［529］张兆国，曹丹婷，张弛.高管团队稳定性会影响企业技术创新绩效吗——基于薪酬激励和社会关系的调节作用研究［J］.会计研究，2018（12）：

48-55.

　　［530］章元，程郁，佘国满.政府补贴能否促进高新技术企业的自主创新？——来自中关村的证据［J］.金融研究，2018（10）：123-140.

　　［531］赵付春，焦豪.产业升级的微观实现机制研究：基于双元性理论的视角［J］.科学学与科学技术管理，2011（5）：79-85.

　　［532］郑刚，郭艳婷，罗光雄，等.新型技术追赶、动态能力与创新能力演化——中集罐箱案例研究［J］.科研管理，2016（3）：31-41.

　　［533］钟海燕，冉茂盛，文守逊.政府干预、内部人控制与公司投资［J］.管理世界，2010（7）：98-108.

　　［534］周冬华，黄佳，赵玉洁.员工持股计划与企业创新［J］.会计研究，2019（3）：63-70.

　　［535］周黎安.中国地方官员的晋升锦标赛模式研究［J］.经济研究，2007（7）：36-50.

　　［536］周青，吴云，方刚.新常态下企业微创新的特征与类型［J］.科学学研究，2015（8）：1232-1239.

　　［537］周翔，叶文平，李新春.数智化知识编排与组织动态能力演化——基于小米科技的案例研究［J］.管理世界，2023（1）：138-157.

　　［538］周中胜，徐红日，陈汉文，等.内部控制质量对公司投资支出与投资机会的敏感性的影响：基于我国上市公司的实证研究［J］.管理评论，2016（9）：206-217.

　　［539］朱晓红，陈寒松，张腾.知识经济背景下平台型企业构建过程中的迭代创新模式——基于动态能力视角的双案例研究［J］.管理世界，2019（3）：142-156.

　　［540］庄学敏.基于华为的战略转型分析［J］.科研管理，2017（2）：144-152.